맛있게 읽는
독서요리

맛있게 읽는 독서요리 - 고등 1

초판 1쇄 발행 | 2009년 7월 15일
초판 2쇄 발행 | 2014년 3월 14일

엮   음 | (사)전국독서새물결모임
펴 낸 이 | 정봉선
펴 낸 곳 | 정인출판사

출판등록 | 1999년 11월 20일 제303-1999-000058호

주   소 | 서울시 동대문구 천호대로 16가길 4
전   화 | 02) 922-1334
팩   스 | 02) 925-1334

Home page : http://www.junginbook.com
E-mail : junginbook@naver.com

ISBN 978-89-89432-95-1 (53370)

*책 값은 표지 뒷면에 있습니다.

맛있게 읽는 독서요리

(사)전국독서새물결모임

고등 **1**

정인 출판사

국어 교사 그리고 독서논술 교사로서 일선에서 아이들을 지도하면서 책을 통해 세상을 엮어가고 탐구하는 활동이 즐거웠습니다. 이런 즐거운 활동을 될 수 있으면 여러 아이들과 함께 해보고 싶은 마음에 선뜻 집필을 결정했으며, 많은 시간 산고의 고통을 겪은 후에야 비로소 한 권의 책으로 탄생하게 되었습니다. 책이 보여주는 세상과 우리가 사는 세상을 연관 짓고 비교하며 토론하는 활동은 자신의 좁은 세계를 깨고 자신의 세계를 넓혀가는 과정이며, 아이들은 이를 통해 세상을 바라보는 시각을 형성하고, 사고력을 기르게 될 것입니다.

책 읽기의 중요성을 강조하면서 양서를 청소년들에게 제공한다 하더라도, 그 책을 읽는 청소년들이 책에 담긴 의미를 찾아내고 가치부여를 하지 않는다면 독서의 질은 향상되지 않습니다. 이 책은 '책을 바르게 읽기 위한 책'이라고 할 수 있습니다. 다년간 현장에서 독서-토론-논술 지도에 참여한 선생님들이 모여서 책이 우리에게 주는 의미를 함께 찾고 이야기하며, 책을 매개로 아이들과 어떻게 소통을 할까 고민한 결과 나온 책입니다. 많은 책을 건드려 겉 맛만 느끼기보다는 한권의 책이라도 정성들여 읽어 가는 과정 속에서 책읽기의 참 맛과 재미를 느끼며 마음과 정신의 성장을 이루어갔으면 하는 바람이 들어 있는 책입니다.

이 책은 독서를 효과적으로 할 수 있도록 한걸음씩 이끌어 줄 것입니다. 대상 도서를 정독한 후 이 책에서 안내하는 대로 따라가다 보면 도서에 대한 정확한 이해뿐만 아니라 사회 현상과 관련지어 사고력을 확장할 수 있으며, 이를 바탕으로 토론과

논술이 가능해집니다. 토론과 논술이라는 단어에 혹시 압도당하는 느낌이 든다면 반드시 이 책을 활용해 보기 바랍니다. 토론과 논술을 익히기 위해서 고난도의 특별한 프로그램이 필요한 것이 아니라 책을 읽고 깊이 생각하는 과정에서 논리적 사고가 생겨나며, 그러한 논리적 사고를 말로 표현하면 토론이 되고, 글로 옮기면 논술이 된다는 것을 알게 될 것입니다.

토론과 논술은 단순히 대회를 위해서나 시험을 치르기 위한 것이 아니라 일상생활에서 꼭 필요하다는 점을 강조하고 싶습니다. 생활 속에서 자신의 생각을 논리적으로 표현하며 다른 사람을 설득하고, 세상을 제대로 이해하며 다른 사람의 입장을 배려하기 위해서 꼭 필요한 활동입니다. 이 책을 통해 바른 독서 방법을 익히고, 토론과 논술의 능력을 길러 자신의 생각을 한 단계 발전시키는 계기가 되었으면 하는 바람입니다.

아울러 부족함이 많이 있더라도 이 책을 사용하시는 부모님이나 선생님들의 열정으로 그 부족함을 채워간다면 반드시 우리 청소년들은 책 속의 간접 경험을 토대로 지식들을 연결해서 새로운 사유를 할 수 있을 것입니다. 고등학교가 독서의 끝이 아니라 시작이라는 생각으로 이 책을 활용하시기 바라며, 대학 생활과 그 이후의 세상살이에 잘 대처하기 위해서는 현재 우리를 둘러싼 모든 삶에 관심을 갖고, 진지한 이야기를 나눌 수 있는 기회가 필요합니다. 이 책을 통해 그 희망과 가능성을 발견해 보시길 바랍니다.

집필자 대표 **임영규**

〈맛있게 읽는 독서요리〉 짜임새

프란시스 베이컨은 '독서는 완전한 인간을 만들고, 토론은 부드러운 인간을 만들며, 논술은 정확한 인간을 만든다' 고 했습니다. 책은 읽는 사람에게 균형 감각을 가질 수 있도록 해주며, 책을 읽고 서로 이야기를 나누는 과정에서 다른 사람을 배려할 줄 아는 따스함을 지닐 수 있도록 해줍니다. 또한 책을 읽은 후 논리적으로 자신의 생각을 표현하기 위해서는 정확한 지식이 있어야 함을 시사하는 명언입니다. 즉, 책을 읽는 사람은 그 자체로 참된 벗과 친절한 충고자를 만나게 되며, 유쾌한 반려자와 충실한 위안자의 결핍을 느끼지 않게 되는 것이지요.

이 책은 필독 도서를 매개로 하여 프란시스 베이컨의 명언에 담긴 의미에 따라 체계화되었다고 할 수 있습니다. 대상 도서 한 권당 총 5부로 구성되어 있는데 1부 '생각 열기' 는 '생각 품기', '생각 깨기', '생각 기르기' 의 3단계로, '생각 품기' 에서 책과 관련된 배경지식을 활성화하여 자신의 기존 관념과 가치를 확인하며, '생각 깨기' 는 책의 내용에 비추어 자신의 가치와 사회적 고정관념을 다시 점검하고 비판합니다. 마지막으로 '생각 기르기' 는 고정관념에서 자유로운 시각으로 세계와 인간에 대한 근원적인 사유를 하는 부분입니다.

　2부 '생각 엮기'는 책의 세계를 현실 세계에 적용해보는 활동으로 도서의 핵심 개념을 중심으로 책 내용과 현실의 내용을 엮어 사고활동을 함으로써 핵심개념의 탐색과 확립을 꾀하고자 하였습니다. 3부 '생각 나누기'는 토론활동으로 학생들 간 근거 들어 주장하는 활동을 통해 문제 해결력과 의사 소통 능력을 향상시키는 문제로 구성하였습니다. 이렇게 정리된 책의 내용, 사회 문제, 그리고 인간에 대한 탐색은 4부 '생각 펼치기'에서 논술쓰기를 통해 학습자에게 내면화되고 가치화됩니다. 마지막 5부 '생각 보태기'에서는 관련된 책과 매체 등을 소개함으로써 혹시나 미진할 수 있는 학습자의 탐구 욕구를 채우고자 하였습니다.

　이 책은 대상도서에 대한 심도 있는 사고와 다양한 독서활동을 목적으로 하였으며 워크북의 활용 시 단시간 내 책을 읽고 문제를 대충 풀어내기보다는 시간을 두고 각 부분을 차근차근 의미를 생각해 가며 정리하는 것이 좋습니다. 이런 활동을 하다 보면 학생들은 조금씩 완전하고, 부드러우며 정확한 사람에 가까워지게 될 것입니다. 학습자 개인의 독서활동 지침서나 학교 혹은 독서관련 동아리의 독서활동 시 활동자료로 활용이 가능합니다.

차례

난장이가 쏘아올린 작은 공

조세희 | 이성과힘

관련 교육과정

고등학교 문학(두산동아) / Ⅱ-2-3 공동체의 현실과 사회적 삶
고등학교 윤리와 사상(교육인적자원부) / Ⅲ-3 현대사회 사상의 쟁점
고등학교 사회(천재교육) / Ⅷ. 국민경제와 합리적 선택

관련 도서

전태일평전 • 조영래 / 돌베개
아홉 켤레 구두로 남은 사내 • 윤흥길 / 문학과지성사

어떤 책일까?

난장이가 쏘아올린 작은 공(난쏘공)은 1976년 〈문학과 지성〉에 발표된 중편 소설로 12편의 연작으로 구성되어 있다. 난쟁이 일가로 대변되는 인물들을 중심으로 산업화 과정에서 소외된 도시 하층민의 비극적인 삶을 형상화하고 있다. 가난한 소외 계층과 도시 노동자의 고통스러운 일상을 간결한 문체와 환상적인 현실 묘사를 통해 효과적으로 포착하고 있으며, 이를 통해 작가는 70년대의 급격한 산업화의 부조리한 현실에 대한 문제를 제기 하고 있다.

이 책을 읽는 여러분들은 70년대의 산업화 물결에 가려졌던 최하층 비민의 처참한 생활상은 물론 이들은 주거문제, 노동환경, 노동운동 등 다양한 모습을 발견하게 될 것이며, 이들과 지배자 사이에서 벌어지는 사건과 갈등을 통해 우리 사회의 소외계층에 대한 관심과 계층간의 소통 문제에 대해서 생각해 볼 수 있는 좋은 기회가 될 것이다.

배경 지식

무엇을 바탕으로 생각해 볼까?

1. 70년대와 노동자 문학

70년대의 소설은 주로 인간의 현실적 삶에 깊은 관심을 갖는다. 70년대는 도시 산업화라는 시대적 배경에 따라 농촌 공동체의 해체와 도시빈민의 집중, 노동자 인권 문제 등이 소설의 주요 테마로 자리 잡았다. 특히 이러한 노동 현실을 소설화 한 것이 황석영의 〈삼포 가는 길〉, 〈객지〉, 윤흥길의 〈아홉 켤레의 구두로 남은 사내〉, 〈직선과 곡선〉, 〈창백한 중년〉등이다.

또한 이 시기의 소설에는 이러한 노동자 문학과 더불어 역사현실을 다룬 역사 소설의 발전도 두드러졌는데, 그 대표적 작품으로, 박경리의 〈토지〉, 황석영의 〈장길산〉, 안수길의 〈북간도〉, 유현종의 〈임꺽정〉, 김주영의 〈객주〉 등을 들 수 있다. 이전의 역사소설들과 달리 역사 속에서 그동안 소외되어왔던 도시 노동자와 같은 민중의 모습을 조명하고, 그들의 희망과 꿈을 담고 있다는 점에서 여타의 역사소설과 차별성을 갖는다.

평전에 있어서도 〈전태일평전〉은 도시 노동자의 현실을 사실적으로 기록하고 있다는 점에서 주목된다.

2. 연작소설

　연작소설의 사전적 의미는 '여러 작가가 나누어 쓴 것을 하나로 만들거나 한 작가가 같은 주인공의 단편 소설을 여러 편 써서 하나로 만든 소설'이다.

　현대의 한국 소설사에서 1970년대는 이러한 연작소설이 많이 창작된 시기이기도 하다. 조세희의 〈난장이가 쏘아올린 작은 공〉과 더불어 윤흥길의 〈아홉 켤레의 구두로 남은 사내〉와 이문구의 〈관촌수필〉 등은 이 시기에 창작된 연작소설의 대표작이다. 연작소설은 짧은 단편이 지니는 집중력과 긴 장편이 지니는 총체성을 확보할 수 있기 때문에 광범위한 문제의식을 지닌 주제에 대하여 효과적으로 접근하여 소설화할 수 있다는 장점이 있다. 소설가 조세희는 자신의 소설 〈난장이가 쏘아올린 작은 공〉에 대하여 연작 소설이 지니는 힘을 다음과 같이 언급하고 있다. "'난장이 연작'은 하나하나를 따로 떼어놓았을 때, 그것은 분열된 힘들에 지나지 않았다. 나에게, 책은 분열된 힘들을 모아 통합하는 마당이었다. 나는 작은 노트 몇 권에 나뉘어 씌어져 그동안 작은 싸움에 참가한 적이 있는, 그러나 누구에게도 아직 분명한 정체를 잡혀보지 않은 소부대들을 불러 모았다." 이렇게 분열된 단편들이 연합하여 이루는 연작소설은 소외된 소수의 도시 빈민이 연합하여 이루는 거대한 민중의 구성체와 같은 힘을 발휘한다. 작가 조세희 씨도 이러한 연작소설을 통하여 담고 있는 이야기는 매우 절망적이지만, 민중에 있어 커다란 희망의 공을 쏘아올릴 수 있음을 말하고자 한 것은 아니었을까.

생각 품기

1 고아원, 양로원, 소년소녀 가장 등 불우한 이웃을 대상으로 한 봉사활동 중에 가장 기억에 남는 일을 발표해 보자.

_____

_____

_____

2 다음은 70년대 철거현장을 담은 사진이다. 내가 사진 속의 허물어지는 집 주인이라고 가정할 때 철거 현장을 생각하며 쓴 일기를 완성하여 보자.

1970년 ○월 ○일, 가난한 우리 가족은 오늘, 드디어 삶의 보금자리를 잃었다.

_____

_____

_____

_____

생각 깨기

1 난쟁이 가족의 이름과 성격에 대해서 소개해 보자.

2 난쟁이 가족들이 사는 마을 이름이 갖는 의미는 무엇이고, 그들이 갈등하게 되는 사건은 무엇인지 발표해 보자.

3 '난장이가 쏘아올린 공' 이라는 제목이 갖는 의미는 무엇인가?

4 이 소설에 등장하는 인물을 긍정적 인물과 부정적 인물로 나누어 설명해 보자.

생각 기르기

1 다음 대화를 통해 나타나는 문제상황을 지적하고 발표해 보자.

> "얼마에 파셨어요?"
> "십칠만원 받았어요."
> "그럼 시에서 주겠다는 이주 보조금보다 얼마 더 받은 셈이죠?"
> "이만원 더 받았어요. 영희네도 어차피 아파트로 못 갈 거 아녜요?"
> "무슨 돈이 있다구!"
> "분양 아파트는 오십팔만원이구 임대 아파트는 삼십만 원이래요. 거기다 어느 쪽으로 가든 매달 만 오천원씩 내야 된대요."

_____

_____

2 난쟁이 아버지 '불이'는 결국 벽돌 공장 굴뚝에서 자살하게 된다. 난쟁이 아버지의 죽음이 갖는 의미에 대하여 말해보고 이를 비판하여 보자.

_____

_____

_____

3 이 소설 속의 영희는 아버지의 죽음 소식을 듣고 "아버지를 난쟁이라고 부르는 악당은 죽여 버려"라고 말한다. 이 말에 담긴 의미에 대해 말해 보자.

_____

_____

_____

70년대 산업화의 그늘

1 산업화과정에서 나타날 수 있는 부정적 현상은 무엇인가?

2 산업화의 부정적 결과를 고려할 때 다음 제목이 상징하는 의미에 대해서 말해 보자.

소제목	중심사건	상징하는 의미
뫼비우스의 띠		
난장이가 쏘아올린 작은 공		
내 그물로 오는 가시고기		

3 산업화의 부정적 결과에 대한 해결 방안을 제시해 보자.

우리사회의 노동문제

1 아르바이트와 관련한 직접 혹은 간접 체험을 말해 보고, 이를 통해 느낀 부당함이나 문제점등을 말해 보자.

2 소설 속에 나타나는 노동현실의 문제점을 구체적 근거를 들어 말해 보자.

3 다음 자료를 토대로 우리나라의 노동현실의 문제점에 대해 말해 보자.

국가별 고용환경 평가 지수

(숫자가 높을수록 노동환경 열악)

국가	노동시간 경직성	고용시장 경직성	비임금비용(임금대비 %)
홍콩	0	0	5
미국	0	0	8.5
중국	20	24	44
체코	20	28	35
케냐	20	28	4.3
동아시아 및 태평양 평균	25.2	23	9.4
콜롬비아	40	27	27.6
에티오피아	40	34	0
가나	40	34	12.5
짐바브웨	40	34	4.2
OECD 평균	45.2	33.3	21.4
한국	60	34	17.5
헝가리	80	34	35.2
몽골	80	34	20

(출처 : 세계은행 '두잉비즈니스' 데이터베이스)

전반적인 고용환경이 얼마나 자유로운지를 나타내는 '고용 탄력성'은 175개국 가운데 76위에.. 기업이 근로자들의 근무시간을 얼마나 자유롭게 조절할 수 있는지는 나타내는 '근무시간 탄력성'은 175개국 가운데 105위에 머물러..

경제성장과 사회보장, 어느 것이 우선해야 하는가?

1 여러분들이 알고 있는 인물 중 장애를 극복하고 유명해진 인물들에 대해 구체적으로 말해 보자.

2 이 소설에서 난쟁이 가족을 바라보는 사회적 시선은 어떠한가?

3 지난 2006년 9월 헌법재판소는 시각 장애인만 안마사가 될 수 있도록 한 규정이 비시각장애인들의 직업 선택의 자유를 침해하는 것으로 볼수 없다며 합헌 결정을 내렸다. 이와 같은 결정에 대해 일반인들의 직업 선택의 자유가 먼저인지, 사회적 약자 보호가 먼저인지 입장을 정하여 의견을 말해 보자.

현대사회에서 투기는 정당화 될 수 있는가?

1 투기업자들은 아파트 입주권을 어떠한 방식으로 팔아 이익을 남겼나?

2 현재에도 아파트, 부동산 관련 투기 문제는 사회적 난제이다. 투기업자들의 이러한 행동이 정당화될 수 있는지에 대해 자신의 의견을 말해 보자.

3 아래의 글에 대한 자신의 입장을 찬반으로 나누어 발표해 보자.

한국의 부자는 여전히 존경받지 못하고 있다. 이명박 정부가 급속히 인기를 잃은 데에는 강부자(강남 부동산 부자)내각이란 비판이 큰 몫을 했다. 내정자를 포함한 세 명의 각료와 한 명의 수석비서관을 물러나게 한 것은 주로 부동산 투기 의혹이다. 원래 투기 자체는 범죄가 아니다. 경제이론에 의하면 투기는 급격한 가격의 변화를 막아 시장을 안정시켜 주는 긍정적 효과도 있다고 한다. 게다가 투기란 돈을 잃을 위험은 크지만 성공했을 경우 이익도 큰 단기투자를 의미한다. 이에 따르면 문제가 된 부동산들은 투기가 아니다. 보유한 지 오랜 것이어서 '단기차익' 이라는 정의에 해당하지 않기 때문이다. 오히려 투자라고 해야 이치에 맞는다. 하지만 국민들은 재산증식 목적으로 부동산을 구입하면 모두 투기로 본다. 물론 농지를 구매할 자격을 얻기 위해 위장전입을 한 것은 주민등록법 위반이다. 하지만 엄밀히 말하면 이 또한 과태료 부과라는 행정처분의 대상이지 범죄는 아니다. 그런데도 일단 위법인 위장전입은 물론이고, 공직자가 부동산을 많이 갖고 있다는 것 자체만으로도 보는 시선이 싸늘하다. 부동산 투기는 부익부 빈익빈을 부추긴다는 점에서 비난을 받아 마땅하다. 하지만 싸늘한 시선의 핵심은 '부자 집단' 에 대한 사회 일반의 집단적 · 정서적 거부감이 아닌가 싶다.

(2008. 4. 30 중앙일보 분수대)

4부 생각펼치기

독서논술 논제

1 〈난장이가 쏘아올린 작은 공〉에 나타난 70년대 산업화의 현실과 사회문제에 대하여 논술해 보자.

2 다음 〈제시문〉에 나타난 현대사회의 문제상황에 대해 분석하고 이에 대한 해결 방안에 대해 논술해 보자.

 제 시 문

> 나는 과거의 착취와 야만이 오히려 정직하다고 생각한다. 햄릿을 읽고 모차르트의 음악을 들으면서 눈물을 흘리는 (교육받은) 사람들이 이웃집에서 받고 있는 인간적 절망에 대해 눈물짓는 능력은 마비당하고, 또 상실당한 것은 아닐까? 세대와 세기가 우리에게는 쓸모도 없이 지나갔다. 세계로부터 고립되었기 때문에 우리는 세계에 무엇 하나 주지 못했고, 가르치지도 못했다. 우리는 인류의 사상에 아무것도 첨가하지 못했고 …… 남의 사상으로부터 오직 기만적인 겉껍질과 쓸모없는 가장자리 장식만을 취했을 뿐이다. 지배한다는 것은 사람들에게 무엇인가 할 일을 준다는 것, 그들로 하여금 그들의 문명을 받아 들이게 할 수 있는 일, 그들이 목적없이 공허하고 황량한 삶의 주위를 방황하지 않게 할 어떤 일을 준다는 것이다.
>
> (난장이가 쏘아올린 작은 공 / 110쪽)

3 다음 제시문 〈가〉와 그림 〈나〉에 나타난 문제상황에 대하여 제시문 〈다〉의 입장과 한계를 분석한 후 제시문 〈라〉의 상황에 대한 자신의 견해를 논술해 보자.

제 시 문 〈 가 〉

"대통령 각하. 저는 서울특별시 성북구 쌍문동 208번지 2통 5반에 거주하는 22살의 청년입니다. 직업은 의류계통의 재단사로서 5년 경력을 가지고 있습니다. 저의 직장은 시내 동대문구 평화시장으로서 종업원은 3만여 명이 됩니다. 한 공장에 평균 30명은 됩니다. 근로기준법에 해당하는 일체의 기업체임을 잘 압니다. 그러나 저희들은 근로기준법의 혜택을 조금도 못 받으며 더구나 3만여 명이 넘는 종업원의 90%이상이 평균 연령 18세의 여성입니다. 기준법이 없다고 하더라도 인간으로서 어떻게 여자에게 하루 15시간의 작업을 강요합니까?

(중　략)

일반 공무원의 평균 근무시간이 주당 45시간인데 비해 15세의 어린 숙련공들은 주당 98시간의 고된 작업에 시달립니다. 또한 평균 20세의 숙련된 여공들은 대부분 햇빛을 보지 못해 생긴 안질과 신경통, 신경성 위장병을 앓고 있는 환자들입니다. 호흡기관 장애로 또는 폐결핵으로 많은 숙련 여공들은 생활의 보람을 못 느끼는 것입니다. 응당 기준법에 의하여 기업주는 건강 진단을 시켜야 함에도 불구하고 법을 기만하고 있습니다. 한 공장의 30여명의 직공 중에서 겨우 2명이나 3명 정도를 평화시장주식회사가 지정하는 병원에서 형식상의 진단을 마칩니다. X레이 촬영시에는 필름도 없는 촬영을 하며 아무런 사후 지시나 대책이 없습니다.

(중　략)

저희들의 요구는 다음과 같습니다. 하루 14시간의 작업을 하루 10~12시간으로 단축하십시오. 1개월당 2일의 휴일을 4일로 늘려 주십시오. 건강 진단을 정확하게 하여 주십시오. 미숙련공의 수당인 70~100원을 50%인상하십시오. 절대로 무리한 요구가 아님을 맹세합니다. 인간으로서의 최소한의 요구입니다. 기업주 측에서도 충분히 지킬 수 있는 사항입니다.

(전태일평전 / 조영래 / 돌베게)

그림 〈 나 〉

(영화 모던타임즈의 한 장면)

제시문 〈 다 〉

　　자본주의 경제 질서 아래서 부를 축적하거나 손해를 보는 것은 스스로가 펼친 경제 활동의 경과에 의해서 이루어지기 때문에, 전적으로 본인이 책임지게 되어 있다. 또, 모든 상거래는 시장을 통해서 개개인의 자율적 판단에 따라 자유로이 이루어진다.

　　실제로, 자본주의 경제는 생산량의 획기적인 증대를 이룩함으로써 개개인의 생활을 훨씬 더 풍요롭게 하였으며, 각종 편의 기구들이 쏟아져 나오게 함으로써 시민들은 아주 편리한 삶을 누릴 수 있게 되었다.

　　자유 시장 경제 원리를 처음으로 주창한 스미스(Smith, A., 1723~1790)는 국가 권력이 시민들의 경제 활동에 대하여 간섭하지 않는 자유 방임주의가 바람직하다고 강조하였다. 즉, 국가 권력이 개입하여 일일이 간섭하지 않아도 이른바 '보이지 않는 손'이 있어서 경제 활동을 조절하기 때문에, 장기적인 관점에서 보면 국가 경제는 결국 균형을 이루면서 조화롭게 운용되기 마련이라는 것이다. 또 그는 '국부론'에서 시민 개인들이 자신의 부를 늘리기 위한 경쟁을 자유로이 벌인다면, 시민들의 경제 활동은 더욱 촉진되어 개개인의 소득이 더욱 늘어나게 되고, 결국 나라 전체의 부도 증가하게 된다는 이론을 제시하였다.

(고등학교 윤리와사상 / 173~174쪽)

제시문 〈 라 〉

　　재판은 더 이상 계속할 필요가 없었다. 무서운 악당, 그 난쟁이의 큰 아들은 뉘우치는 빛 하나 없이 모든 것을 털어 놓았다. 그는 아버지를 살해할 마음으로 와 아버지를 너무나 닮았던 숙부를 아버지로 잘못 알고 살해했다고 진술했다. 그 시간에 아버지는 그의 방에서 각 회사별 매출 실적을 확인하는 중이었고, 경제인들과의 간담회에 참석하기 위해 엘리베이터를 타고 태려온 숙부는 경비원들이 경비를 소홀히 한 틈을 이용, 대리석 기둥 뒤쪽에 몸을 숨기고 있다 튀어나온 범인의 칼에 심장을 맞고 쓰러졌다. 찔린 부위가 너무나 치명적인 곳이어서, 사촌이 알고 싶어한 것이지만, 숙부는 아픔을 느낄 사이도 없었을 것이다. 그런데 재판은 그것이 시작이었다. 우리는 악한 중죄인들에게까지 관대한 법을 가지고 있었다. 내식으로 하라면 자백과 증거가 일치하는 순간 사람들이 많이 모이는 장소에서 살해범의 목을 매어달았을 것이다. 뼈를 부러뜨린 자의 뼈를 똑같이 부러뜨리지 않는다면 이세상 사람들은 모두 뼈가 부러진 불구자로 앓다 죽게 될 것이다. 숙부는 이미 땅속에 묻혔는데, 공원들이 일을 하고 공장으로 갈 때 볼 수 있도록 은강 공장 지대에 달았어야 했을 난쟁이의 큰 아들은, 교도관을 보호를 받아가며 계속 법장에 나와 섰다. 변호인의 반대 신문에 의한 피고인의 진술을 들어보면 은강 공장 근로자들의 이마에서 땀을 짜낸 사람, 그들의 심신을 피로하게 한 사람, 결국 그들을 불행하게 한 사람은 바로 우리였다. 변호인의 물음 하나하나가 피고의 행동을 정당화시켜주기 위해 던지는 것으로 나에게는 들렸다.

(난쏘공 연작 – 내 그물로 오는 가시고기 / 조세희 / 이성과힘)

독서논술 논제 분석

1 1) 소설에 나타나는 70년대 산업화의 현실과 사회문제

2) 이에 대한 해결 방안

2 1) 〈제시문〉에 나타난 현대사회의 문제상황 분석

2) 현대사회의 문제상황에 대한 해결방안

3 1) 제시문 〈가〉와 그림 〈나〉에 나타난 문제상황 분석

2) 문제상황에 대한 제시문 〈다〉의 입장과 한계 분석

3) 제시문 〈라〉에 대한 자신의 의견 논술

독서논술문 개요 짜기

제 목	
주 제 문	
서 론 (문제의 상황 설명 및 문제 제기)	
본 론 (근거 들어 논증하기)	
결 론 (정리 및 주제 강조, 앞으로의 방향설정)	

더 읽을거리

1 전태일평전 (조영래 | 돌베게)

70년대를 살아간 노동자들의 열악한 노동현장과 비참한 현실을 '전태일' 열사의 순수하고 치열한 삶을 통해 드러낸 평전이다. 책의 목차는 '어린시절', '평화시장의 괴로움 속으로', '바보회의 조직', '전태일 사상', '투쟁과 죽음'으로 구성되어 있다. '평화시장'이라는 열악한 노동현실에 대해 분노하다가 평화시장의 노동자들과 함께 노동 운동을 시작하고, 결국 분신자살을 통해 삶을 마감한 전태일 열사의 삶이 감동적으로 그려져 있다. 열사이기 전에 한 70년대 산업화로 가려진 노동자의 비참하고 고통스러운 일상을 살아가는 한 인간으로서의 방황, 고민 등이 진지하게 나타나 있다. 이 평전은 고 조용래 변호사가 수배생활 중에 혼신의 힘을 다해 집필한 것으로도 유명하다.

여러분은 이 책을 통해 〈난장이가 쏘아올린 작은 공〉에서 보았던 산업화에 가려진 최하층민들의 삶과 현실을 전태일이라는 구체적 개인의 삶으로 만나 볼 수 있다. 부조리한 세법과 현실에 대한 진지한 고민을 담은 이 한 권의 책을 통하여, 이 시대에도 계속되고 있는 소외된 이웃에 대한 올바른 사랑의 방법을 고민해 보기 바란다.

2 아홉 켤레 구두로 남은 사내 (윤흥길 | 문학과지성사)

이 소설은 고등학교 1학년 교과서에 실린 '장마'라는 소설로 유명한 윤흥길 씨의 대표작이다. 또한 이 소설은 〈난장이가 쏘아올린 작은 공〉에서처럼 70년대 산업화에 가려진 노동자의 가난한 현실의 문제에 대해서 '권씨'라는 소시민적 인물을 통해 그려내고 있다. 이 소설의 줄거리는 다음과 같다. 권씨는 우리 집에 세를 들어 와 사는 사람으로 전세금도 다 치루지 못하고 임신한 아내와 함께 살고 있다. 이런 상황에서 권씨는 같은 처지 있던 사람들이 집단 시위를 일으킨 사건과 연류되어 주동자로 몰려 징역형을 살고 나온다. 그러던 중 권씨는 아내의 수술 비용을 '나'에게 부탁했으나 거절당하자 '나'의 집에 강도로 침입한다. 나는 강도가 권씨임을 알아차리고 권씨도 자신의 정체가 탄로난 것을 알아차리자 평소 깨끗이 닦아 두었던 아홉켤레 구두만 남기고 사라진다.

작가는 이 소설에 등장하는 '권씨'라는 인물을 통해 소외된 인간을 삶을 잔잔하고 위트있게 그려내고 있다. 평범한 인물이 일순간 반사회적 인물이 될 수밖에 없는 사회구조적인 문제와 소설의 처음부터 끝까지 무능력하게만 그려지는 가장으로서의 모습, 유독 권씨가 구두 닦는 것을 집착하는 이유 등을 생각하면서 소설을 읽어본다면, 여러분들은 보다 의미있는 독서를 하게 될 것이다.

관련 매체

1 난장이가 쏘아올린 작은 공 (HD TV 문학관 | KBS | 2007.03.03)

TV 문학관 시리즈는 그동안 고전현대 소설사에서 잘 쓰여진 소설을 선택하여 영상화하는 노력을 해 왔는데, 〈난장이가 쏘아올린 작은 공〉 역시 원작이 지닌 주제의식을 잘 구현해 내고 있다. 특히 난쟁이 일가가 처한 가난하고 고달픈 현실을 사실적인 영상으로, 극단 현실 속에서 좌절되고 마는 이들의 소중하고 아름다운 꿈을 판타지한 동화적 영상으로 잘 표현해 내고 있다. 또한 이 드라마는 우수한 작품성을 인정받아 '2007 서울드라마어워즈'에서 단편부문 최우수상을 수상하기도 하였고, 일본에서 처음 열린 '제1회 국제드라마페스티벌'에 국내 대표작으로 초대되기도 하였다.

소설을 읽고 난해해 하는 학생들에게 소설의 줄거리를 전체적으로 정리하면서 작품이 지닌 주제의식, 작품의 표현기법 상의 특징, 소설에서의 배경의 기능 등과 관련하여 참고해 볼 수 있는 좋은 영상매체이다.

2 신데렐라 맨 (영화 | 미국 | 144분 | 2005년)

이 영화는 〈난장이가 쏘아올린 작은 공〉과 같이 가난과 가족에 대한 이야기이다. 1930년대 미국의 경제대공황 시기를 배경으로 하여 가난한 권투선수로서 절망적인 현실 속에서 자신의 가정을 책임져야 하는 가장의 모습을 감동 깊게 그려내고 있다. 다만 차이점이 있다면, 1930년대의 미국과 1970년대의 한국이라는 시간적, 공간적 배경이 다르다는 점과 '난쏘공'이 난쟁이 가족을 중심으로 전개되는 사건에 초점이 맞춰진 반면 '신데렐라맨'은 가난한 가장의 내면과 심리에 무게를 두고 있다는 점이다.

하지만, 소설 '난쏘공'과 영화 '신데렐라 맨'은 가난한 가족과 꿈에 대한 이야기를 중심축으로 하고 있다는 점에서는 동일하다. 그리고 당시 아주 절망적이고 가난한 현실은 사실적으로, 그리고 이들이 그린 꿈을 동화적으로 표현하고 있다는 점에서도 유사하다. '신데렐라 맨'이라는 제목처럼, 절망적인 현실 속에서 아들과 딸에게 어려운 현실을 극복한 동화 속 '신데렐라'의 희망으로 남고 싶었던 아버지의 모습을, 하늘 높이 공을 쏘아올리는 난쟁이 아버지인 불이의 모습을 통해서도 확인할 수 있습니다. 이러한 '아버지'의 존재와 더불어 빈곤한 사회를 바라보는 우리의 시각과 이를 극복해 나가는 우리의 입장과 해결방식에 주목하여 영화를 본다면 매체를 감상하는 더욱 능동적이고 주체적인 독자가 될 수 있을 것이다.

논제 – 〈난장이가 쏘아올린 작은 공〉에 나타난 70년대 산업화의 현실과 사회문제에 대하여 논술해 보자.

〈학생글〉

경제개발 뒤에 가려진 소외 계층에 관심 갖아야

대구 심인고등학교 김○○

〈가〉 1970년대는 흔히 경제 개발의 시대라고 여겨진다. 1950년 우리나라는 광복의 기쁨을 누릴 틈도 없이 6·25 전쟁으로 인해 온 국토가 폐허가 되었다. 국토는 병들고 국민들은 굶주리고 나라는 가난했다. 1960년대에 이르러서 경제 개발을 위한 기초 사업을 시작한 이래로 경제는 급격히 발전하여 50년도 채 안 되는 기간에 우리나라는 세계 10위권의 경제대국이 되었고 '한강의 기적'이라 불리며 세계의 찬사를 받았다. 하지만 1970년대는 경제 개발의 시대임과 동시에 그 이면을 들여다보면 사회의 소외받는 계층이 더욱 철저히 외면당한 시대이다. 무리한 경제 개발 계획의 추진은 서민들에게 너무 많은 것을 요구했고 가난한 이들은 더욱 가난해져만 갔다.

〈나〉 이 책에서 등장하는 난쟁이 또한 그러한 사람들 중 하나이다. 이 책에서 등장하는 난쟁이는 조그맣고 약하다. 또한 난쟁이 일가는 아무런 잘못이 없다. 그들은 단지 경제 개발의 희생양일 뿐이다. 사회는 그들에게 아무것도 해준 것이 없다. ① 오히려 경제 성장을 이유로 그들의 것을 빼앗았다. 그들이 1,000년의 세월 동안 지은 집을. 그들의 유일한 삶의 터를. 그들에 대한 착취는 경제발전이라는 말 아래 정당화 되었다. 그 시대의 난쟁이들은 그런 지옥 속에서 끊임없이 천국을 갈망했지만 결국은 혹독한 현실에 좌절하고 울분을 터뜨릴 뿐이다. 1970년대의 눈부신 경제 발전 뒤에는 이토록 짙고 어두운 그림자가 드리워져 있다. 하지만 우리는 이 시대를 이렇게 부정적인 시각에서만 바라봐야만 하는 것일까?

〈다〉 물론 그 시대의 사람들은 희생을 강요받으며 지옥 같은, 매우 힘든 생활을 했었다. ② 하지만 난 이 책의 난쟁이와 같은, 그러한 사람들의 희생이 바탕이 되었기 때문에 오늘날의 우리들이 풍족한 생활을 누리면서 살 수 있는 것이라고 생각한다. 실제로 그들의 눈물어린 희생이 있었기에 '한강의 기적'과 같은 급성장을 이룩할 수 있었다고 생각한다. 그 때의 경제 발전의 과정이 아무리 좋지 않은 부분을 내포하고 있다곤 하여도 그 일련의 과정을 매도해 버린다면 그것은 곧 우리 스스로가 지금의 풍요로운 생활의 근원 자체를 부정하는 것과 같다. ③ 때문에 우리는 최대한 객관적인 시간에서 그 시대를 바라봐야할 필요가 있다.

〈라〉 하지만 그렇다고 해서 그 시절 난쟁이에게 행해졌던 혹독한 착취를 합리화 하려는 것은 아니다. 다만 긍정적인 측면은 인정할 필요성이 있기 때문이다. ④ 그리고 지나간 과거의 좋고 나쁨을 따지는 것보다 더더욱 지금 우리에게 요구되는 것은 오늘날 우리 주위의 난쟁이들에 대한 관심이다. 경제는 발전하였고 예전과는 달리 대부분의 사람들이 먹고 살기엔 부족함이 없는 풍족한 생활을 누리고 있다. 하지만 그러한 풍족한 사람들 틈새에서 소외받는 난쟁이들은 여전히 곳곳에 존재한다. 경제의 성장과 관계없이 그들은 여전히 춥고 배고프고 가난하다. 이제 우리들은 이들에게 도움과 관심의 손길을 내밀어야 한다. 아주 사소한 것이지만 구세군 냄비에 조금씩 돈을 넣는 것 등으로부터 시작해서 말이다.

〈마〉 ⑤ 1970년대는 이미 지나가버린 역사다. 우리들은 지나가버린 과거에 더 이상 연연해하지 말아야 할 것이다. 하지만 또한 그 역사를 반복해서는 더더욱 안 될 것이다. 우리들 모두는 이 시대의 힘없고 조그만 난쟁이들의 눈에서 더 이상 눈물이 흐르는 걸 원치 않기 때문이다.

〈교사 첨삭 지도〉

1 대상 도서에 대한 이해 및 분석력

이 작품은 고등학교 문학 교과서에도 실려있는 유명한 소설이지요. 문학평론가들이 뽑은 문제소설에도 항상 포함되는 것을 보면 중요한 작품인 건 틀림없어요. 많은 학생들이 이 소설을 읽고 지은이의 의도에 공감하며, 오늘날 우리 사회가 안고있는 문제와 아주 비슷하다고 하더군요. 그렇지요. 그래서 이 소설은 문제작이며 청소년을 위한 필독 도서로 자리매김하고 있어요.

학생도 저자가 말하려고 하는 의도를 정확히 간파했어요. 그런데 학생은 저자가 말하고자 하는 핵심 주장에 대해 반박하는 입장을 취하고 있어요. 1970년대의 산업화가 부정적 측면만 있는 것이 아니라 긍정적인 측면도 있다는 입장에 서서 논리를 펼쳤어요. 이 문제에 대해 되도록 객관적인 시각을 유지하려고 노력하는 모습이 참 인상적이에요. 이렇게 학생은 논쟁의 소지가 있는 문제를 논제로 설정했어요. 그리고 저자의 주장을 부분적으로 인정하면서 자신의 주장을 일관되게 전개했어요. 이것은 독서를 논술로 연결시켜 사고력의 확산을 꾀한 것으로 독서 논술문의 취지와 잘 부합하고 있어요.

그러나, 저자의 주장을 반박하는 과정에서 타당하고 구체적인 근거를 제시하지 않았어요. 또한 객관적인 시각의 중요성을 강조하면서도 정작 자신은 주관적인 방향으로 논리를 전개하는 모순을 범하고 말았어요. 그리고 〈나〉문단에서 대상도서의 내용을 부분적으로 인용하기는 했지만, 책 내용을 좀 더 다각도로 활용해 자기 주장의 타당함을 입증하는 방향으로 나아갔으면 더 좋은 글이 되었을 거에요.

2 창의적 사고력

논술은 쟁점에 대한 새로운 판단과 입장을 요구하므로 항상 창의성을 강조하게 되지요. 대입논술시험에서도 창의성을 가장 중요한 요소로 보고 이 항목에 가장 높은 배점을 주고 있어요. 그러나 창의성이란 특별한 사람에 게만 있는 능력이 아니라 누구나 갖고 있고 또 키워낼 수 있는 능력이에요.

이런 관점에서 본다면 〈나〉~〈다〉부분이 돋보이네요. 이 작품을 읽은 많은 학생들이 저자의 관점에 쉽게 동의 하고 소외된 자들을 대하는 힘있는 자들의 처사를 강하게 비판하지요. 그러나 학생은 이런 부정적 시각에 대해 문제를 제기하고 긍정적 관점에서 볼 필요가 있다고 말하고 있어요. 게다가 편향된 시각의 위험성을 지적하고 객 관적인 시각으로 고찰해야 된다는 점을 강조하네요. 하지만, 산업화의 부정적인 측면을 검토하면서 구체적이고 다양한 사례를 들어 비판했더라면 더욱 좋았을 거에요. 그리고 긍정적 관점의 필요성을 역설하면서도 타당한 근 거를 제시하지 못한 채 당위적인 주장만 반복한 것이 못내 아쉽네요.

창의성은 단순히 새로운 것이나 유별난 것과는 달라요. 새롭다고 해서 무조건 창의적인 것은 아니에요. 그 새 로움이 논리적 근거를 바탕으로 설득력을 갖추어야 한답니다. 학생의 글에서도 이미 창의성은 자라고 있어요. 창 의적 사고를 키우기 위해서는 문제를 여러 각도에서 살펴보고 자신이 이미 알고 있는 지식과 연관지어 심층적으 로 생각해보는 것이 중요하답니다.

3 문제 해결력

〈가〉문단은 도입에 해당하고, 〈나〉문단에서 문제를 제기하였으며, 〈다〉와 〈라〉문단에서 자신의 주장을 드러낸 후 〈마〉에서 마무리했어요.

〈가〉문단에서는 1970년대 경제 개발의 양면성을 언급했어요. 이 부분은 도입부에 해당하는데 전체 분량에 비 해 너무 길고 장황하다는 느낌이 들어요. 간단하게 요점만 말하고 바로 문제 제기로 들어가면 좋겠네요.

〈나〉문단은 부정적 시각에 대해 문제를 제기한 부분이에요. 책 내용을 부분적으로 인용해 1970년대 경제 개발 의 부정적인 측면을 지적하고 이에 대해 문제를 제기함으로써 자기 주장을 드러내는 계기로 삼았어요.

〈다〉문단의 자신의 핵심 주장을 드러낸 가장 중요한 부분이네요. 1970년대 경제 개발에 대해 긍정적인 관점에 서 살펴보아야 할 필요성을 언급하고 객관적인 시각을 견지해야 한다고 역설했어요. 그러나, 긍정적인 관점에 대 한 구체적이고 타당한 근거를 제시하지 않고 당위적인 주장만 반복했어요. 그리고 객관적인 시각의 중요성을 강 조하면서도 정작 객관성을 유지하지 못하고 편향된 방향으로 흘러간 것이 아쉬워요.

〈라〉문단에서는 소외된 자에 대해 관심과 배려를 보여야 함을 강조했어요. 그러나 개인이 생활 속에서 실천해야할 덕목만 얘기했을 뿐 정책적·제도적인 측면에 대한 언급이 없어요. 그래서 〈마〉문단에서도 구체적이고 현실적인 대안을 제시하지 못한 채 추상적인 주장을 되풀이하며 마무리하고 말았어요.

> **배경지식 도우미**
>
> 1960년대부터 시작된 산업화 정책이 어떤 과정을 거쳐 진행되었으며, 그 결과 어떤 사회적 변화를 초래했을까요? 기술과 자본의 집적 없이 이루어진 산업화는 저임금을 기반으로 한 노동집약적 산업을 중심으로 전개되었지요. 그리고 최저 생계비에도 못 미치는 저임금을 유지하기 위해서 필연적으로 저곡가 정책이 시행되었고 이 정책의 피해는 농민들에게 전가되었어요. 그 결과 농촌공동체는 붕괴되고 농민들의 삶은 갈수록 궁핍화되어 갔으며 농촌의 젊은이들이 대도시 노동자로 유입되었지요. 이러한 현상은 노동력의 공급 과잉을 초래하여 저임금 정책을 유지하는 기반이 되었고, 이는 다시 저곡가 정책의 바탕이 되어 농촌의 궁핍화를 더욱 가속화시키는 악순환이 이어졌어요. 결국 경제의 균형 있는 발전을 무시하고 양적인 성장에만 치우쳤던 산업화 정책이 우리 국민 대다수인 농민과 노동자의 삶을 궁핍하게 만들고 그들을 울분과 절망에 빠뜨리고 만 것이에요.

4 문장력 및 표현력

논술문의 개념과 원리를 잘 알고 있고 글을 많이 써본 학생이에요. 문맥에 맞는 어휘를 선택해 어법에 맞게 써서 정확한 의미를 전달했어요. 게다가 지시어와 접속어를 적절히 사용해 자신의 견해를 자연스럽게 펼친 것도 인상적이네요. 더욱 좋은 논술문을 쓰기 위해서는 고쳐야 할 점도 몇 가지 있어요. 세 가지만 지적할까 하니 참고하세요.

첫째, 문단 구성면에서 약간의 조정이 필요해요. 〈가〉와 〈나〉를 결합해 분량을 줄여 하나의 문단으로 만드는 것이 좋겠어요. 대신 〈다〉와 〈라〉문단에서는 자신의 주장이 강하게 드러나므로 이 부분을 좀 더 보강할 필요가 있겠어요. 그리고 〈마〉도 좀 더 구체적인 내용으로 바꿔보세요.

둘째, 비슷한 의미를 지닌 표현을 반복함으로써 의미 전달의 명료성을 해치고 있어요. 아래에 그 구체적인 예를 들어 설명하겠지만, 문장과 문장이 이어질 때는 의미의 중복이 없이 인과 관계로 연결되어야 해요. 그래야만 자신의 주장이 논리적으로 전개되고 분명한 의미를 다가올 수 있어요.

셋째, 학생이 쓴 글에서는 주제문이 선명히 부각되지 않아요. 문단 쓰기의 원리 가운데 '완결성'이란 것이 있어요. 하나의 문단은 주제문과 뒷받침문장이 결합된 것이며, 뒷받침문장이 주제문을 효과적으로 뒷받침해야 한다는 것이지요. 이렇게 문단이 이루어질 때 그 문단은 완결성을 확보할 수 있답니다.

① : 의미를 강조하고 표현의 변화를 주기 위해 도치된 표현을 쓸 수도 있지만,

논설문에서는 의미의 혼란을 초래할 수 있으므로 자제하는 것이 좋아요. 이렇게 한 번 바꿔 볼까요? '힘있는 자들은 약자들이 조상 대대로 살아온 삶의 터전을 개발을 빌미로 빼앗았다.'

② : 오늘날 우리가 누리고 있는 풍요로운 생활은 소외된 자들의 희생 위에서 이루어졌음을 강조하고 있군요. 하지만, 단순히 이 논리만으로는 경제 성장의 필연성을 설명할 수 없지요. 설득력을 얻기 위해서는 좀 더 구체적인 이유나 근거를 제시하는 것이 좋아요. 그리고, 문장 구조도 다소 복잡하고 군더더기가 군데군데 보이네요. '난쟁이로 대변되는 소외된 자들의 희생이 바탕이 되었기에 오늘날과 같은 풍요로운 삶을 누릴 수 있다.' 와 같은 표현으로 고쳐 봐요.

③ : 이 작품의 배경이 된 시대를 객관적인 시각으로 바라보아야 한다고 했는데, 정작 학생은 객관성을 유지하지 못하고 편향된 시각으로 흘러가 버렸어요. 객관성을 확보하기 위해서는 자신의 주장과 반대되는 주장의 타당성도 검토하는 것이 옳아요.

⑤ : 결론이 본론과의 유기적 관련성이 약하며, 대안이 막연하고 추상적이네요. 결론에서는 본론의 내용을 요약하고 현실적인 대안을 제시하거나 앞으로 일어날 일을 예측하는 방법이 있어요.

5 총평

학생은 무거운 논제를 쉬운 문장으로 차분하게 잘 풀어내었어요. 저자의 주장을 부분적으로 인정하면서도 그 문제점을 지적하면서 자기 주장을 자연스럽게 드러낸 것이 참 인상적이에요. 특히 한쪽으로 치우치지 않고 객관적인 시각에서 문제를 다루려고 노력한 점은 높이 평가할 만해요. 그러나, 논리 전개 과정에서 타당성에 대한 면밀한 검토 없이 성급하게 자기 주장을 내세우고 있어요. 또한 대상 도서의 내용을 활용하거나 자신의 독서 경험을 살리지 못한 점이 못내 아쉬워요.

논술문은 나의 견해를 남에게 전달하되 이치에 맞게 함으로써 타당성을 인정받는 것이지요. 다른 사람의 입장에서 나의 글을 보고 공감할 수 있는 글을 쓰는 훈련을 많이 쌓아간다면 큰 발전이 있을 거에요. 그리고 독서가 바로 논술의 바탕이라는 점을 알고 독서를 꾸준하게 하는 것이 중요해요.

산민(山民)

김창협(金昌協)

下馬問人居(하마문인거) 말에 내려 인가를 찾아가 보니

婦女出門看(부녀출문간) 아낙네 문간에 나와 맞이하네

坐客茅屋下(좌객모옥하) 띠집 처마 아래 손을 앉게 하고

爲我具飯餐(위아구반찬) 나를 위해 밥과 반찬 내어오네

丈夫亦何在(장부역하재) 남편은 어디에 나가 있냐 하니

扶犁朝上山(부리조상산) 아침에 따비를 메고 산에 올라

山田苦難耕(산전고난경) 산밭을 일구느라 고생을 하며

日晚猶未還(일만유미환) 저물도록 돌아오지 못한다네

四顧絕無隣(사고절무린) 사방을 둘러봐도 이웃은 없고

鷄犬依層巒(계견의층만) 개와 닭도 산기슭에 의지해 사네

中林多猛虎(중림다맹호) 숲 속에는 사나운 호랑이 많아

採藿不盈盤(채곽불영반) 나물도 마음대로 못 뜯는다네

哀此獨何好(애차독하호) 슬프다 외딴 살이 어찌 좋으리

崎嶇山谷間(기구산곡간) 험하고 험한 산골짝에서……

樂哉彼平土(락재피평토) 평지에 살면 더없이 좋으련만

欲往畏縣官(욕왕외현관) 가고 싶어도 벼슬아치 두렵다네

당신들의 천국

이청준 | 문학과지성사

어떤 책일까?

소록도 나병 환자 수용소를 배경으로 '천국' 을 구현하고자 하는 병원장과 나병 환자들 사이의 갈등을 소재로 한 소설이다. 작가는 소록도라는 작은 섬에서 일어난 사건과 갈등을 통하여 우리 시대의 정의로운 사회, 즉 '천국' 은 어떻게 존재할 수 있으며, 어떤 모습으로 이루어 질 수 있는가에 대한 근본적인 물음을 던지고 있다.

이 책을 읽는 여러분들은 '천국' 의 모습을 만들어 내기 위해 헌신적으로 노력하는 지배자의 모습과 그 과정에서 이에 반발하고 저항하는 사회구성원의 모습을 발견하게 될 것이며, 이들 사이에서 벌어지는 사건과 갈등을 통해 진정한 이상사회의 모습과 조건에 대해서 생각해 볼 수 있는 좋은 기회가 될 것이다.

배경 지식

무엇을 바탕으로 생각해 볼까?

1. 작품의 배경, 소록도

전라남도 고흥군 도양읍에 딸린 섬.

면적 4.42km², 인구 890명(2001)이다. 해안선길이 14km이다. 고흥반도 남쪽 끝의 녹동으로부터 약 500m 거리에 있다. 섬의 모양이 어린 사슴과 비슷하다고 하여 소록도라 부른다. 예전에는 한센(나병) 환자들이 모여 사는 곳으로, 한센병 환자와 병원 직원들만의 섬이었으나 현재는 아름다운 경관이 알려지면서 일반인들도 많이 찾는 곳이 되었다. 원래 고흥군 금산면에 속하였으나 1963년 행정구역 개편으로 도양읍에 편입되었다.

(중   략)

주민은 나병환자와 국립소록도병원에 근무하는 직원 및 그 가족이 대부분이다. 취락은 주로 북동쪽 해안가에 집중 분포하며, 병사지대와 직원지대로 구분된다. 이곳에 있는 국립소록도병원은 1910년 외국 선교사들이 소록도에서 운영하던 '시립나요양원' 에 나병환자들을 수용하면서 시작되었다. 1916년 '소록도 자혜병원' 으로 정식으로 개원하였으며, 1960년부터 수용 위주에서 치료 위주로 관리 정책을 전환하였다. '소록도갱생원' , '국립나병원' 등 여러 이름을 거쳐 현재에 이른다.

유적으로는 6 · 25전쟁 때 이곳을 지키다 순직한 사람들의 영혼을 기리는 순록탑, 그리고 육영수 여사의 공덕비, 한하운 시인의 시비 등이 있다. 섬 전체가 울창한 산림과 바다가 어우러져 아름다운 경치를 이룰 뿐 아니라, 동쪽 해안에는 해수욕장이 있으며, 섬의 남단에 소록도등대가 있다.

(출처 : 두산백과사전)

2. 나병, 한센병에 대하여

1) 나병이란 어떤 병인가?

현대의 나병은 1873년에 아르마우어 한센이 확인한 간균에 의해 생기는 병이다. 의사들은 그의 업적을 인정하여 나병을 한센병이라고 부르기도 한다. 간균은 신경, 뼈, 눈 그리고 다른 기관에도 손상을 입힌다. 감각이 없어지는데, 종종 손과 발에 감각이 없다. 병의 진행을 막지 않으면 이 병으로 인해 얼굴과 팔다리가 불구가 될 수도 있다. 하지만 목숨을 잃는 경우는 드물다.

2) 치료제가 있는가?

가벼운 형태의 나병에 걸린 사람들은 아무런 치료를 받지 않아도 낫는다. 증세가 좀더 심한 경우에는 약으로 치료할 수 있다. 나병을 치료하는 최초의 약은 1950년대에 소개되었는데, 치료 속도가 느렸고, 나병 간균이 그 약에 내성이 생겼기 때문에 점차 효력이 없어졌다. 새로운 약이 개발되어, 1980년대 초부터 다종 약물 치료법(MDT)이 전세계적으로 표준 치료법이 되었다. 이 치료법은 세 가지 약을 함께 사용하는데, 답손과 리팜피신과 클로파지민이다. 다종 약물 치료법은 간균을 죽이기는 하지만, 이미 손상된 부위를 원상태로 회복시켜 주지는 못한다. 다종 약물 치료법은 나병을 치료하는 데 대단히 효과적이다. 그 결과, 나병에 걸린 사람의 수가 1985년에는 1200만 명이던 것이 1996년 중반에는 130만명 정도로 급격히 줄어들었다.

3) 전염성은 어느 정도인가?

나병은 전염성이 높지는 않은데, 대부분의 사람들은 면역계가 그 병을 저항할 수 있을 정도로 강하기 때문이다. 감염은 대개, 그 병에 걸린 사람들과 오랫동안 가까이 접촉하면서 생활하는 사람들 가운데서 발생한다. 의사들은 간균이 어떻게 인체에 들어오는지 확실히 알지는 못하지만, 그 균이 피부나 코를 통해 들어오는 것으로 추정하고 있다.

(자료제공 : 세계보건기구 국제나병치료협회연맹, 맨슨의 열대질병, Manson's Tropical Diseases, 1996년)

생각 품기

1 다음 시의 시적화자가 처한 상황에 대하여 이야기해 보고 이 시인에게 보내는 편지를 써 보자.

全羅道 길

한하운

가도 가도 붉은 황톳길

숨막히는 더위 뿐이더라

낯선 친구 만나면

우리들 문둥이끼리 반갑다.

天安 삼거리를 지나도

쑤세미 같은 해는 西山에 남는데

가도 가도 붉은 황톳길

숨막히는 더위속으로 쩔룸거리며

가는 길……

신을 벗으면

버드나무 밑에서 지까다비를 벗으면

발가락이 또 한 개 없다.

앞으로 남은 두 긴의 발가락이 잘릴 때까지

가도 가도 千里 먼 全羅道길

생각 깨기

1 소록도에 병원장으로 부임한 조백헌 원장이 '천국' 건설을 위해 시도한 일은 무엇인지 차례대로 열거해
  보자.

2 조백헌 원장과 나환자들 사이에 갈등으로 일어난 중심사건은 무엇이며 이에 대한 조백헌 원장의 태도는
  어떠했는지 말해 보자.

3 소록도의 네 번째 병원장인 주정수의 동상이 세워지기까지의 과정을 간략하게 요약하여 발표해 보자.

4 이 소설의 전체 줄거리를 고려하여 결말부에 윤해원과 서미연의 결혼이라는 사건이 지니는 의미에 대하
  여 말해 보자.

생각 기르기

1 소록도에 나환자들의 천국을 건설하려는 조백헌 원장의 다양한 계획과 그 추진과정에 있어서 표출된 문제점에 대하여 이상욱과 황장로의 입장에 서서 각각 비판하여 보자.

_____

_____

_____

_____

_____

2 소설에서 조백헌 원장이 나환자들을 위해 시도하는 '축구' 시합에 대하여 아래의 글을 참고로 비판하여 보자.

> 스포츠를 정치적으로 이용하는 사례가 빈번하게 발생하는 것은 현대사회에서 스포츠가 차지하고 있는 사회적 위상 때문이다.
>
> (중　략)
>
> 특히 평소에도 대중매체에 접근하기가 비교적 쉬운 권력집단에 비해 그런 혜택을 누리기가 어려운 소외집단에게는 스포츠경기야말로 자신들의 메시지를 효과적으로 전달할 수 있는 좋은 장소다. 이런 이유 때문에 정치적 개입을 배제하려는 스포츠계의 노력에도 불구하고 스포츠가 정치와 완전히 단절될 가능성은 그리 높지 않다.
>
> (열광하는 스포츠 은폐된 이데올로기 / 정준영 / 책세상)

_____

_____

_____

사회적 편견의 극복

1 감기에 걸려서 아팠던 경험을 말해보고 그때 나에 대한 가족과 친구들의 태도는 어떠했는지 발표해 보자.

2 사회적인 편견으로 사람들이 기피하는 질병에는 어떤 것들이 있고, 왜 사회적 편견을 가진다고 생각하는가?

3 현대 사회에서 문제가 되는 사회적 편견의 종류를 구분하고, 이에 대한 문제점 및 해결책에 대해서 표로 정리한 후, 발표해 보자.

구분	다문화가정	장애인	탈북자
문제점			
해결방안			

4 자신이 조백헌 원장이라면 소록도의 나병환자들을 위해 어떤 정책을 펼쳐나갈지에 대해 자신의 의견을 말해 보자.

소통과 유토피아

1 다음 글 중 〈가〉를 통하여 소설에서 주정수 원장의 입장과 행동에 대하여 비판하여 보고, 〈나〉를 통해 이에 대한 해결책을 제시해 보자.

〈가〉 프랑스의 철학자 알튀세르가 한 말 중에 "히말라야 산에 사는 토끼가 주의해야 할 점"이라는 게 있습니다. 히말라야 산에 사는 토끼가 평지에 사는 코끼리보다 크다는 착각을 하지 말라는 뜻입니다. 아마도 그 쪽 문화권에 히말라야 산에 사는 토끼를 지칭하는 '히말라야 래빗'이라는 표현이 있나 봅니다.

우리가 혹시 이런 '히말라야 래빗'을 닮고자 하는 것은 아닌지 되물어볼 필요가 있습니다. 다른 사람들의 희생을 딛고 높은 곳에 서 있는 이가 정말 그 아래에 있는 이들보다 자신이 더 크다고 여기고 있은 것은 아닌지 말입니다.

그리고 이런 반성을 통해 사람들은 겸손해집니다. 또 이렇게 겸손해지면 존재론적 패러다임 속에서 자기 것을 무턱대고 끝까지 추구하는 무식함도 사라지기 마련입니다. 이 속에서 서로서로가 소통할 수 있는 가능성이 열리는 것이죠. 하지만 근대 사회는 우리가 계속 "히말라야 산에 사는 토끼"를 닮아가도록 추동합니다. 심지어 자녀를 교육할 때조차 우리는 경쟁력을 강조합니다. 남보다 더 강한 존재로 크기만을 바라는 것이지요. 이런 사회에서 소통은 이뤄지기 어렵습니다. 저는 이런 상황이 소통의 가장 큰 장애라고 생각합니다.

〈나〉 대전교도소에서 같은 사건으로 한 30명 정도가 징역살이를 했습니다. 저는 대법원까지 올라갔다가 파기 환송되고, 다시 재판 받느라 좀 늦게 대전교도소로 이소했습니다. 그랬더니 누가 "조금 일찍 왔더라면 고암 이응노 선생님을 만날 뻔 했는데…" 하고 말하는 거예요.

그래서 아쉬운 마음에 이 선생님과 함께 지냈던 분을 찾았습니다. 한 젊은 친구가 감방에서 함께 지냈더군요. 그 친구에게 이 선생님에 대해 물었더니 "괴팍한 노인네"라는 대답이 튀어나왔습니다. 왜냐? 자꾸 이름을 물어본다는 것입니다. 쪽 팔리게 말이죠. 교도소에서는 이름을 잘 안 부르거든요. 수번으로 불러요. 저도 제일 잊어 버리지 않는 숫자가 교도소 수번이거든요.

그런데 이응노 선생님은 만나는 사람마다 이름이 뭐냐고 묻고 다닌 것입니다. 사람을 가리켜서 어떻게 번호로 부르냐는 것이죠. 그래서 이 친구가 자기는 응일이라고 대답했더니 "아 뉘집 큰 아들이 징역 들어왔구만" 그러시더래요. 자기가 맏아들이 맞다더군요. 그 친구는 이 선생님에게서 이런 대답을 듣고 밤새 한잠도 못 잤다고 하더군요.

(대립과 갈등의 시대, 진정한 소통을 위하여 / 신영복)

장애인 학생과 일반 학생의 통합교육은 실효성이 있는가?

1 장애인(障碍人)과 장애자(障碍者)의 차이는 무엇인가?

2 장애인 학생과 일반 학생이 같은 교실에서 공부하고 생활하는 통합교육은 장애인 학생과 일반 학생에게 서로 어떤 영향을 줄 것인가? 통합교육이 효과적인지, 비효과적인지에 대해 자신의 입장을 정하여 토론해 보자.

3 현재 시행중인 통합교육의 올바른 발전을 위해서 정부, 학교, 비장애인 학생, 장애인 학생들이 기울여야 할 노력은 무엇이 있는가?

구분	올바른 통합 교육을 위한 노력
정부	
학교	
일반 학생	
장애인 학생	

직접민주주의를 통한 이상사회의 실현은 가능한가?

1 각 종교에서 이야기하는 유토피아는 무엇이 있나요?

2 조원장이 건설하려 했던 천국이 '당신들의 천국'에 그치고 만 이유에 대해서 말해 보자.

3 플라톤은 이성보다 일시적 충동에 의하여 좌우되는 다수의 어리석은 대중들의 정치를 중우정치라고 명하고 이를 비판하였다. 그는 다수의 어리석은 대중이 올바른 판단력과 지식이 부족해 잘못된 결론을 도출하고 이것이 국가의 발전을 저해한다고 보았다. 현대적인 관점에서 이를 비판해 보자.

4 인터넷 소통을 통한 직접 민주주의의 실현은 가능한가에 대해 자신의 생각을 말해 보자.

독서논술 논제

1 조백헌 원장이 생각하는 천국이 '우리들의 천국'이 되지 못하는 이유를 제시하고, 이와 유사한 사례를 현재의 생활을 찾아 '우리들의 천국'이 되도록 하기 위해 우리들이 각자가 해야 할 일에 대해 논술해 보자.

2 다음 〈제시문〉을 읽고 한 사회가 지향하는 유토피아를 실현하는 과정에서 목적과 수단, 명분과 과정의 관계에 대한 자신의 생각을 제시해 보자.

제시문

　공원은 정말 원생들에게 모셔지고 있었다. 그렇게 모셔지고 있는 공원이 섬을 구경 온 사람들에게 침이 마르도록 칭찬을 받고 있었다. 공원은 원생들을 위해 원생들에게 있는 것이 아니라, 주정수와 섬을 다녀간 엉뚱한 구경꾼들의 것이었다. 섬에 꾸며졌노라는 낙원 역시 원생들에게 있는 것이 아니라, 주정수와 섬을 다녀간 사람들에게만 있었다.

　소록도의 환자들에겐 낙원이 없었다. 환자들에게 낙원이 없는 한, 소록도엔 낙원이 없었다. 그들이 이기적인 소문에서만 소록도의 천국은 존재하고 있었다.

　명분은 믿을 것이 못 되었다. 섬사람들은 그것을 알고 있었다. 몇십 년이 지난 지금까지도 섬 사람들은 그것을 잊지 않고 있었다. 상욱도 그것을 알고 있었다.

　문제는 명분이 아니라 그것을 갖게 되는 과정이었다. 명분이 과정을 속이지 말아야 한다. 명분이 재물을 요구하지 않아야 한다. 천국이 무엇인가. 천국은 결과가 아니라 과정 속에서 마음으로 얻어질 수 있는 것이어야 했다. 스스로 구하고, 즐겁게 봉사하며, 그 천국을 위한 봉사를 후회하지 말아야 진짜 천국을 얻을 수 있었다.

(당신들의 천국 / 157~158쪽)

3 다음 제시문 〈가〉와 〈나〉를 통해 나타나는 문제상황을 지적하고 이를 극복할 수 있는 사회구성원들의 현대적 리더십에 대하여 제시문 〈다〉와 〈라〉를 참고하여 논술해 보자.

제 시 문 〈 가 〉

2차 확장공사가 있었던 이듬해 여름 주정수 원장은 또다시 섬 남쪽 해변가에 선창 공사를 시작했다.

(중 략)

병사지대에 따로 선창을 마련할 필요가 있었다. 수심이 깊은 동생리 해변가에 자리를 정하고 곧이어 석축작업을 시작했다. 이번에는 원생들을 공사장으로 끌어내기 위해 구차스런 설득이나 회유를 벌이지도 않았다. 기동이 가능한 원생들은 남녀 노유를 가릴 것 없이 작업장으로 몰아내는 총동원령이 내려졌다. 작업 방법도 가위 강제 노역장을 방불케 할 만큼 가혹스러웠다. 작업 기구가 모자랐으므로 모든 일이 손발 하나로 이루어졌다. 바위같은 큰 암석들이 원생들의 목도질로 운반되었다. 조류 관계로 작업은 밤낮을 가릴 수 없었다. 때로는 초저녁에도 사나운 바닷바람을 견뎌가며 출역을 나서야 했다. 그런 작업이 넉 달 동안이나 계속되었다. 그리고 마침내 선창이 완성되었다. 모든 작업이 바로 그 사토라는 간호장의 무서운 가죽 채찍 아래서 이루어진 것이었다. 그는 넉 달 동안 하루도 빠짐없이 이 선창 공사장의 주위에서 그의 긴 가죽 채찍을 흔들어대며 인부들을 괴롭혔다.

– 이 더러운 문둥이 새끼들, 썩어 문드러진 몸을 아껴서 뭘할 테냐!

– 엉뚱한 생각들 말아. 그런 놈은 이 채찍님이 용서하지 않을 게다. 제 명에 못 돼지고 싶은 놈이 있거든 한번 나서봐도 좋다. 죽여 놓을 테다. 난 너희들을 당장 죽여줄 수도 있단 말이다.

(중 략)

원생들은 사토의 그림자만 보아도 치를 떨었다.

(당신들의 천국 / 127~128쪽)

제 시 문 〈 나 〉

그러므로 자기 지위를 보전하고자 하는 군주는 좋지 않은 짓을 행하는 것을 배워야 하고, 언제 그것이 필요하고 언제 그것이 필요치 않은가를 판단할 줄 알아야 한다. 악덕이 없이 그의 권력을 유지하기 어려울 때는 그런 악덕의 오명(汚名)을 뒤집어쓰는 것을 결코 주저하지 말아야 한다.

군주는 두려움과 사랑을 동시에 받아야 한다. 그러나 그 두 가지를 함께 누리기는 어려우므로, 둘 중 하나를 포기해야 한다면 사랑을 받기보다 두려움을 받는 편이 안전하다. 사람들이란 일반적으로 은혜를 모르고 변덕스러우며 위선적이고 위험을 피하기에 급급하며 이익을 탐낸다고 말할 수 있기 때문이다. 그들은 군주가 은혜를 베푸는 동안은 전적으로 군주의 편이어서 자신의 피, 재산, 목숨과 자식까지도 바치겠다고 하는데, 그것은 실제로는 그럴 필요성이 별로 없을 때 하는 말이다. 막상 그래야만 할 때가 닥치면 그들은 배반한다. 그래서 그들의 말만 믿

고 다른 준비를 해놓지 않은 군주는 몰락하게 된다.

위대하고 고상한 정신을 통해서가 아니라 돈을 주고 얻은 우정은 매수한 것일 뿐 진정으로 확보한 것이 아니며, 따라서 위기에 몰리면 군주에게 도움이 되지 못한다. 또 인간은 두려움을 주는 사람보다 사랑을 주는 사람을 해칠 때 덜 망설인다. 사랑은 의무의 사슬로 묶여 있는 것인데, 인간은 이기적이어서 자기 목적에 도움이 될 때는 언제든지 그 사슬을 끊어버린다. 그러나 두려움은 처벌에 대한 공포심으로 유지되는데 그것은 실패하는 법이 없다.

(군주론 / 마키아벨리 (권기돈) / 웅진씽크빅)

제시문 〈 다 〉

정의로운 사회란 첫째, 각 사람이 다른 모든 사람의 자유와 양립할 수 있는 평등한 기본적 자유를 최대한 누릴 수 있는 사회이다. 둘째, 사회적, 경제적 불평등은 최소 수혜자에게 최대의 이익을 보장하되, 후세를 위한 절약의 원칙에 위배되지 않도록 조정되고, 또 그 불평등의 계기가 되는 지위는 공정한 기회 균등의 원칙에 따라 모든 사람에게 개방되는 사회이다.

위의 글에는 정의로운 사회에 대한 일반적이고 포괄적인 내용이 언급되어 있다. 그 원리들을 구체적으로 살펴보자.

첫째, 모든 사람은 침해되어서는 안 될 기본권을 지니고 있으며, 따라서 공평한 대우를 받아야 한다. 사람은 누구나 불공평한 일을 당하면 억울해하고 분해한다. 만일, 불공평한 일이 사회에 만연한다면, 사람들은 불행해지고, 사회질서는 근본적으로 파괴되고 말 것이다. 그러므로 사람들은 정의로운 사회에서 살기 원한다.

둘째, 사회적 약자에 대한 배려가 우선되어야 한다. 아무리 기본권이 보장되고 공평한 대우를 받는 사회라 하더라도, 타고난 조건이 지나치게 열악한 사람들은 좌절감에 빠지고 말 것이다. 이들의 불리한 처치를 어느 정도 보완해 줄 특별한 배려와 조치가 사회적 합의에 의해 이루어질 때, 비로소 진정한 '기회 부여'가 되는 것이기 때문이다.

(고등학교 도덕 / 90~91쪽)

제시문 〈 라 〉

위대한 리더십 이론가인 제임스 맥그리거 번스는 강압에 의존하는 지도자는 지도자가 아니라 단지 권력을 휘두르는 사람일 뿐이라고 주장했다. 그의 관점에 따르면 히틀러는 지도자가 아니었다. 그러나 히틀러 같은 폭군이나 독재자들조차 측근 그룹 내에서라도 소프트 파워를 발휘해야 한다. 어떤 개인도 다른 모든 이들을 탄압으로 지배할 수 있을 만큼 강하지는 않기 때문이다.

하드 파워의 행사가 소프트 파워를 약화시킬 때, 리더십은 더 어려워진다. 이라크 침공 이후의 부시 대통령처럼 말이다. 소프트 파워가 본질적으로 바람직한 것은 아니며, 하드 파워보다 언제나 나은 것도 아니다. 비록 소프트 파워에 의한 것이라도 조종당한다는 느낌을 좋아하는 사람은 없다. 하지만 소프트 파워는 지지자들에게 하드 파워가 부여하는 것보다 더 많은 선택권과 여유를 허용한다. 지도자들은 하드·소프트 파워 자원을 결합해 "스마트 파워" 전략으로 재탄생시킬 수 있는 지성을 발현해야 한다. 누가 차기 대통령이 되든, 그 또는 그녀는 이 같은 교훈을 배울 필요가 있을 것이다.

(소프트 파워 / 조지프 나이 S. 나이(홍수원) / 세종연구원)

독서논술 논제 분석

1 1) 조백헌 원장이 건설하려는 천국이 '우리들의 천국'이 되지 못하는 이유

2) '우리들의 천국'이 되도록 하기 위해 우리들이 각자가 해야 할 일

2 1) 유토피아를 실현하는 과정에서 목적과 수단과의 관계

2) 유토피아를 실현하는 과정에서 명분과 과정과의 관계

3) 이에 대한 자신의 생각

3 1) 제시문 〈가〉와 〈나〉에 나타나는 문제상황

2) 제시문 〈다〉와 〈라〉를 참고한 사회구성원의 현대적 리더십

독서논술문 개요 짜기

제 목	
주 제 문	
서 론 (문제의 상황 설명 및 문제 제기)	
본 론 (근거 들어 논증하기)	
결 론 (정리 및 주제 강조, 앞으로의 방향설정)	

더 읽을거리

1 유토피아 (토마스 모어 (정순미) | 풀빛)

'어디에도 없는 곳' 이라는 뜻의 '유토피아' 는 1516년 라틴어로 씌어진 대화 형식의 사회비판서이다. 이 책은 토마스 모어가 대륙에서 만났던 두 명의 실존 인물과 주고 받았던 편지들로 시작된다. 라파엘이란 인물을 실제 만났던 것처럼 시작되는 이 소설은 라파엘의 입을 통해 당시 유럽을 비판한다. 영토 뺏기 전쟁, 사형제도 속에서도 절도범이 날뛰는 이유, 철학적인 사고를 가진 사람의 말이 정치에 반영되지 못하는 이유 등을 구체적으로 제시하고 있다. 2권에서는 유토피아의 사회 정치와 종교 등에 대해 이야기한다. 유토피아는 인간의 존엄성을 추구하기 위해 최소한의 통제로 질서와 평화를 유지하는 이상사회이다. 이 사회에서는 사유재산을 인정하지 않고 모든 물품을 공평하게 분배된다. 공공의 도덕을 중시하며 모든 종교를 인정하고 쾌락을 추구하며 전쟁을 혐오한다. 이혼과 안락사, 여성 사제의 임명, 사유재산 부정, 돈의 경멸 등 논란점이 이어진다. 토마스 모어가 유토피아를 완벽한 사회라고 하지는 않았지만 당대의 혼란스러운 유럽 정치 상황을 이와 대비시켜 당시의 문제들을 이슈로 끌어내고자 하였다. 이러한 이상적인 사회는 고대부터 현재까지 누구나 꿈꾸는 사회이기도 하다.

여러분들은 이 책을 통해 인간이 구현하고자 하는 이상사회에 대해 각자의 생각을 정리해 보는 좋은 기회가 될 것이다.

2 파리대왕 (윌리엄 골딩 (유종호) | 민음사)

이 소설은 20여 명의 영국 소년들이 핵전쟁의 위협으로부터 벗어나기 위해 비행기를 타고 피난가다가 바다에 추락하는 것으로 시작한다. 무인도에 상륙한 소년들은 구조를 기다리면서 서로 간의 생각을 주장하며 갈등하게 되고 서로를 공격하고 죽이는 원시적 삶을 살아가게 된다. 결국 몇 차례의 죽을 고비를 넘긴 소년들이 영국의 순항함에 의해 구조되지만, 작가는 원시적인 삶으로 돌아간 소년들의 모습을 통하여 인간의 존재에 대한 근원적인 물음을 던지고 있다.

원시적인 삶 속에서 소년, 즉 인간들은 서로 공격적인 본능을 보일 수밖에 없으며 이러한 폭력성과 권력욕에 바탕을 둔 인간들은 점점 포악해져 갈 수밖에 없음을 소설은 보여주고 있다. 문명과는 단절된 무인도라는 구체적인 배경의 설정, 소년이라는 구체적 집단을 통해 인간이라는 존재와 인간 세상에 대한 본질적인 문제에 주목하고 있다는 점에서 이청준의 〈당신들의 천국〉과 배경 및 표현 기법이 유사하다.

또한 이 두 소설은 인간 및 인간사회의 본질 등 추상적인 개념을 직접 표현하지 않고 소록도 및 무인도에서의 에피소드 같은 구체적인 상황을 통해 표현하고 있다. 이를 문학용어로 알레고리(allegory)라고 한다.

5부 생각보태기

관련 매체

1 브이 포 벤데타 (영화 | 미국 · 독일 | 136분 | 2006년)

민주주의가 사라진 세상, 영화의 상상 속에 펼쳐지는 디스토피아.

이 영화는 2040년의 영국을 배경으로 하고 있다. 한명의 독재자 아래에서 서로 다른 인종, 정치적 취향이 다른 정치인들은 하나둘 사라져가고, 곳곳에 남겨진 것은 곳곳에 사람들의 행동을 감시하는 카메라와 녹음기 뿐. 모든 사람들이 이러한 통제와 억압을 당연히 여기며 살아가는 세상에 나타나는 V.

이 영화는 특정인의 정치적 신념 아래에 억압받고 있는 다수의 민중의 모습을 그리고 있다는 점에서 소설 〈당신들의 천국〉과 공통된 주제의식을 담고 있다. 다만 소설 속 '조백헌 원장' 이 기존의 '주정수 원장' 과는 다르게 원생들과의 소통을 통해 자신의 정치적인 신념인 '천국' 을 건설하고자 노력을 보이지만, 영화 속 독재자는 이러한 소통의 노력이 없는 독재자의 전형이라는데 차이가 있다. 또한 영화 속의 억압받는 다수의 사람들이 억압의 현실을 깨닫지 못하는 반면 소설 속에서는 많은 나병환자들이 억압의 현실에 대해 이미 경험을 통해 깨닫고 거부감을 느끼고 있다. 〈당신들의 천국〉에 그려지는 과거, 그리고 현재를 살아가는 우리, 영화 속에 그려지는 30년 후의 미래의 연장선 속에서 진정한 '천국' 의 모습을 다시금 고민하게 하는 영화이다.

2 늑대들의 합창 (EBS 지식채널e | 다큐멘터리 | 4분 42초 | 2006년)

EBS 지식채널은 5분 내외의 간단한 사진과 영상, 자막 효과를 통해 많은 지식과 생각의 여운을 준다. 특히 토론과 논술에 있어서 관련 주제와 연계하여 생각해 본다면 좋은 공감대는 물론 새로운 아이디어와 토론의 장이 될 수 있다. 〈늑대들의 합창〉은 늑대들의 집단 생태를 통해 새로운 리더십의 가능성을 제시한 다큐멘터리이다. 다음은 다큐멘터리의 자막 내용이다.

"리더, 무리의 신뢰를 잃은 우두머리, 새로운 우두머리는 모두의 동의를 얻은 늑대, 싸움에 능하고 난폭한 늑대는 우두머리가 될 수 없다. 우두머리의 난폭함으로 무리를 떠나는 늑대들이 많아지면 공동체는 심각한 손상을 입는다. 늑대 무리는 유지될 수 없다. 합창. 정탐을 떠났던 우두머리의 귀환. 적당한 사냥감을 발견하지 못한 우두머리. 우두머리의 선창 무리에 대한 슬픔과 걱정을 담은 울음. 이어지는 무리들의 대답. 우두머리에 대한 격려를 담은 메시지. 늑대 무리가 다시 유지된다."

논제 – 조백헌 원장이 생각하는 천국이 '우리들의 천국'이 되지 못하는 이유를 제시하고, 이와 유사한 사례를 현재의 생활을 찾아 '우리들의 천국'이 되도록 하기 위해 우리들이 각자가 해야 할 일에 대해 1,000자 내외로 논술해 보자.

〈학생글〉

함께 만들어가는 우리들의 천국

순창제일고등학교 설○○

무라카미 하루키의 작품 '상실의 시대.'에서 나오코는 수양원에서 지금까지 받아왔던 정신적 고통을 달랜다. 수양원에 머무는 환자들은 유유자적한 삶에 만족하고 그들이 일구는 소소한 일들에도 삶의 기쁨을 느낀다. 그러나 완벽한 환경에도 불구하고 나오코는 제한된 삶에 좌절을 느끼고 결국 자살하고 만다. 박완서의 작품 '옥상 위에 핀 민들레 꽃'에서 물질적 환경은 풍족하지만 어떤 변화도 허용되지 않았던 할머니들이 자살한 것도 맥락을 함께 한다. ① 나오코와 할머니들은 그들을 위해 준비된 천국에서 왜 파멸을 맞을 수밖에 없었던 것일까?

'당신들의 천국'에서 원장이 꾸미는 천국은 선택과 변화가 전제되지 않는다는 이유로 지옥으로 규탄 받는다. 소록도는 이미 물질적인 면의 제약, 철조망을 걷어내는데 성공했다. 그러나 일반인이 소록도를 바라보는 시선에 편견이 존재하고 소록도인들이 자유롭게 바깥세상을 맛볼 수 있는 제도적 장치가 취약하다는 점, 그리고 원생들의 의견 반영이 쉽지 않다는 점에서 천국은 안에서 만든 '우리들의 천국'이 아니라 밖에서 만든 '당신들의 천국'이 되는 것이다.

② 그럼 현사회에서 소록도와 같은 생활은 어떤 형태로 존재하는가? 서태지가 불렀던 '교실 이데야'에서도 맛볼 수 있듯이 그 현장은 교육에 있다. 학교는 열린 공간이다. 그러나 다양한 구성원에도 불구하고 학생들이 입시체제에 맞게 행동하다 보니 어떠한 변화도 존재하지 않으며 변화를 꾀하면 다음 과정에 합류하기가 어려운 실정이다. '죽은 시인의 사회'에서 같은 가치관과 생활, 교육과정을 강요받았던 주인공들이 절망하고 개선의 필요성을 느낀 것도 당신들의 천국과 같은 이치이다.

그렇다면 죽은 시인의 사회에서 주인공들이 노력했던 것처럼 모두에게 노력이 필요하다. 청소년은 다양한 자신의 적성을 개발하고 관심분야와 관련한 모임을 많이 만들어야 한다. 그리고 청소년 외의 사람들은 실질적인 능력을 갖춘 청소년들이 졸업 후 사회에 제대로 적응할 수 있도록 학업제한 없이 취업면접 기회를 줘야 한다. '섬머힐' 같은 대안학교도 차선책이 될 수 있다.

사회는 사회구성원들이 만드는 것이지 사회밖에 존재하는 사람들이 자신의 입맛에 맞게 창조하는 것이 아니다. 상실의 시대의 와타나베가 마지막에서 내가 누구인가? 하고 외쳤던 것처럼 자문해 보는 것이 필요할 때다. 그리고 그에 맞춰 변화하는 용기만 갖춘다면 현실도 소록도도 분명 섬머힐처럼 발전할 수 있을 것이다.

〈교사 첨삭 지도〉

1 대상 도서에 대한 이해 및 분석력

우선 대상 도서에 대한 이해 분석력을 보면 전체 도서에 대한 내용을 잘 파악하고 있습니다. 논제에서 요구하는 천국이 되지 못한 이유로 '선택과 변화'가 전제되지 않았다는 것을 물질적인 면과 정신적인 면으로 구분해 낸 것은 좋습니다. 책에 언급된 내용을 토대로 논술 관점을 ① 일반인들의 시선, ② 내부적으로 외부 지향을 차단, ③ 원생들의 의사를 반영하지 않은 점 등으로해서 천국이 될 수 없었던 이유가 잘 설명되어 있네요. 인간 존재의 본질적 가치는 물질로 대변할 수가 없는 것이지요.

2 창의적 사고력

우선 논술을 작성하면서 세 편의 도서 무라카미 하루키의 작품 '상실의 시대' 박완서의 작품 '옥상 위에 핀 민들레 꽃' '죽은 시인의 사회' 등을 적용하여 논제에 접근시키고 있네요. 준비된 천국처럼 만든다는 것이 사실 어려울 수도 있지요. 또 그런 시설을 갖추어 놓았다고 해서 느끼는 정신적인 행복으로 이어지지 않는다는 사실을 우리는 간과하는 경우가 많지요. 가령 생활하기로 따지면 아파트가 좋지만 나이든 어른들이 갑갑해 하는 것과 비슷하지 않을까 하네요. 아울러 소록도의 상황을 열린 학교를 지향한다는 교실 상황과 유사하게 적용한 것도 참신하네요. 아무리 열린 교육을 하여 사고의 발산을 자유롭게 하고, 선택적 교과를 선택하는 등으로 학생들이 가지는 부담을 줄인다 해도 입시 제도 하에서는 학생들에게 지옥으로 표현하는 것과 유사하지요.

3 문제 해결력

서론에서 관심을 불러일으킬 수 있는 두 권의 책으로 시작하여 문제 제기를 하고 있습니다. 본론1에서 천국이 될 수 없었던 이유를 정확하게 끄집어내서 대조적인 방법으로 설명하고 있고, 본론2에서 같은 가치관과 생활, 교육 과정을 강요당하는 교육 현실과의 유사성으로 전개하고, 본론3에서 청소년 또는 그 외의 사람들이 해야 될 노력으로 이끌어갔고, 결론에서 사회 구성원의 역할이 중요함을 역설하면서 궁극적인 물음에 대한 정리를 하고 있

습니다. 상당히 논제에 입각한 논리에 가깝게 구성하고 전개하는 능력이 돋보이는 글입니다. 구체적인 예시와 심층적인 사고를 통해 자신의 주장을 일관성 있게 하고 있네요. 특히 대조적인 방법으로 반론이 나오지 않을 정도로 충분히 설명하고 있어서 논증이 잘 되었습니다. 주장에 대해 적절하고 정확한 논거를 많이 제시함으로써 충분하게 뒷받침하고 있군요. 문제를 해결하고 가능한 대안을 발전적 단계로 설정하여 전개한 것은 논리적인 글을 구성하는 능력이 돋보입니다. 자신의 주장을 분명하게 드러내고 있는 능력을 갖추었군요.

4 문장력 및 표현력

서론, 본론, 결론으로 이어지는 구성을 논제에 맞게 잘 갖추어져 있습니다. 그리고 문장을 표현하는 것도 단락을 완결시키는 것도 매끄럽고 자연스럽게 전개하고 있습니다. 논제에서 요구하는 내용을 구체적인 사례들을 들어 전개하였기 때문에 문장의 흐름은 자연스럽게 전개되었어요. 다만 의문형 문제 제기가 두 번 정도 나오게 한 것은 묻고 대답하는 설명형으로 볼 수 있지요. 그 내용을 풀어서 직접적으로 서술해 주세요. 아울러 맞춤법이나 원고지 사용법을 잘 지키고 있습니다. 두 가지만 지적하고 싶네요. ①은 서론의 문제 제기이기 때문에 크게 무리는 없으나 조금만 내용을 고쳐 보는 것이 좋겠네요. 가령 '①할머니들처럼 만든 천국에서 파멸과 같은 삶을 선택하는 바는 시사하는 바가 크다.' 정도로, ② 역시 구체적으로 서술하는 것이 좋아요. '② 정상적인 것처럼 보이는 우리 사회에서 소록도와 같은 생활의 형태로 볼 수 있는 점이 많다. 가령~', 등으로 고쳐 보세요. 실제로 근무하는 모든 곳(회사, 공무원, 개인 사업체 등)이 보람있고 편한 삶을 지향하는 것처럼 보이지만 많은 제약이 뒤따르고 있잖아요. 어찌 보면 학생이 해야만 되는 이런 논술도 같은 맥락이 아닐까 하네요.

5 총평

논제에서 요구하는 조건을 잘 갖추고 있는 매우 잘 쓴 논술입니다. 적절하고 구체적으로 다른 도서를 타당하게 적용하고 있고, 특히 우리 사회에서 교육 현장과 접맥시킨 것은 매우 적절한 제시입니다. 다만 청소년을 포함한 사람들이 해야될 사항으로 제시된 주장은 일반적으로 할 수 있는 것에 해당됩니다. 아무런 제약없이 자신의 능력을 발휘하고 삶의 기쁨을 누릴 수 있는 사회가 과연 가능할지에 대한 것은 의구심이 생길 수도 있지요. 이 부분을 해결하기 위한 노력을 꼭 하기 바랍니다.

The Lake Isle of Innisfree

by William Butler Yeats

I will arise and go now, and go to Innisfree,
And a small cabin build there, of clay and wattles made;
Nine bean-rows will I have there, a hive for the honey-bee,
And live alone in the bee-loud glade.

And I shall have some peace there, for peace comes dropping slow,
Dropping from the veils of the morning to where the cricket sings;
There midnight's all a glimmer, and noon a purple glow,
And evening full of the linnet's wings.

I will arise and go now, for always night and day
I hear lake water lapping with low sounds by the shore;
While I stand on the roadway, or on the pavements gray,
I hear it in the deep heart's core.

이니스프리의 호도

윌리엄 버틀러 예이츠

일어나 지금 가리, 이니스프리로 가리.
가지 얽고 진흙 발라 조그만 초가 지어
아홉 이랑 콩밭 일구어, 꿀벌 치면서
벌들 잉잉 우는 숲에 나 홀로 살리.

거기 평화 깃들어, 고요히 날개 펴고,
귀뚜라미 우는 아침 놀 타고 평화는 오리.
밤중조차 환하고, 낮엔 보랏빛 어리는 곳,
저녁에는 방울새 날개 소리 들리는 거기.

나 이제 일어나 가리, 밤이나 낮이나 호숫가에
나즈막히 철썩이는 물결 소리 들리니.
도로 위에서나 잿빛 포도 위에서도
내 가슴 깊숙이 그 물결 소리 들리니…

모리와 함께한 화요일

미치 앨봄 (공경희) | 세종서적

관련 교육과정

고등학교 국어(상) / 7. 생각하는 힘 (1) 장마(윤흥길)
고등학교 전통과 윤리 / Ⅲ. 친척 · 이웃 · 교우관계와 바람직한 삶 4. 관혼상제

관련 도서

위대한 패배자 • 볼프 슈나이더 (박종대) / 을유문화사
자살, 세상에서 가장 불행한 죽음 • 오진탁 / 세종서적

요즘 우리 사회는 총체적인 윤리 도덕적 위기에 처해있다. 정신 우울증으로 인해 자살을 하고, 반말 한다는 이유로 칼로 찔러 죽인 후 시체를 유기하고, 유흥비 마련을 위해 금품을 강탈하고 살인을 하고, 유산을 미리 상속받기 위해 존속을 살해하고, 상대적 박탈감으로 막가파식 살인을 하고, 요즘 신문지상을 장식하다시피 하는, 많은 부녀자를 살해한 사이코패스 문제도 있다. 컴퓨터나 영화에서 값없이 죽이는 현상이 이제는 우리 사회에 병리현상으로 만연해 있어 보인다. 자신뿐만 아니라 타인의 생명까지도 경시하는 무서운 사회이다. 이러한 일은 남의 고통을 고통이 아니라 하나의 유희로 느끼는 현상 때문에 발생한다. 작은 벌레마저도 생명이 소중하다고 하는데, 너무 안타까운 일들이 발생하고 있다. 그러한 시점에서 모리 교수가 죽음을 준비하는 과정은 우리에게 시사하는 바가 크다.

1998년 출간된 이 책은 2008학년도 서울대 수시모집 지원자들이 가장 감명 깊게 읽은 책 8위에 선정되었다. 그만큼 꾸준히 읽히고 대학 입시를 준비하는 교양도서로 된 것은 인간의 본질적인 문제인 삶과 죽음에 대한 성찰을 통해 진정한 인생의 의미를 던져 주고 있기 때문이다.

삶과 사랑의 진정한 가치를 일깨우는 책. 루게릭 병에 걸리기 전까지 브랜다이스 대학에서 평생 학생들을 가르친 노교수 모리 슈워츠. 죽음을 앞둔 노교수가 20년 만에 만난 제자와의 만남에서 들려준 가슴 벅찬 이야기들은 진정한 인간의 가치를 깨닫게 해준다. 가족 개념, 결혼, 나이가 든다는 것, 돈, 권력, 문화, 누구를 용서한다는 것 등에 대해 다시 한번 성찰할 수 있는 계기가 될 것이다. 자신의 가치관과 비교해 본다면 좀더 나은 삶을 살 수 있는 방안이 될 수 있을 것이다.

사실 우리는 죽음이라는 단어에 대해 한번쯤은 생각을 한다. 그러나 그 죽음이 자기하고는 멀리 있기를 바란다. 그러다 보니 죽음이라는 단어를 금기시한 문화 속에 살고 있다. 그런데 우리 주위에 수없이 많은 사람들이 불의의 사고로, 질병으로 죽어가고 있다. 그래서 죽음은 멀리 있는 것이 아니라 우리 가까이 있음을 생각하게 하는 책이다. 죽는 그 날까지 자신의 삶의 지표는 무엇이고, 그것을 이루기 위해 어떤 삶을 지향해야 할 것인지에 대해 문제를 제기한 작품이다.

무엇을 바탕으로 생각해 볼까?

1. 루게릭 병

근위축성측삭경화증 [amyotrophic lateral sclerosis, 데제린형, 루게릭병]은 Lou Gehrig's disease 라고도 한다. 신경계가 퇴화하는 질환이나 그 원인은 아직 모르나, 주로 40세 이후 성인에게 생기며 여성 보다 남성에게 더 흔하고 병후의 경과가 매우 나빠서 대부분 환자가 발병 뒤 2~5년 내에 죽는다.

근육운동을 조절하는 운동신경을 침범하므로 그 신경에 의해 지배되는 근육이 약해지고 위축된다. 대개 자기도 모르는 사이에 발병하며 초기에는 양손의 힘이 빠지는 증상을 보이고 그러한 근위축(筋萎縮)과 근 력약화는 점차 팔을 따라 어깨까지 올라간다. 양쪽 다리도 힘이 약해지고 경직과 갑작스런 부분적 근육경 련현상이 늘 일어난다. 근력약화와 긴장의 증가는 분명한 근위축이 나타나기 몇 달 전부터 볼 수 있으며, 대개 호흡근의 위축으로 죽게 된다. (중략)

(출처 : 브리태니커)

또한 이 병은 어려운 병리학 용어보다는 루게릭병으로 더 잘 알려져 있다. 1903년에 태어나서 38세의 나이로 1941년에 죽은 루게릭이라는 사람이 있었다. 루게릭은 미국 프로야구 뉴욕 양키스 선수로 메이저 리그 사상 2130경기 연속출장 기록과 타율 3할4푼을 기록할 정도로 아주 실력있는 야구선수였다. 그런 그의 빛나는 업적으로 인해 그의 백넘버 4번을 영구 결번으로 지정할 정도로 훌륭한 업적을 남겼다. 별명 이 "철마"라고도 불렸던 야구선수였던 루게릭은 한창 활동할 나이에 원인 모를 병을 얻어 야구를 포기하 고 결국 요절하고 말았는데, 이 선수가 앓았던 병이 바로 이 병이었다. 그가 이 질환으로 사망하고 난 후 그의 이름을 본 따서 루게릭병으로도 부르게 되었다.

2. 호스피스

"아름다운 이별을 지켜드립니다" 말기 암 환자의 마지막 안식처.

한 해 동안 새롭게 발병하는 암 환자는 13만여 명. 이 중 절반 정도가 완치되고 나머지 6만5000여명은 결국 목숨을 잃는다. 국민 사망 원인 중 1위다. 호스피스 완화 의료서비스를 받아 편안한 임종을 맞는 말 기 암 환자는 5000여 명에 불과하다. 관련 시설이 부족하고 호스피스에 대해 잘 모르는 사람들이 많기 때 문이다. 가족이나 보호자들은 환자에게 호스피스로 옮기자는 말을 쉽게 꺼내기 어렵다고 한다. 환자들에 겐 치료의 포기와 죽음의 인정으로 받아들여지기 때문이다.

3. 사전 유언

"무의미한 연명치료는 거부합니다" 생전 유서, 리빙 월(living will) 아십니까?

유언장은 많은 사람들에게 계속 미룬 탓에 끝내 마치지 못한 숙제와 같다. 지금이라도 마음을 다잡고 제대로 기록하자고 생각하다가도 '지금, 나에게 죽음이?' 라는 생각에 다음을 기약하고 만다. 전문가들은 평소 맑은 정신을 유지할 때 평소의 생활 감각으로 기록하는 유언장이 좋다고 입을 모은다. 통상 유언장에는 가족이나 친지에게 전하고 싶은 이야기나, 금융정보 · 유산 배분, 본인의 임종 방식, 장례식에 대한 희망 등을 기입하게 된다. 자유롭게 남기고 싶은 이야기를 쓰면 되지만, 전문가들은 자필로 기록하고 도장을 찍어야 법적으로 유효하다고 이야기한다. 성명 · 주민등록번호 · 주소 · 작성연월일 · 장소는 필수 기입사항.

4. 장기 · 시신 · 조직 기증

당신은 무엇을 남기고 떠나시겠습니까?

'투혼의 복서' 최요삼. 2007년 12월 25일 WBO 플라이급 타이틀 1차 방어전에 나선 그는 판정으로 경기를 이긴 뒤 링 위에 쓰러져 뇌사 판정을 받았다. "돈보다 더 소중한 것이 있다"던 그의 뜻은 장기기증으로 귀한 열매를 맺었다. 6명에게 새 삶을 선물한 최요삼은 2008년 1월 3일 우리 곁을 떠났다.

존엄한 죽음을 생각하는 이들이 한번쯤 깊이 고민하는 부분이 바로 장기기증이다. 통상 장기기증 의사를 가진 사람이 장기이식 등록기관에 등록을 신청하고 신체검사를 받은 뒤 문제가 없으면 이식대상자 선정 결과를 통보 받게 된다.

5. '무의미한 연명치료 중단' 에 관한 대법원 판결(2009.05.21)

대법원의 이번 '무의미한 연명치료 중단' 판결은 존엄사 법제화의 시작보다는 죽음 문화를 성숙시키기 위한 방안을 모색하는 첫 번째 계기가 된 것으로 봐야 한다. 존엄사법 제정 이전에 우리 사회는 할 일이 많다. 우리 사회가 존엄사 법제화를 논할 정도로 충분히 준비가 됐는지, 죽음 문화의 성숙을 위해 어떤 노력을 했는지 등에 대한 진지한 고민이 필요하다. 우리 사회의 죽음의 질이 다른 국가에 비해 좋지 않기 때문이다. 우리나라는 자살률이 경제협력개발기구(OECD) 가입국 중 1위로 자살대국 일본을 훌쩍 넘어섰다. 한국청소년상담원이 2007년 청소년 4575명을 대상으로 조사했을 때 100명 중 59명이 자살충동을 느끼고, 100명 중 11명이 자살을 시도한 적이 있다고 한다. 세계보건기구(WHO)가 인정한 조사도구로 우울증 유병률을 조사했을 때 10명 중 5명 정도가 우울증세로 판정받는다. 노인의 경우 자살 충동률이 80%가 넘는다. 게다가 대부분 편안하게 죽어가지 못한다. 병원에서 죽는 사람이 갈수록 늘어나는 요즘, 병실과 장례식장 사이의 중간단계인 임종실을 운영하는 병원은 극소수에 지나지 않는다.

죽음준비교육을 받은 적이 없는 의사와 간호사는 죽음이 무엇을 의미하는지 모르는 상태에서 임종환자를 보살핀다. 이처럼 죽음에 대한 전체적인 인식이나 이해가 부족한 상황에서 법을 추진하다보니 종교계나 시민사회단체에서 반대를 하고, 생명경시풍조가 확산되는 것이 아니냐는 우려가 제기되는 것이다. 이것이 존엄사를 법제화하는 것과 동시에 죽음의 질 향상이나 성숙한 죽음 문화에 대한 모색 작업이 있어야 하는 이유다.

또 존엄사 문제를 의료계나 법률계가 중심이 돼서 의학적 죽음이나 법률적 죽음에만 초점을 맞춰 논의가 진행되는 것은 상당히 위험하다. 종교, 철학, 문화, 생명으로서의 죽음 등을 배제하고 논의가 진행될 경우 자칫 생명 존엄성 자체가 변질될 수 있기 때문이다. WHO는 육체적 사회적 정신적 영적 4가지 측면에서 건강을 말하고 있다. 그렇다면 죽음도 육체적 사회적 정신적 영적 4가지 측면에서 접근하는 자세가 바람직하다.

대법원 판결을 계기로 이제부터 학교와 사회에서 웰다잉 교육을 실시해 죽음에 대한 바람직한 이해와 성숙한 임종방식을 확산시키고 호스피스 제도를 활성화하도록 제도적 뒷받침을 해야 한다. 또 생전유언과 사전의료지시서 표준양식을 만들어 이에 동의하는 사람은 서류에 서명해 준비하는 등 죽음문화 성숙을 위한 개인적, 사회적 노력을 시작했으면 한다. 아시아에서 처음으로 2000년에 자연사법을 제정한 대만은 존엄사를 인정하기까지 7년의 시간이 필요했음을 충분히 고려해야 한다. 우리 사회도 죽음이해와 임종방식의 성숙을 위한 개인적 준비와 사회제도 정비를 차분히, 또 꾸준히 진행하면서 존엄사 법제화를 모색하는 일이 순리다.

(성숙한 죽음문화 조성 방안 마련해야 / 오진탁 / 강원도민일보 2009년 5월 27일)

생각 품기

1 모리와의 대화에서 정리된 우리 사회의 일반적 관점을 다음 표 안에 적어 보자.

구분 관점	우리 사회의 일반적 관점
가족개념	
나이가 드는 것	
죽음	
돈, 권력	

생각 깨기

1 우리 주변에서 죽어간 사람들을 보면서 안타까워 한 적이 있다면 어떤 점에서 그러했는지 생각해보고, 사회나 역사 속 인물 중에서 그러한 생각이 든 사람을 한 사람 골라서 소개해 보자.

생각 기르기

1 내가 만약 시한부 인생을 산다면 모리교수님처럼 죽음을 살 수 있겠는가? 그렇다면 도서의 내용과 관련 지어 비교하면서 죽음 계획서를 만들어 보자.

2 주변에 만약에 암에 걸린 사람에게 위로의 편지를 쓴다면 어떻게 쓰겠는가? 이 책을 언급하면서 병을 극 복할 수 있도록 써 보자.

자살도 죽음을 준비한 것으로 볼 수 있나?

1 자살도 자신의 죽음을 준비하는 것이라고 보는 것에 대해 찬반으로 나누어 자신의 생각을 말해 보자.

2 우리나라는 죽음을 준비하는 교육이 전혀 없다고 볼 수 있다. 다른 나라는 죽음을 어떻게 준비하고 있는지 찾아 비교해 보자.

임종문화에 대한 개인의 생각

1 우리에게는 임종문화가 없다고 한다. 왜 그렇다고 생각하는가?

2 모리 교수처럼 죽음을 준비하는 과정이 필요하다. 그렇다면 어떻게 준비해야 하는지 말해 보자.

웰빙(Well-Being)과 웰다잉(Well-Dying)! 어떻게 죽을 것인가?

1　새롭게 대두된 웰빙(Well-Being)에 대해 말해 보자.

2　웰빙(Well-Being)만 추구하지, 웰다잉(Well-Dying)을 하지 않는 것에 대해 자신의 생각을 말해 보자.

3　그렇다면 어떻게 죽어야 한다고 생각하는가?

생각펼치기

독서논술 논제

1 사회적인 성공을 거둔 미치와 인생의 중요한 의미를 실천하며 산 모리의 삶 중에서 누구의 삶이 더 행복한 삶이라고 생각하는지 자신의 견해를 논술해 보자.

2 다음 제시문을 읽고 가족이 주는 의미를 분석하고, 진정한 가족 관계를 유지하기 위한 노력을 어떻게 해야 하는지 자신의 견해를 논술해 보자.

제 시 문

"자 친구, 오늘은 무슨 얘기를 할까?"

"가족에 대해서는 어떻습니까?"

그는 잠시 생각에 잠겼다가 말했다.

"자네도 내 가족에 대해서 잘 알지. 모두 나를 에워싸고 있어."

그는 서가에 놓인 사진을 고갯짓했다.

어린 모리가 할머니와 찍은 사진, 젊은 모리가 동생 데이비드와 찍은 사진, 모리와 아내 샬럿, 모리와 두 아들 롭과 존. 롭은 도쿄에서 저널리스트로, 존은 보스턴에서 컴퓨터 전문가로 일했다.

"우리가 이야기한 어떤 주제보다도 '가족'이 중요하다는 생각이 드네. 사실 가족이 없다면 사람들이 딛고 설 바탕이, 안전한 버팀대가 없겠지. 병이 난 이후 그 점이 더 분명해졌네. 가족의 뒷받침과 사랑과 애정과 염려가 없으면, 많은 걸 가졌다고 할 수 없겠지. 사랑이 가장 중요하네. 위대한 시인 오든이 말했듯이 '서로 사랑하지 않으면 멸망한다'네."

"서로 사랑하지 않으면 멸망하리."

나는 그 말을 받아적었다. 오든이 그렇게 말했나?

"'서로 사랑하지 않으면 멸망하리.' 좋은 구절이지. 안 그런가? 그리고 사실이기도 하고, 사랑이 없으면 우린 날개 부러진 새와 같아."

"내가 지금 이혼했거나 혼자 살거나, 자식이 없다고 가정해 보세. 내가 지금 겪고 있는 병과 같은 병마가 한결 더 힘겨웠을 거야. 잘 겪어냈으리라고 장담하지 못하겠지. 물론 친구들과 여러 사람이 찾아와주겠지만, 가족과 같이 떠나지 않을 사람을 가진 것과는 다르지. 나를 계속 지켜봐주는 사람, 언제나 나를 지켜봐줄 사람을 갖는 것과는 다르네."

"가족이 지니는 의미는 그냥 단순한 사랑이 아니라, 지켜봐 주는 누군가가 거기 있다는 사실을 상대방에게 알려주는 것이라네. 어머니가 돌아가셨을 때 내가 가장 아쉬워했던 게 바로 그거였어. 소위 '정신적 안정감'이 가장 아쉽더군. 가족이 거기서 지켜봐주고 있으리라는 것을 아는 것이 바로 '정신적 안정감'이지. 가족말고는 그 무엇도 그걸 줄 순 없어. 돈도, 명예도."

선생님은 나를 뚫어지게 쳐다보며 덧붙였다.

"일도"

내가 고민하는 것-너무 늦기 전에 하고 싶은 일들 - 중의 하나는 바로 가족을 일구는 일이었다.

(중   략)

"양쪽 모두가 공간을 넉넉히 가지면서, 넘치는 사랑으로 협상을 벌여야 하는 것이 '인간관계'라네. 사업에서 사람들은 서로를 이기기 위해 협상을 벌이네.

원하는 것을 얻기 위해 협상을 하네. 하지만 사랑은 다르다네. 자기 상황뿐만 아니라 다른 사람의 상황에도 마음을 쓸 때 바로 그게 진정한 사랑이지."

(모리와 함께한 화요일 / 122~124쪽)

3 다음 제시문 〈가〉와 〈나〉를 통해 죽음을 바라보는 관점을 설명하고 이를 토대로 우리 나라의 장례 문화에 대해 자신의 생각을 논술해 보자. (1,200자 내외)

제 시 문 〈 가 〉

> 모리는 ALS, 일명 루게릭 병이라고 알려진 근위축성 측색 경화증(척수신경 또는 간뇌의 운동세포가 서서히 지속적으로 파괴되어 이 세포의 지배를 받는 근육이 위축되어 힘을 쓰지 못하게 되는 원인 불명의 불치병)으로 발끝부터 마비가 시작되어 점차 몸의 위쪽으로 진행되어오다 결국은 죽게되는 병을 알고 있는 대학의 사회심리학 교수이다. 모리는 같은 대학에서 함께 가르치던 동료였던 어브가 심장마비로 갑자기 죽음을 맞이하자, 그는 그 장례식에 참석했다. 그리곤 낙심해 집으로 돌아와 이렇게 말했다. "이런 부질없는 일이 어디 있담. 거기 모인 사람들 모두 멋진 말을 해주는데. 정작 주인공인 어브는 아무 말도 듣지 못하니 말야." 그리고 그는 멋진 생각을 해냈다. 어느 추운 일요일 오후, 가까운 친구들과 가족들을 불러모아 자신의 '살아 있는 장례식'을 치렀다. 그는 그가 죽었을 때 그의 장례식에 참석할 사람들이 할 그 멋진 말들을 지금 자기에게 해달라는 의미에서 살아 있는 장례식을 치른 것이다. 그들은 살아있는 장례식을 통하여 몇몇은 울었고, 몇몇은 소리내어 웃기도 했다. 물론 그는 아직 죽지 않았다.
>
> 우리 문화에서는 죽음을 터부시하는 경향이 있다. 죽는 이야기를 하면 재수 없다고 펄쩍뛴다. 그러다보니 살아가면서 죽음을 생각지 않는다. 남의 장례식에 참석해서도 그것은 어디까지나 남의 장례식이지 나와는 아무 상관이 없다고 생각한다. 나도 언젠가는 이렇게 되리라는 생각은 전혀 하지 않는다. 하지만 모리 교수와 같이 이렇게 죽음을 생각하며 살아 있을 때 장례식을 해본다면 우리는 더욱 삶을 잘 살아갈 수 있지 않을까?
>
> 또한 점점 죽어가고 있는 모리는 병으로 인한 심리적 변화에 따른 고통을 솔직하게 표현하고 또 그대로 잘 수용하는 모습을 볼 수 있다. 모리는 자신의 상황을 긍정적으로 받아들이고 수용하는 성숙된 모습을 보여주고 있다. 모리의 이러한 모습은 말기 질환으로 죽어가고 있는 환자가 이 책을 읽을 때 그가 어떻게 남은 삶을 살아가야 하는 지 알려주는 책이다.
>
> 그리고 모리와 그의 제자이자 이 책의 저자인 미치 앨봄의 마지막 작별인사는 시한부 삶을 살아가고 있는 사람들이 마지막을 어떻게 작별해야 하는지도 우리에게 가르쳐 준다.
>
> 우리는 주위의 시한부 삶을 사는 사람에게 거짓으로 용기를 주기보다 오히려 그에게 솔직히 그의 상태를 알려주고 그 스스로 죽음을 준비하며 남은 삶을 의미 있게 보낼 수 있도록 도와주는 것이 그에게 더 좋은 길을 알려주는 것이라 생각한다.
>
> (죽음, 산자에게 찾아오는 생의 한 부분 / 곽노윤 목사)

제 시 문 〈 나 〉

> 〈논어(論語)〉에서 자로(子路)가 물었다.
> "감히 죽음에 대해 여쭙고자 합니다."

이에 공자는

"삶조자 모르는데 어찌 죽음에 대해 알 수 있겠는가"라고 대답하였다.

공자의 대답은 미래에 대한 준비에 소홀한 소극적 인생관을 드러낸 것이라고, 혹은 미래에 대한 무지를 드러낸 것이라고 폄하할 수도 있을 것이다.

하지만, 공자의 대답은 너무나 적극적인 삶의 태도를 드러낸 것으로 해석된다.

인간은 한계 속의 존재이다.

우리가 알 수 있는 것도, 할 수 있는 것도 모두 제한되어 있다.

이러한 제한 속에서 우리가 할 수 있는 모든 것은 주어진 현재를 최선을 다하여 살아가는 것이다.

그리고 우리가 항상 현재에 충실할 때, 행복한 미래가 주어지는 것이다.

따라서 우리가 알 수 없는 미래를 걱정하느라 귀중한 현재를 허비하는 것은 어리석은 짓이라고 공자는 말한다.

행복한 미래는 미래를 앎에서 주어지는 것이 아니라 현재에 최선을 다함으로써 주어지는 것이다.

(고등학교 철학 / 교학사 / 91쪽)

4부 생각펼치기

독서논술 논제 분석

1 사회적인 성공을 거둔 미치와 인생의 중요한 의미를 실천한 모리의 삶 중 누구의 삶이 더 행복한 삶이라고 생각하는가?

1) 미치의 삶

2) 모리의 삶

3) 가장 행복한 삶 제시

2 1) 진정한 가족 관계의 의미

2) 진정한 가족 관계를 유지하기 위한 노력

3 제시문 〈가〉와 〈나〉의 죽음을 바라보는 관점 비교

1) 모리 교수가 본 죽음의 세계

2) 공자가 생각하는 죽음의 세계

3) 우리 나라 장례 문화에 대해 자신의 생각

독서논술문 개요 짜기

제 목	
주 제 문	
서 론 (문제의 상황 설명 및 문제 제기)	
본 론 (근거 들어 논증하기)	
결 론 (정리 및 주제 강조, 앞으로의 방향설정)	

5부 생각보태기

더 읽을거리

1 위대한 패배자 (볼프 슈나이더 (박종대) | 을유문화사)

노벨상을 빼앗긴 리제 마이트너, 아들을 견제했지만 결국 아들의 빛에 가려져버린 요한 스트라우스, 괴테에게 짓밟힌 천재작가 렌츠, 살아있을 땐 자신의 세계를 인정받지 못했던 반고흐 등, 이 책은 이렇게 살아생전에 '패배'라 불리울 만한 경험을 한 25명의 인물들에 대해 이야기하고 있다.

이 책은 여타 패배운운한 책들과 마찬가지로 패배에서 교훈을 찾는 이야기가 아니라 헐리우드의 가쉽지처럼 지은이가 '패배자'라고 명명한 인물들의 뒷이야기, 간이평전 같은 내용을 담고 있다. 표현도 간결하고 빠른 호흡으로 독자에게 부담을 주지 않는다.

특히, 각 인물들에 대한 '주관적 평가'를 할 때 인용하는 내용들이나 표현들이 참 좋다. 예를 들어보자면, 빈센트 반 고흐에 대해 '그는 하늘에선 일등성이였지만 땅위에서 번민하는 괴물이었다'라고 표현한 것이나, 고르바쵸프에 대해 평하면서 인용했던 민속시도 인상적이다.

'쓰러진 사람은 낙오하고 / 일어선 사람은 승리해 / 남은 사람은 옳고 / 도망친 사람은 나빠.'

이 책은 부담없이 무엇인가를 얻기 위해 읽기에 좋다. 하지만, 주관적인 관점이나 책 내용의 흐름상 한쪽에 치우친 관점들이 있어 이러한 부분에서는 주의를 기울여야 한다. 책을 절대적으로 믿고 읽다보면 또다른 선입견을 만들어 낼 수도 있기 때문이다. 특히 '패배자'에 대한 서술이기에 주관적일 수밖에 없다.

2 자살, 세상에서 가장 불행한 죽음 (오진탁 | 세종서적)

메멘토 모리(memento mori), 죽음을 기억하라!

우리에게 죽음은 지극한 일상이다. 그럼에도 까마득히 잊고 있다가 어느 순간 문득 우리를 일깨운다. 슬픔으로, 절망으로, 절규로, 분노로…. 그러나 죽음은 그것으로 단절이 아니라 삶과 연계된 또 다른 '나의 연장'이다. 삶과 죽음은 둘이 아닌 하나이다. 때문에 생명의 탄생이 환희인 것처럼 죽음 또한 밝은 것으로 되살아나야 한다.

"어떻게 죽음을 맞이할 것인가?"란 화두는 "어떻게 살아야 할 것인가?"에 대한 화답이다. 이제 뭉크의 절망과 같은 잿빛의 검은 그것을 벗고 밝고 건강하고 품격있는 그것으로 바꾸어야 한다. 그대여, 사랑을 고백하듯 죽음을 고백하는 '나의 고해성사'는 현존하는 삶을 보다 가치 있게 하며, 양화되고 물화된 죽음을 아름답게 만듦을 왜 잊고 있는가? 메멘토 모리, 그리하여 삶을 사랑하라!

예전에는 집에서 죽음을 맞이했지만, 얼마 전부터 병원에서 죽음을 맞는 일이 증가하게 되었다. 얼마 전까지만 해도 50대, 60대에 자연사 했을 사람들이 암·당뇨병·뇌졸중·치매 등의 병을 지니고서 의료 기계에 둘러싸인 채 여러 가지 튜브를 몸에 꽂고 있는 모습을 자주 목격하게 된다.

관련 매체

1 모리와 함께 한 화요일 (미국 | 드라마 | 89분 | 1999년)

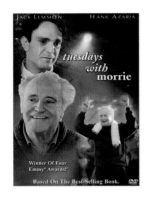

　　스포츠 신문기자로 바쁜 생활을 하던 미치(Mitch Albom: 행크 아자리아 분)는 어느날 우연히 TV에서 자신의 옛 은사인 모리(Morrie Schwartz: 잭 레몬 분)가 루게릭병으로 투병 중이라는 것을 알게 되고, 대학 졸업 후 처음으로 그를 찾아간다. 10여 년의 세월이 흐른 뒤 다시 만났지만 미치와 모리는 묘한 공감대를 형성하게 된다. 모리를 만나면서부터 미치는 자신의 각박한 생활을 새로운 시각으로 바라보게 되고 급기야는 자신의 일을 뒤로한 채 매주 화요일이면 모리를 찾아가 그로부터 인생의 의미에 대해서 배우게 된다. 그 과정에서 미치는 자신의 바쁘고 지친 삶에 회의를 느끼게 되고, 자신의 삶을 되돌아보며 재닌과의 서먹해진 관계도 복원한다. 결국 모리는 루게릭병으로 죽으면서 이들의 마지막 수업은 끝나지만, 미치는 영원히 잊지 못할 삶의 교훈을 얻는다.

　감독 : 믹 잭슨

　출연 : 잭 레몬, 행크 아자리아, 카일 설리반, 캐롤라인 아론 등

2 인간의 늙음, 그 진실에 대하여 (EBS 지식채널e | 한국 | 4분 | 2005년)

　개는 20년, 원숭이 40년, 코끼리 70년, 고래 120년, 거북이 180년 정도를 산다고 한다. 그렇다면 인간은 최대 몇 년까지 살 수 있는가? 인간이 노화를 줄일 수 있다면 인간의 수명은 150년까지 가능하다고 한다. 고대 로마제국 시대 평균 수명은 25세, 18세기 프랑스 혁명시대는 34세, 산업 혁명 이후 의학, 과학의 발달로 1년에 약 3개월씩 수명이 증가해 왔다. 그리고 1910~40년에 24.1세, 1960년대 52.6세, 1971년 62.3세, 1987년 69.2세, 1991년 71.79세, 그리고 2000년에 77.9세로 20세기 동안 평균 50년 증가했다고 한다. 한편 현대인의 사망 원인이 암이듯이 오히려 인간 수명이 감소한다는 주장이 있다. 소아비만에 걸린 아이들이 성인이 되었을 때 성인병으로 오히려 수명이 감소한다고 한다. 인간 생명 수명이 2050년까지 150세까지 증가한다는 스티븐 어스태드교수와 오히려 감소한다는 올샨스키 교수는 6천 억원을 건 내기를 하였다. 과연 인간의 수명은 증가할 것인가, 감소할 것인가 하는 문제를 제기하고 있다.

논제 - 다음 제시문 〈가〉와 〈나〉에서 죽음을 바라보는 관점을 설명하고 이를 토대로 우리 나라 장례 문화에 대해 자신의 생각을 논술해 보자.

〈학생글〉

삶의 아름다운 마무리, 우리 장례문화를 되돌아보며

전북과학고등학교 김○○

 현대인들은 자동차 사고라든가 불치병 등에 대해 대비하기 위해 보험을 든다든가 정기적으로 검사를 받기는 하지만, 정작 가장 중요한 죽음에 관해서는 아무런 관심을 보이지 않는다. 대다수의 사람들은 마음의 준비가 전혀 없는 상태로 사랑하는 사람의 죽음과 자기 자신의 죽음에 임하고 있는 실정이다. 그런 점에서 우리의 장례문화는 아무리 생각해 보아도 이상한 일이 아닐 수 없다.

 제시문 〈가〉에서는 '사람들은 누구나 죽는다'라는 사실이 전제되어 있다. 하지만 언제 죽을지 모르기 때문에 지금 살고 있는 오늘이 얼마나 중요한지를 알아채지 못하고 있다. 곧 나와 함께 하는 가족, 친구 등등과 그리고 내가 마지막이 될 오늘이 얼마나 소중한지를 느끼지 못하고 살아간다. 죽음이 아름다울 수 있는 건 그가 삶을 어떻게 살아왔으며, 어떻게 생각하고, 삶의 순리를 어떻게 받아들이느냐에 달려 있다. 다른 사람에 대한 배려, 그리고 용서하는 진지한 마음의 소유자는 삶과 죽음을 아무렇게나 생각하지 않을 것이다.

 제시문 〈나〉의 공자는 죽음을 인식할 필요가 없는 것으로 본다. 현실의 삶조차 사람이 모두 인식할 수 없는 것으로 보고 미래의 죽음에 집착하는 것을 부정적으로 본다. 막연한 미래를 준비하거나 두려워하는 것보다는 현실에 충실하는 것이 더 낳은 미래를 위한 길로 생각하여 죽음에 대한 인식을 부정한다. 공자는 막연한 죽음보다는 현실에 충실한 삶을 바람직하게 생각했기 때문이다.

 화장문화 확산에 대해 우려하는 목소리도 높다. 가장 심각한 문제가 역시 납골당 및 납골묘·납골탑 등의 납골시설이다. 지방자치단체마다 공공 납골시설이 안정적으로 공급돼야 안심하고 화장할 수 있으나 우리의 현실은 그렇지 못하다. 화장장이나 납골당과 같은 장묘시설은 우리 국민에게는 대표적인 기피시설로 인식되고 있어 지방자치단체마다 시설 확충에 어려움을 겪기 때문이다. 이런 까닭에 화장률이 두 배 가까이 증가한 최근 5~6년 동안 전국의 화장장은 단 한곳도 신설되지 못했다.

 인간은 죽음도 자기의 권리로 인식해야 한다. 삶이 있으면 끝이 있듯이 죽음 또한 인간이 거쳐야 하는 순리이다. 그런데 우리는 죽음에 대한 막연한 공포감을 가지거나 죽음을 외면하고 있다. 묘를 거대하게 만들고 치장을 해야만 후세에도 이어진다고 생각하지만 이처럼 현세에 집착하는 태도보다는 자신의 삶의 권리 중 하나로 죽음을 받아들이는 쪽으로 장례문화가 바뀌어야 한다.

〈교사 첨삭 지도〉

1 대상 도서에 대한 이해 및 분석력

논술문 쓰기에서 가장 중요한 사항은 논제를 정확히 분석하여 출제자가 요구하는 사항과 함께 이에 대한 자신의 주장을 글 속에 담는 것입니다. 이런 측면에서 볼 때, 이번 논제가 요구하는 사항은 다음의 2가지로 표현할 수 있습니다.

1) 제시문 가)와 나)에 드러난 죽음관을 비교하여 제시하는 것과 2) 우리 나라 장례 문화에 대한 자신의 의견을 개진하라는 것입니다

이러한 논제 분석을 통해 전체 개요와 주제문을 작성하고 각 단락을 채워나갈 이야깃거리를 만들어 가는 과정이 바로 논술문 쓰기의 핵심이라 할 수 있습니다.

논술문에서는 논제에 충실하게 제시하면서 구체적인 근거가 될 수 있는 것을 좋은 답안으로 평가합니다. 따라서 논제가 요구하는 죽음에 대한 인식이 모리교수와 공자가 어떻게 다른지 파악해 내고, 우리 나라 장례문화의 현실을 비판하는 자신의 견해를 써야 하는 것입니다. 또한 그에 대한 근거가 타당해야 하며 합리적으로 수용 가능해야 합니다. 논리적 구성을 생각하여 자신의 생각을 명확하게 세운 다음 글을 써야 합니다. 특히 이번 논제 같은 경우의 논술문은 논제 자체에 논술문의 방향을 암시하는 표현이 들어있음에 주목할 필요가 있습니다. 다시 말해 논제를 정확히 분석해서 논제가 요구하는 항목에 대한 의견을 제시하지 않으면 좋은 평가를 받기 어렵다는 뜻입니다.

2 창의적 사고력

이 논술에서는 우리의 장례 문화를 정확히 인식하고 창의적인 대안을 제시하는 것이 중요합니다. 그렇게 하려면 현재의 장례문화의 부정적 특성을 인지한 다음 죽음을 극복할 수 있는 창의적 사고력을 잘 보여줄 수 있어야 합니다. 자신의 주장에 대한 설득력을 높이기 좋은 방법으로는 예시나 예증을 들 수 있습니다. 또한 여러 차원에서의 원인 분석이나 이에 대한 대안을 제시하는 것도 심도 있고 창의적인 사고력을 나타내는 좋은 방법입니다.

3 문제 해결력

두 제시문에 드러난 죽음관의 차이를 비교하여 제시하면서 공통적으로 생각할 수 있는 점을 잘 잡아내야 합니

다. 즉 바람직한 죽음관은 죽음을 탄생으로 인해 생긴 인간의 권리로 인식해야 한다는 것입니다. 이런 생각을 가질 때 지금 이 순간 더 충실하게 삶을 살 수 있습니다. 그런데 문제점은 죽음도 자신의 권리로 생각해서 포기할 수 있다는 것입니다. 죽음을 권리로만 생각했을 때의 문제점에 대해서 언급을 해주고 대안을 제시해주어야 보다 더 완벽한 글이 될 수 있습니다. 다만 두 제시문의 관점에 대한 비교가 이루어지지 않고 있으며, 두 번째 단락에서 '공자는 막연한 죽음보다는 현실에 충실한 삶을 바람직하게 생각했기 때문이다' 라는 문장은 공자의 죽음에 대한 인식이 아니라 자신의 생각을 쓴 것이므로 삭제해야 합니다.

학생은 우리 나라 장례 문화의 실상을 파악해 내기는 했지만 제대로 창의적 대안인 문제 해결력을 제시하지 못했습니다. 고유 문화를 존중하면서 전승해 갈 수 있는 대안을 설정해 내지 못한 점이 아쉽습니다.

4 문장력 및 표현력

논술문의 평가와 첨삭에서 가장 큰 비중을 차지하는 것은 논지의 일관성이나 논제 분석의 정확성 등 내용에 관련된 부분입니다. 그럼에도 문장력과 표현력을 간과할 수 없는 것은 좋은 내용을 담을 수 있는 훌륭한 그릇도 필요하기 때문입니다. 그래서 문장과 단락 쓰기를 꾸준히 연습하는 것이 중요하다는 사실을 명심하기 바랍니다. 그 밖의 맞춤법과 원고지 사용법, 몇 몇 매끄럽지 못한 문장에 대해서도 항상 유의하기 바랍니다.

5 총평

화제를 제시하고 이를 문제 상황과 연결시켜 문제를 제기하고, 두 제시문의 차이를 비교하고, 우리 나라 장례 문화를 실상을 제시하고 대안을 제시하려 했습니다. 하지만 심층적인 사고로 이어지는 못한 점이 아쉽습니다. 어떤 글을 쓸 것인지, 개요를 통해 구조화시키지 못하면 논술은 완성도가 떨어질 뿐만 아니라 논점일탈이 되기 쉽다는 점을 인식해야 합니다.

기탄잘리 93

타고르

나는 떠나갑니다. 작별 인사를 하십시오, 나의 형제들이여!

당신들 모두에게 허리를 굽혀서 인사를 하고 나는 떠나갑니다.

여기, 내 집의 열쇠를 남겨둡니다. 그리고 내 집에 대한 모든 소유를 포기합니다. 단지 당신의 친절한 마지막 인사만을 원할 뿐입니다.

우리는 오랜 이웃이었습니다. 하지만 나는 당신에게 줄 수 있는 것보다 더욱 많은 것을 받았습니다. 이제 날은 저물고 나의 어두운 구석을 밝히던 등불도 꺼졌습니다. 나를 부르는 이가 도착했으니, 나는 여행을 떠날 준비를 시작해야 하겠습니다.

한글

김영욱 | 루덴스

관련 교육과정

고등학교 국어(상) / 8. 언어와 세계 (1) 동국심속삼강행실도
고등학교 국어(하) / 1. 국어가 걸어온 길 (1) 중세국어

관련 도서

훈민정음 암살사건 • 김재희 / 랜덤하우스코리아
28자로 이룬 문자혁명 훈민정음 • 김슬옹 / 아이세움

우리 민족이 가장 존경하는 인물은 세종대왕이다. 그 세종대왕이 일생의 업적으로 고민한 결과가 한글이다. 한글이 만들어진 과정이 기록에 드러나지 않는다. 세종대왕이 임금에서 물러나기 몇 해 전에 갑자기 반포하자 최만리 등이 반대 상소를 올린다. 일부의 내용을 자신의 시각으로 확대해석하면서 맹목적으로 세종대왕은 대접을 받고 그 반대 세력은 비난을 받아왔다. 세종대왕이 우리 민족 최고의 존경 대상이라면 그 분이 필생의 역작인 한글 역시 존중해야 함은 마땅한 일이다. 그 이유를 이 책은 흥미롭고 명쾌하게 논리적으로 설명한다. 한글에 관한 모든 것을 알게 하는 쉽고, 흥미로운 책이다.

그런데 그 한글이 얼마나 우수한 글자인지, 외국에서는 어떤 대접을 받는지에 대해서는 제대로 아는 사람들이 적다. 더구나 세계화를 부르짖으며 영어 공용화론이 대두되면서 한글은 영어만큼 대접을 받지 못하고 있다. 민족의 문제 측면에서는 세종대왕이나 한글을 부르짖다가 세계화라는 문제에 닿으면 한글은 덮어 둔다. 한글에 대해 아는 것이 적은 만큼 한글 사랑은 줄어들 수밖에 없다. 이제 한글을 객관적으로 이해한 다음 설득력을 갖고 설명할 수 있는 힘을 가져야 한다. 그 과정에서 세종대왕의 위대한 지도자로서 모습을 보면서 위대함의 원인을 알게 될 것이다. 이 책은 흥미롭게 세종의 지도력과 세계 최고의 알파벳 한글의 수수께끼와 과학적 원리를 우리에게 보여 주고 있다.

또한 한글 창제 반대 상소의 논리를 당대의 시각과 현대의 시각 모두의 측면에서 살펴볼 여유도 가져야 한다. 조선 후기까지 청백리로 선비들이 추앙했던 최만리가 올린 반대 상소가 논리적 설득력이 없었을까? 현대의 사대주의자들과 함께 연계하여 생각해 볼 일이다.

삼강행실도를 통해 백성들을 교화했다면 현재에는 그러한 일들을 추진하는 것들에는 무엇이 있을까? 이러한 질문에 답하면서 읽는다면 이 책은 지속적으로 고전으로 빛날 것이다.

무엇을 바탕으로 생각해 볼까?

1. 삼강행실도

1434년(세종 16년) 삼강(忠-孝-烈)에 뛰어난 사람의 행적을 모아 간행한 책.

3권 1책. 1428년(세종 10년) 진주의 김화(金禾)라는 사람이 아버지를 살해한 사건이 일어나자, 세종은 효

삼강행실도 / 국립중앙도서관 소장

행을 널리 알릴 수 있는 책을 펴내 백성들에게 읽히고자 이 책의 간행을 명했다. 직제학(直提學) 설순(偰循) 등이 우리나라와 중국의 서적에서 군신·부자·부부에 모범이 될 만한 충신·효자·열녀 각 35명씩 105명을 뽑아 그 행적을 그림과 함께 기록·간행했다. 우리나라 사람으로는 효자 4명, 충신 6명, 열녀 6명을 실었다. 각각에 그림을 붙이고 한문으로 행적을 기록한 뒤, 원문을 칠언절구로 정리하고 그 중에 몇 편은 사언일구(四言一句)의 찬(贊)을 붙이기도 했다.

〈삼강행실도〉의 그림에는 당시 유명한 화가인 안견(安堅)·최경(崔涇)·안귀생(安貴生) 등이 참여한 것으로 보인다. 여기 수록된 그림들은 조선시대 판화의 주류를 형성하는 삼강오륜 계통의 판화들에 큰 영향을 끼쳤다. 〈삼강행실도〉는 1481년(성종 12) 한글로 언해되어 간행되었고, 이후 1729년(영조 5)에 이르기까지 여러 번 중간되었다. 판화사·국어사 연구에 중요한 자료가 되며 조선 전기의 풍속을 살필 수 있는 자료로서 가치가 있다.

(브리태니커 백과사전)

동국신속삼강행실도는 1617년(광해군 9)에 유근이 왕명에 따라 편찬한 삼강행실도의 속편이다. 18권 18책의 목판본으로 임진왜란 중에 목숨을 바친 사람들을 비롯하여 신라, 고려, 조선의 충신, 효자, 열녀의 사적(事蹟)을 수록하고 그 덕행을 찬양하였다. 임진왜란 직후 충(忠)효(孝)열(烈)을 보여 준 사람들이 행적을 다루어 피폐된 국민 도의를 회복시키고자 하였다. 한문으로 적고 한글로 풀이하였으며, 본문의 내용을 그림으로 그려 놓았다.

(고등학교 국어(상) / 8. 언어와 세계)

생각 품기

1 1) 세계에는 언어가 얼마나 있는가 아는 대로 말해보고, 인터넷을 통해 확인해 보자.

_____

_____

_____

_____

2) 한국어 인구는 얼마나 되며, 한국어는 세계에서 어느 위치에 있는지 조사해 보자.

_____

_____

_____

_____

2 영어와 한글의 공통점과 차이점을 아는 대로 정리해 보자.

	한글	영어
공통점		
차이점		

3 '지도력이 뛰어난 인물들을 유형별로 들고 그 지도력이 뛰어난 이유를 설명해 보자. 그러한 지도력 중 현대의 많은 문제점을 해결할 수 있는 가장 훌륭한 지도자의 모습은 어떤 인물일지 자신의 생각을 말해 보자.

4 영어가 국제회의에서 가장 많이 활용되는 언어가 된 이유를 알아보자. 이와 관련하여 우수한 한글을 바탕으로 하는 한국어가 국제 사회에서 얼마나 성장할지 자신의 생각을 써 보자.

세종 '말해 보거라' 對 정조 '나를 따르라'

경청·설득의 군주, 세종 이도

경들이 말을 합하여
잘못이라 말하니, 내가
매우 아름답게 여긴다

-재위 말 불당 건립 문제로 신하들의 반대가 잇따르자

다변·결기의 군주, 정조 이산

결단코 그렇지 않다.
대체로 초보학자들이
그렇게 보는 수가 많다.

-'온고지신'의 의미를 놓고 신하와 견해가 엇갈리자

　박현모씨의 '세종과 정조의 리더십 스타일 비교' 논문을 보면 '조선의 문예부흥을 일으킨 개혁군주'로 조선의 4대 임금 세종과 22대 정조에 대해 위와 같이 평가하고 있다. 최근 두 사람을 소재로 한 TV 드라마가 인기리에 상영되고 있어 통치방식에 대한 비교도 관심사다. 박현모 세종국가경영연구소 연구실장은 최근 '오늘의 동양사상' 가을·겨울호에 발표한 논문 '세종과 정조의 리더십 스타일 비교'에서 두 임금의 통치 스타일을 분석했다. 두 사람 모두 '보지 않은 책이 없을 정도'의 호학(好學) 군주라는 공통점에도 불구하고 '듣기 좋아하는 임금'(세종)과 '말하기를 좋아하는 임금'(정조)으로 스타일은 상반됐다.

▶ 세종, 뒤에서 미는 리더십 vs 정조, 앞에서 끄는 리더십

　논문은 세종의 리더십을 '뒤에서 미는 방식'으로 정조의 리더십을 '앞에서 끄는 방식'이라고 규정한다. 세종은 문제에 부딪히면 왕 자신의 처지를 설명하고 신료들의 동참을 요청하는 방식을 택한 반면, 정조는 어전회의를 주도하면서 신료들의 발언권을 견제하는 데 진력했다는 것이다. 말투부터가 대조적이었다. 세종은 신하들의 비판이 아무리 날카로워도 일단 긍정하면서 대화를 시작하는 스타일이었다. 가령 재위 말년 궁궐 내 불당건립 문제로 정인지 등 신하들의 비판이 잇따르자 "경들의 말을 합하여 간(諫)하니, 내가 매우 아름답게 여긴다"고 말한 뒤 "그러나 말을 따를 수 없다"라고 답하는 식이었다. 반면 논쟁을 즐겼던 정조는 신하들과 대화를 나눌 때 말 첫머리부터 "그렇지 않다" "결단코 그렇지 않다" 심지어 "경들이 하는 일이 한탄스럽다"는 말을 서슴지 않았다. 즉위초 검토관 이유경이 온고지신(溫故知新)의 의미에 대해 "옛 글을 익혀 새 글을 아는 것을 말합니다"라고 해석하자 정조는

"그렇지 않다. 대체로 초학자들이 그렇게 보는 수가 많다"며 공개적인 면박을 줄 정도였다. 정조는 또한 차대(次對)나 경연 등에서 신하보다 더 많은 말을 하는 '다변(多辯)'의 정치가였다. "전교(傳敎)를 내릴 때마다 한 종이의 열 줄에 정녕히 반복하여 조금도 남겨두지 않고 말을 번거로이 되풀이 한다"는 실록의 비판이 이를 입증한다. 반면 세종은 말수가 적었으며 신하들에게 의제를 던져주고 "함께 의논하여 아뢰라"는 식이었는데 말끝마다 "경들의 의견을 말해보라"며 직언을 요청했다. 싱크탱크인 집현전과 규장각의 운용방식도 달랐는데 세종이 과제를 집현전 학사들에게 던져놓고 기다리는 스타일이었다면 정조는 자신이 전면에 나서서 직접 문신을 가르치고, 숙제 검사를 하고, 시험을 치기도 했다. 집현전 학사들이 중요한 정치적 문제에 의견을 내고 관여한데 비해, 규장각 신료들이 중요한 정치적 쟁점과 정책과제들에 대해 일정한 거리를 둔 것은 그런 맥락에서다.

▶ 정치 기반 차이 – 정적 없었던 세종, 노론이 거슬렸던 정조

두 임금의 통치 스타일의 차이는 상반된 정치적 기반에 기인한 것이라고 논문은 분석한다. 부왕 태종에 의해 공신과 외척 등 개혁 장애물들이 제거된 채 즉위한 세종과 달리, 정조는 사도세자의 아들이라는 약점에 더해, 김귀주와 홍인한으로 대표되는 두 외척세력이 건재한 상태로 왕위를 계승했다.

이런 정치적 환경 아래 정조는 국왕이란 요순(堯舜)처럼 정치의 한가운데서 정치의 중심을 세우는 존재로 규정, 국가란 국왕 개인의 것이 아니라 조상의 것이라고 주장하는 노론신하들의 발언권을 견제했다.

반면 세종은 태종·조의 정치적 격변을 거치면서 보신을 꾀하는 신료들의 침묵과 소극적인 분위기를 문제로 파악하고 군신공치(君臣共治)를 꾀했다.

속내를 드러내지 않는 자기통제력이 강한 세종과 사도세자능을 이장할 때 사초를 부여잡고 울부짖을 정도로 격정적이었던 정조의 성정의 차이도 리더십의 차이를 유발한 원인이라고 논문은 덧붙인다. 박 실장은 "세종이 회의를 통해 좋은 아이디어를 수렴하는데 초점을 맞췄다면, 정조는 토론과정에서 개혁의 정당성을 설파하고 신하들을 가르치는데 초점을 두었다"며 "세종이 정치적 리더십에서 뛰어났다면 정조는 날카로운 질문과 탁월한 해석을 통해 걸출한 학자를 배출한 지적 리더십을 보인 인물"이라고 평했다.

(2008. 1. 15 한국일보)

생각 깨기

1 실록을 통해서 볼 때 세종은 어떤 인물인지 설명해 보자.

_____

_____

_____

_____

2 왜 세종은 김화 살부사건에 집착하는지 설명해 보고 이에 세종은 어떻게 대응 했는지 말해 보자.

_____

_____

_____

_____

3 1) 왕이 문자를 창제했다는 사실이 지닌 의미는 무엇인가? 다양한 사례를 들어 이를 설명해 보자.

_____

_____

_____

_____

2) 세종이 한글을 친히 창제하였다는 말은 무슨 뜻인지 설명하고 세종이 실제 만든 것인지 신하들이 만든 것인지 아니면 다른 형태로 만들어진 문자인지에 대해 자신의 의견을 말해 보자.

3) 세종은 이상 국가의 바탕이 되는 이론을 어느 책에서 받아들이게 되는가? 그 책의 중심 내용은 무엇인지 말해 보자.

4 1) 최만리의 반대 상소의 핵심은 무엇인가? 그리고 그 핵심내용에 대해 자신의 생각을 말해 보자.

2) 한글 창제 사실을 공표하기까지 최만리가 그 사실을 몰랐다는 것은 무엇을 뜻하는가? 상소문이 한글 창제 후 2개월 20일 뒤에 올려진 것은 무엇을 뜻하는가?

3) 최만리가 극렬하게 반대 상소를 하고 하루동안 옥에 갇혔다 풀려나지만 정창손은 파직된다. 그 이유를 설명해 보자.

5 1) 훈민정음 서문의 한글 번역문이 108개의 음절로 이루어져 있다는 것이 불교적인 상징성이 있는지 자신의 의견을 말해보라. 그리고 그 근거를 제시해 보자.

2) 세종 대왕이 직접 한글을 만들었다는 근거를 찾아보자. 그 근거에 동의하는지 자신의 의견을 써 보자. 또한 그 예상되는 반론을 반박해 보자.

6 1) 태종은 왜 양녕대군의 장인 김한로를 귀양보내고, 세종의 장인 심온을 역모로 몰아 처형했을까?

2) 소헌왕후가 폐서인이 되지 않은 이유는 무엇인가? 태종은 소헌왕후를 왜 폐서인하려 했을까?

3) 세종이 소헌왕후를 지극히 사랑한 근거를 들어보자.

7 한글을 칭찬한 사람들과 그 주장을 아는 대로 나열해 보고, 그 이유를 말해 보자.

생각 기르기

1 왜 세종이 한글을 창제한 후에만 최만리의 반대상소가 나타나는지, 그리고 왜 상소가 한번뿐이었는지 자신의 생각을 말해 보자.

2 삼강행실도의 그림을 보고 백성들이 얼마나 교화되었을지 세종의 언어관과 관련지어 말해 보자.

3 정보화 사회에서 한글은 어떻게 발전할 수 있을지 추론해 보자. 인터넷이나 휴대전화 등 현재의 구체적 사례를 통해 그 주장을 뒷받침해 보자.

4 세종은 최만리의 반대상소로 논쟁을 벌인다. 세종의 주장은 위압적이었는지 아니면 논리적이었는지 비판해 보고, 조선조 청백리였던 최만리의 주장에는 타당성이 없었는지 자신의 견해를 말해 보자.

5 1) 국립서울대학교를 'ㄱㅅㄷ'으로 축약해서 쓰는 것과 영어의 'ROK'처럼 약자로 쓰는 것에 대해 그 장단점을 말해보자. 정보화 사회에서 축약해서 쓰기 활동이 확산될 것인지에 대해서도 예측해서 말해 보자.

2) 'ㄱㅅㄷ'으로 축약해서 쓸 때 이를 어떻게 읽어야 할지 다양한 사례를 들어 말해 보자.

6 조선시대 국가의 통치이념은 유교인데 세종은 개인적으로는 불교에 의지하고 있음을 보여준다. 신하들의 반대의견을 무릅쓰고 강행한 월인천강지곡의 창작과 기타 궁중에서 불교와 관련한 일들이 가족과 국가에 어떤 영향을 끼쳤을지 말해 보자.

조선시대 한글과 지도력

1 왜 편리한 한글이 조선시대에 잘 사용되지 않았나 그 이유를 설명해 보자. 한글이 명맥을 유지할 수 있었던 이유와 한글이 탄압을 받았던 사례를 아는 대로 말해 보자.

2 자신이 조선 시대 권력을 가진 양반계층이었다면 한글을 언제 어떻게 사용했을 것인지 조선 시대의 구체적인 사례를 들어 자신의 생각을 말해 보자.

3 세종대왕은 어떤 분야에서 가장 탁월한 능력을 발휘했는지 근거를 들어 말해보자. 그리고 세종대왕과 견줄 만한 인물을 우리의 역사에서 그리고 세계의 역사에서 찾아보고 그 공통점을 말해 보자.

4 현재 '세종'이란 이름이 들어간 것들을 아는 대로 나열해 보고, 앞으로도 세종이라는 이름을 붙일 수 있다면 어떤 것들이 있을지 다른 나라의 사례도 연계시켜 자신의 생각을 말해 보자.

5 이상적인 언어의 기준을 정해보고 그 기준에 따라 세계의 대표적인 언어들에 점수를 부여해 보자. 그리고 그 순위를 정해 보자.

'훈민정음'의 의미

1 '훈민정음'이란 어떤 뜻을 담고 있는지 조사해 보자.

2 '훈민정음'이나 '한글'에 담긴 정신이란 무엇인지 말해 보자.

3 한글을 일컫는 말에는 어떠한 것들이 있는지 조사해 보고 이러한 말들에는 한글을 바라보는 시각이 어떻게 반영되어 있는지 설명해 보자.

세종의 지도력과 한글 창제

1 조선 태종의 외교의 특징을 설명해 보자. 그리고 현재 우리나라는 중국과 미국에 대해 어떤 태도로 외교 관계를 유지하는지 말해 보자. 사대사상이 이어지고 있는지 아니면 지나치게 굴욕적인 외교형태를 지니고 있는지 자신의 의견을 말해 보자.

2 현재의 중국이나 미국에 대한 외교 정책은 어떤 방향으로 나아가야 하는지 다양한 사례를 들어 자신의 의견을 제시해 보자.

3 '독도' '두만강' '백두산' '이어도' 등 국제 외교 중 영토 분쟁에 대처하는 국내외의 정책에 대해 강경 노선과 온건 노선으로 나누어 토론해 보자.

4 세종대왕의 지도력이 현대에 끼치는 교훈은 무엇인지 자신의 의견을 말해 보자.

5 한글을 국제 표준 발음으로 채택하자는 주장에 대해 자신의 의견을 말해 보자.

6 한글을 바탕으로 하는 한국어가 국제어로 가능할지에 대해 토론해 보자.

7 실제 한글 창제자는 누구인가 토론해 보자.

8 김화의 살부사건은 교육문제일까, 사회문제일까로 나누어서 토론해 보자.

독서논술 논제

1 세종대왕의 창조적 지도력에 대해서 삼강행실도, 한글, 소헌왕후에 대한 사랑 등 책에서 언급한 내용을
바탕으로 정리하고, 이와 관련하여 현대 각 나라의 지도자들이 시급히 해결해야 할 문제에 대해 어떻게
접근하는 것이 바람직한지에 대해 논술해 보자.

2 아래 글을 읽고 세종이나 정창손의 견해 중 하나를 지지하는 글을 써 보자. (1,200자 내외)

제시문

정창손의 경우, 왕은 그를 불러서 다음과 같은 말을 한 적이 있었다.

"내가 만일 한글로 삼강행실을 번역하여서 민간에 반포하면 어리석은 남녀가 모두 쉽게 깨달아서 충신·효자·열녀가 반드시 무리로 나올 것이다."

그런데 정창손은 이러한 세종의 뜻에 대하여 강렬하게 반발하는 태도를 취하였다. "삼강행실을 반포한 후에 충신·효자·열녀의 무리가 나옴을 볼 수 없는 것은 사람이 행하고 행하지 않는 것이 사람의 자질 여하에 있기 때문이며, 그러니 이 이야기들을 어찌 꼭 한글로 번역해야만 백성들이 모두 본받겠다 하겠습니까" 하였다.

(중 략)

『삼강행실도』는 15세기판 한국 판화집이었다. 그리고 그 판화에 등장하는 인물들을 백성들에게 알기 쉽게 설명하도록 하기 위해 지방 수령들에게 명령을 내려서 학자들을 모집토록 하였다. 글을 하는 선비들이 백성들을 교화할 수 있게끔 배려한 것이다.

그러나 왕은 이것만으로도 풍속을 미화하는 데에는 한계가 있다고 생각했다. 백성들이 문자를 이해한다면 옥사를 당하더라도 억울한 일을 줄일 수 있을 것이며, 백성들이 충신·효자·열녀 이야기를 입으로만 욀 것이 아니라, 머릿속으로 잘 이해한다면 풍속이 아름다워지는 데 크게 보탬이 될 것이라고 생각하였다. 이러한 백성의 교화와 풍속의 아름다움을 위하여 세종은 한글을 발명한 것이다.

(한글 / 113~114쪽)

3 〈가〉와 〈나〉를 바탕으로 하여 삼강행실도 편찬과 한글 창제를 연관지어 세종의 언어문자관을 쓰고, 이와 관련하여 〈다〉의 편찬 동기를 추론해 보자.

제 시 문 〈 가 〉

세종은 살부사건(김화의 사건)을 한 개인의 일회적 잘못으로만 보지 않았다. 그런 사건이 일어난 데에는 조선의 풍속이 아름답지 못함에 근본 원인이 있다고 진단하였다. 살인 사건으로 말미암아 「삼강행실도」가 편찬되고, 충신 · 효자 · 열녀의 사례들을 수집하여 「삼강행실도」를 배포하면서 혹시 백성들이 이해하지 못할까봐 이야기들을 그림으로 표현케 하고, 뿐만 아니라 우수한 학자들을 발굴하여 학자들로 하여금 백성교화에 힘쓰도록 수령 방백들에게 당부하였다. 그래도 백성들이 이해하지 못하는 어려움을 풀기 위해 마침내 한글을 창제하게 된 것이다.

(중 략)

세종은 신하들의 반대를 무릅쓰고 한글을 창제하였다. 조선시대 지식인들의 지배적인 언어문자관에 따르면 오랑캐들이나 새로운 문자를 창안한다고 하였다. 그러한 언어문자관을 현대적인 관점에서 이해하기가 쉽지 않지만 당시의 조선 사회 지식인들은 자기 민족의 언어를 한자가 아닌, 민족의 고유한 문자로 표기하는 것을 문명권에서 스스로 이탈하는 어리석은 행동이라고 생각했다. 오로지 한자에 의한 한자문화권만이 문명세계로의 통로로 인식하고 있었던 탓이다. 반면 세종은 신하들과 다른 언어문자관을 가졌다. 세종은 한국인들이 자신의 마음을 가장 잘 표현할 수 있는 문자를 만들어 내는 일이 백성들의 교화에 도움을 주어서 결국에는 풍속이 아름다운 문명 국가로 만드는 중요한 원동력이 된다고 생각했다. 이러한 세종의 통찰력은 당대 지식인들의 보편적인 인식 한계를 뛰어넘는 것이었다. 민족사를 통틀어서 우리에게 큰 영향력을 끼친 사건인 한글의 반포는 이렇게 해서 이루어졌다.

(한글 / 67~68쪽)

제 시 문 〈 나 〉

世·솅 宗종 御·엉 製·졩 訓·훈民민正·졍音흠

나 ·랏:말ᄊᆞ·미 中듕國·귁·에 달·아, 文문字·ᄍᆞᆼ·와·로 서르 ᄉᆞᄆᆞᆺ·디 아·니ᄒᆞᆯ·ᄊᆡ, ·이런 젼·ᄎᆞ·로 어·린 百·ᄇᆡᆨ姓·셩·이 니르·고·져 ·홇 ·배 이·셔·도, ᄆᆞ ·ᄎᆞᆷ:내 제 ·ᄠᅳ·들 시·러 펴·디 :몯 ᄒᆞᇙ ·노·미 하·니·라. ·내·이·ᄅᆞᆯ 爲·윙·ᄒᆞ·야 :어엿·비 너·겨, ·새·로 ·스·믈여·듧 字·ᄍᆞᆼ·ᄅᆞᆯ ᄆᆡᇰ·ᄀᆞ노·니, :사ᄅᆞᆷ:마다 :ᄒᆡ·ᅇᅧ :수·ᄫᅵ 니·겨 ·날·로 ·ᄡᅮ·메 便뼌安한·킈 ᄒᆞ·고·져 ᄒᆞᇙ ᄯᆞᄅᆞ·미니·라

– '훈민정음(訓民正音)', 세조(世祖) 5년(1459년)

 제시문 〈 다 〉

　　동국신속삼강행실도는 1617년(광해군 9)에 유근이 왕명에 따라 편찬한 삼강행실도의 속편이다. 18권 18책의 목판본으로 임진왜란 중에 목숨을 바친 사람들을 비롯하여 신라, 고려, 조선의 충신, 효자, 열녀의 사적(事蹟)을 수록하고 그 덕행을 찬양하였다. 임진왜란 직후 충(忠)효(孝)열(烈)을 보여 준 사람들이 행적을 다루어 피폐된 국민 도의를 회복시키고자 하였다. 한문으로 적고 한글로 풀이하였으며, 본문의 내용을 그림으로 그려 놓았다.

(고등학교 국어(상) / 8. 언어와 세계)

독서논술 논제 분석

1 1) 세종대왕의 창조적 지도력

2) 현대 각 나라의 지도자들이 시급히 해결해야 할 문제에 대한 바람직한 접근

2 1) 제시문에 나타난 세종이나 정창손의 견해

2) 세종이나 정창손의 견해 중 지지하는 견해와 그 근거

3 1) 삼강행실도 편찬과 한글창제를 연관 짓기

2) 삼강행실도 제작 추론하기

독서논술문 개요 짜기

제 목	
주 제 문	
서 론 (문제의 상황 설명 및 문제 제기)	
본 론 (근거 들어 논증하기)	
결 론 (정리 및 주제 강조, 앞으로의 방향설정)	

성장 소설

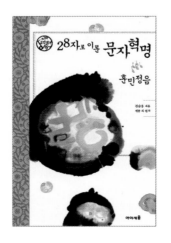

1 28자로 이룬 문자혁명 훈민정음 (김슬옹 | 아이세움)

이 책은 훈민정음의 창제 배경, 창제 과정, 창제 주체 그리고 이후 훈민정음이 어떤 과정을 거쳐 왔는가를 다양한 측면에서 소개한다. 또한 훈민정음을 둘러싼 오해와 진실을 실감나게 드러내고, 이를 반박한다. 저자는 훈민정음을 한국인만의 문자가 아닌 인류 보편의 문자과학으로 보고자 한다. 후대로 갈수록 생명력를 발하는 '현재진행형 문자', 훈민정음의 참 가치를 깨닫게 하는 책이다.

2 세종대왕 1~10 용의 눈물 원작 (박종화 | 기린원)

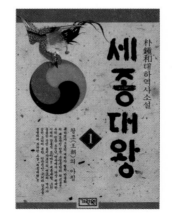

KBS 1 TV 대하드라마 〈龍의 눈물〉의 원작으로 이성계의 위화도 회군, 조선 개국의 격동, 태조와 아들 방원의 야망과 인간적 고뇌, 왕위 계승권을 둘러싼 왕자들의 암투와 음모. 이윽고 피비린내나는 패도를 종식시키고 왕도를 세우는 세종대왕의 이야기를 담고 있다.

우리 민족 5천년 역사에서 가장 위대한 세종대왕, 그의 훌륭한 문민 통치자로서의 면모와 역사가 감히 그리지 못한 인간적인 고뇌와 갈등을 생생하게 그리고 있다.

관련 매체

1 **대왕세종** (드라마 | KBS2 | 2008년)

대왕세종 KBS2 (2008년 1월 5일~
2008년 11월 16일 방송종료)

1. 2008년 새해, 왜 세종인가.

1) 존경하는 정치 지도자의 부재, 이제 대중은 긍정적인 리더의 전형을 원한다.

2) 대중은 역사에 대한 자부심을 원한다. 긍정적 인물, 승리의 역사에 대한 재조명은 그들에게 삶에 대한 무한한 자긍심을 제공할 것이다.

2. 세종, 그는 누구인가.

1) 그는 준비된 리더였다.

2) 희호지락(熙皓之樂) 생생지락(生生之樂). 백성이 함께 화락하는 즐거움, 살아가는 즐거움을 위해 평생을 헌신하겠다는 순결한 원칙을 지닌 자 그가 바로 세종이다.

3) 인재의 소중함을 알고 몸소 아꼈던 인물이다.

4) '왕도정치'의 이상을 온몸으로 실현해간 군왕 세종, 우리는 그를 '大王'이라 이름 하기를 주저치 않는다.

3. 드라마 '대왕세종'을 어떻게 그릴 것인가.

1) 갓 창업한 신생국 조선의 정치인들, 이들의 신념과 열정이 충돌하는 본격 정치드라마를 지향한다.

2) '한국인들이 가장 존경하는 최고의 위인'이라는 도식화된 이미지에서 탈피, 자신의 한계와 싸우고 성장하여 마침내 조선 제일의 정치지도자로 우뚝 서게 된 세종의 면면을 재조명한다.

3) 세종과 그의 인재들의 아름다운 공조를 밝혀 오늘을 사는 현대인들로 하여금 바람직한 조직 문화의 모범을 삼도록 한다.

4) 훈민정음을 비롯한 측우기와 해시계, 물시계 등의 역사에 빛나는 문화유산이 탄생되는 과정을 보임으로써 국민들 모두에게 자긍심을 고취하는 기회로 삼는다.

5) 명나라와의 사대외교를 진행하는 과정에서 보여준 세종의 자주적인 자세를 통해 강대국과의 실리외교를 추구하며 견지해야 할 원칙을 모색하는 기회로 삼는다.

논제 – 〈가〉와 〈나〉를 바탕으로 하여 삼강행실도 편찬과 한글 창제를 연관지어 세종의 언어문자관에 대해 서술하고 이와 관련하여 〈다〉의 편찬 동기를 추론해 보자.

〈학생글〉

우리의 한글에 대해 잘 알고 소중히 여겨야……

전주제일고등학교 최○○

서울에서 제1회 세계 디자인 올림픽이 열렸다. 디자인 올림픽에서 단연 돋보였던 작품은 한글의 자음과 모음을 본 따서 벤치, 가로등, 길거리 소품 등을 만들었던 작품이다. 이것은 '무한도전' 팀의 작품인데 세계인들에게 한글의 우수성과 독창성, 과학성을 알리는데 한 몫을 하였다. 세계 각국에서 모여든 디자이너들과 관람객들은 이 작품을 보며 감탄을 금치 못하였다. 이 작품은 상위권 반열에 오르기 아깝지 않은 작품으로 실재 거리가 이런 모습이라면 정말 앙증맞을 것이라는 호평을 받고 있다.

제시문 〈가〉에서는 세종이 김화의 사건으로 인해 충신, 효자, 열녀의 사례를 수집하여 배포한 '삼강행실도'에 대한 내용이 있다. 하지만 백성들은 이 책을 보고도 읽을 수가 없었다. 세종은 이를 보고 한글을 창제하게 되었다. 제시문 〈나〉 속의 세종은 그 당시 사람들과는 달리 한국인들이 자신의 마음을 가장 잘 표현할 수 있는 것은 우리 문자뿐이라 생각하였다. 또한 위대한 문명 국가로 만드는 중요한 원동력은 우리 문자라며 한글을 만들려는 의지를 굳혔다. 세종은 한글로써 조선시대 덕목이었던 삼강오륜을 고취시켰고, 그 결과 열녀와 효자들이 많이 탄생하였다.

〈다〉는 '동국삼강행실도'로 광해군이 충, 효, 열을 널리 알리기 위해 한글과 그림을 삽입하여 만든 것이다. 한자는 조선시대의 지배층의 언어로써 일반 백성들은 글을 읽지 못하였다. 세종은 이를 안타깝게 생각하였다. 나라에는 양반보다 평민의 수가 훨씬 많으니 한자로 된 '삼강행실도'를 아무리 많이 배포하여도 백성들은 그것이 무슨 내용인지 모를 것이라는 생각에 세종은 한글을 만들었다. 또한 그 뜻을 받들어 광해군이 대표적인 책자로 '동국삼강행실도'를 편찬하여 백성들에게 유용하게 읽혔다.

우리는 '국제화' 시대를 맞이하여 제1외국어인 영어는 물론 제2외국어를 유창하게 쓰고, 문법을 정확히 아는 사람들이 태반이 되었다. 하지만 우리가 제일 많이 사용하고 있는 이 한글은 맞춤법마저도, 우리의 고유어마저도 잘 알지 못하는 경우가 많다. 현재 세계에서는 하루에 5개 이상의 언어가 사라지고 있는 등의 자국어가 망가지는 경우, 언어가 혼합 되어 고유의 언어라고 볼 수 없는 경우가 많다. 우리는 우리의 뿌리인 한글을 창제하신 분, 창제 동기 등을 알고 있는 만큼 우리의 한글을 소중히 여겨야 할 것이다.

〈교사 첨삭 지도〉

　이번 논제는 언어문자관에 관한 것입니다. 일반적으로 언어관은 언어가 사고에 우선한다는 관점, 반대로 사고가 언어가 우선한다는 관점 등이 대표적이지요. 그러나 이 〈가〉에서 언급하고 있는 세종의 언어 문자관은 한국인들이 자신의 생각을 잘 표현할 수 있는 문자가 백성들의 교화에 도움을 주어 풍속이 아름다워진다는 문자관을 갖고 있습니다. 〈나〉에는 문자가 사람마다 쉽게 익혀 쓸 수 있어야 한다는 문자관이 나타납니다. 이로 볼 때 세종의 문자관은 아름다운 풍속을 알지 못해서 백성이 교화가 되지 않는다는 것입니다. 그래서 세종은 모두가 쉽게 익혀 쓸 수 있는 문자를 창제합니다. 그러한 문자도 모르는 사람들을 위해 내용을 그림으로 그려 백성을 교화하려 한 것이지요. 이로 본다면 세종의 문자관은 문자가 교화의 수단이 되기 때문에 문자는 모두가 쉽게 쓸 수 있어야 한다는 관점입니다. 문자는 교화의 수단이며 그림이 갖고 있는 교육의 한계를 극복할 수 있는 수단이라는 생각을 세종은 했습니다.

　〈다〉의 편찬 동기는 제시문에 나와 있는 것처럼 임진왜란으로 피폐된 국민 도의를 회복시키기 위해 한문과 한글, 그림을 동원하여 백성들에게 삼강행실에 대한 내용을 기록하여 찬양하게 하였습니다. 이로 본다면 세종은 문자를 백성의 교화와 아름다운 풍속을 이루기 위한 필수적인 수단으로 보았음을 알 수 있습니다. 살부사건은 어려운 글 때문에 교육을 받지 못해서 나온 결과라고 세종은 인식하고 한글을 창제하였습니다. 그래서 한글은 누구나 쓸 수 있는 문자가 된 것입니다.

1　대상 도서에 대한 이해 및 분석력

　제시문에 대한 내용을 잘 이해하고 글을 전개하였습니다. 이번 제시문은 쉽게 내용을 파악할 수 있습니다. 〈가〉와 〈다〉의 내용을 잘 활용하고 있지만 〈나〉에 대한 내용은 제대로 활용하고 있지 않습니다. 〈나〉에는 어리석은 백성이 쉽게 익혀 제 뜻을 펼칠 수 있는 글을 만들고자 한 세종의 뜻이 나와 있지요.

2　창의적 사고력

　이 논술은 특별히 창의력을 요구하는 논술이 아닙니다. 요구 사항에 대해 차분히 답을 하면 됩니다. 더 깊이 있는 논술을 쓴다면 세종의 문자관과 다른 문자관의 예상 반론을 재반박하는 내용까지 들어 있다면 더 좋았을 것입니다. 서론은 본문과 그런대로 어울리는 글입니다. 서론이 세종의 문자관을 문제제기로 이끌어 내는 계기가 될

수 있도록 활용하여야 합니다. 결론은 본론과 내용이 무관합니다. 세종의 문자관이나 국민의 교화, 국민의 도의 회복 등에 관한 내용과 관련하여 글을 맺어야 하지요. 현재의 상황과 관련하여 언어관을 언급하고 끝을 맺는 것도 방법입니다.

3 문제 해결력

'세종의 문자관은 ~이다.' 형식으로 쓰고 그와 관련 있는 내용을 제시문에서 언급하면 더 쉽게 글을 쓸 수 있을 것입니다. 두번째 문단의 첫 문장을 세종의 언어 문자관에 관해 간략히 제시하고 세번째 문단에는 〈다〉의 '편찬 동기는 ~이다' 라고 쓴 다음에 그 근거를 제시문에서 찾아 정리하는 방식으로 글을 써 보세요. 논술문의 채점자는 논제가 요구한 내용이 글에 잘 드러나 있는가, 그리고 제시문과 관련하여 언급하고 있는가, 더 나아가서 그 외의 확장된 구체적 사례를 언급하거나 예상되는 반론에 대한 재반론이 있는가 등을 찾게 마련입니다. 채점자의 입맛에 맞는 글은 좋은 점수를 얻습니다.

4 문장력 및 표현력

문장이나 표현이 무난합니다. 특히 학생 자신의 생각을 간결하고 분명하게 표현한 점이 인상적입니다. 하지만 첫 문단의 마지막 부분에 '앙증맞은' 이라는 표현은 지나치게 감정을 반영한 표현이라서 객관적인 어휘를 사용하는 것이 좋을 것입니다. 좋은 글은 여러번의 퇴고와 첨삭의 과정에서 이루어진다는 점을 명심하고, 항상 자신의 글을 다듬고 고치는 습관을 가져 보세요.

5 총평

전체적으로 잘쓴 글입니다. 쉽고 명료하게 그리고 구조가 간결하게 글을 쓰는 연습을 늘 한다면 더 쉽게 더 좋은 글을 쓰게 됩니다. 서론과 결론은 본론의 내용이 잘 드러나도록 하는 역할을 합니다. 창의적 사고로 감동을 연출하는 논술문을 작성하겠다는 생각을 하면서 책을 읽고 사회 현상을 반영하여 글을 쓸 때 멋진 글이 됩니다.

시크릿 하우스

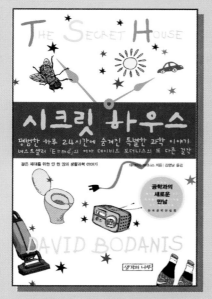

데이비드 보더니스 (김명남) | 생각의나무

관련 교육과정

고등학교 국어(하) / Ⅰ. 정보의 조직과 활용
고등학교 과학(교학사) / Ⅱ. 에너지

관련 도서

고마운 미생물, 얄미운 미생물 • 천종식 / 솔
수학으로 생각한다 • 고지마 히로유키 (박지현) / 동아시아

● 어떤 책일까?

평범한 일상생활 속의 소재와 일들을 과학의 눈으로 알기 쉽게 조명한 책이다. 주인공 남녀의 자명종 소리의 파동으로 시작되는 하루의 생활 속에 놀랍도록 많은 과학의 비밀 숨겨져 있음을 작가는 알기 쉽게 발견해 내고 설명해가고 있다. 예를 들면, 집안의 변기, 싱크대, 카펫 등에 서식하는 수십억 마리의 세균과 진드기의 세계, 립스틱의 재료로 사용되는 생선비늘, 치약 속에 숨겨진 포름알데히드, 돼지비계로 만들어진 케이크 등 우리가 쉽게 지나치기 쉬운 것들에 대한 주의 깊고 날카로운 분석을 쉬운 이야기로 전하고 있다. 또한 비누의 탄생과 프랑스 혁명, 절반만 파란 청바지의 유래, 매니큐어와 당구공의 역사 등 일상사물의 실체는 물론 탄생과정과 역사적 배경에 이르기까지 다각적으로 분석하며 고찰하고 있다.

이 책을 읽는 여러분들은 우리의 일상생활과 밀접한 관련을 가지고 있는 사물에 대한 풍부한 배경지식과 만나게 될것이다. 더불어 사물에 대해 과학적, 분석적으로 접근할 수 있는 방법을 익히는 데 좋은 경험이 될 것이다.

● 배경 지식

무엇을 바탕으로 생각해 볼까?

1. 미생물

주로 눈으로 볼 수 없는 0.1mm이하의 크기의 생물이며 주로 단일세포 혹은 균사체의 형태로 존재한다. 여기서 균사란 균류의 몸을 이루는 섬세한 실 모양의 세포를 의미하는 말이다. 주로 세균, 효모, 원생동물류가 미생물의 종류에 속한다. 이들은 주로 습기가 많은 속에서 서식하며, 제약, 식품산업 및 에너지 재활용, 환경보호 등의 분야 등 인간의 생활 전반에 활용된다.

2. 포름알데히드

화학반응식 $2CH_3OH + O_2 \rightarrow 2HCHO + 2H_2O$에서 알 수 있듯이 메틸알코올이 산화 과정을 거치면서 얻어지는 기체이다. 자극성과 독성이 강하다. 물에 잘 녹은 성질이 있으며 수용액으로 만들 경우, 포르말린이 된다. 주로 살균제, 살충제, 방부제와 같이 소독용도의 제품의 원료나 플라스틱이나 비닐과 같은 합성수지 생산의 원료로 사용된다.

3. 도플러 효과

1842년 오스트리아의 물리학자 C.J. 도플러가 발견한 현상이다. 이는 관찰자와 소리의 진원의 상대적 위치에 따라 소리의 진동수가 파장이 바뀌는 것으로 파동을 일으키는 물체와 관측자가 가까워질수록 커지고, 멀어질수록 작아지는 현상을 의미한다. 주로 발신과 수신자의 이동환경에서 적용될 수 있으며 최근 휴대폰, 휴대 인터넷, 디지털 멀티미디어 방송(DMB) 등 모바일 미디어가 등장하면서 도플러 효과에 대한 관심이 높아지고 있다.

4. 코리올리힘

지구의 자전에 의한 원심력에 의해 지구 북반구에서는 이동하거나 떨어지는 물체가 오른쪽으로 쏠리고, 남반구에서는 왼쪽으로 쏠리는 현상을 말한다. 1828년 프랑스의 G.G.코리올리가 이를 이론적으로 정리하였기 때문에 '코리올리힘'으로 명명되며, '전향력'이라고도 한다. 대표적으로 태풍의 경우 남반구에서는 시계방향으로 소용돌이가 생기고, 북반구에서는 반시계 방향으로 생겨나는 것에서 코리올리힘의 원리를 확인할 수 있다.

생각 품기

1 다음 물건들은 무엇으로 만들어졌을지 생각해 보자.

사진	떠오르는 생각
	• 밀가루 • • •
	• 불소 • • •
	• 생선 비늘 • • •

2 미생물은 우리가 눈으로 볼 수 없는 0.1mm 이하의 생물을 말한다. 여러분들이 알고 있는 미생물을 아는 대로 적어보자.

생각 깨기

1 '도플러 효과'와 '코리올리의 힘'이 무엇인지 정의해 보고 일상생활의 예를 들어 설명해 보자.

도플러 효과

• 정의 :

• 일상생활의 예 :

코리올리의 힘

• 정의 :

• 일상생활의 예 :

2 다음은 통계와 관련한 여러 가지 사회 현상이다. 맞으면 ○, 틀리면 ×로 표시해 보자.

1) 달걀 속의 노른자는 세균이 서식하기에 좋은 환경이다.　　　　　　(　　　)

2) 뜨거운 주전자 속은 백악기 석호의 환경과 비슷하다.　　　　　　　(　　　)

3) 탄생 초기부터 코카콜라는 음료수로써 판매되었다.　　　　　　　　(　　　)

4) 살모넬라 균은 몸길이가 0.25cm로 우리 눈으로 확인할 수 있다.　　(　　　)

5) 샴푸로 머리를 감으면 머리에서 양전하가 떨어져 나가 우리의 머리는 음전하를 띠게 된다.

　　　　　　　　　　　　　　　　　　　　　　　　　　　　　　(　　　)

6) 향수의 성분은 물과 알코올이 98%, 기름이 1.99%, 향수분자가 0.01%이다.　(　　　)

7) 오래된 석조 건물에서는 빠른 템포의 음악을 연주해야 효과적이다.　(　　　)

8) 우리가 목격하는 번갯불은 하늘에서 땅으로 치는 것이다.　　　　　(　　　)

9) 뜨거운 커피에 차가운 스푼을 넣으면 컵 안의 모든 것이 중간 온도를 띠는데 이는 엔트로피 현상으로 설명할 수 있다.　　　　　　　　　　　　　　　　　　　(　　　)

10) 푸른빛을 내는 전구로 밝혀진 암실 속에서 금은 까만색을 띤다.　　(　　　)

생각 기르기

1 케익은 돼지비계, 생선을 갈아 얻는 기름, 다량의 물과 설탕, 값싼 밀가루, 베이킹 소다, 유화제(GMS)로 만들어 진다. 소비자의 건강을 고려할 때, 위 재료가 지니는 문제점을 지적하고 대안을 모색해 보자.

2 여러분이 B 데오도란트 회사의 홍보담당자라 할 때, 데오도란트를 사용하는 A씨의 불만에 대하여 회사제 품을 옹호할 수 있는 근거를 제시해 보자.

 제시문

> **A씨 :** 데오도란트의 화학물질들은 레몬즙만큼이나 산성이 강하다. 겨드랑이에 살고 있던 털북숭이 둥근 세균들 은 모조리 사라진다. 털에 붙어 지내던 세균들도 서식지가 독성물질에 범벅이 되자 차례로 숨이 막혀 죽어버린다. 대부분 30분내에 죽지만 강한 녀석들은 2시간까지 버티기도 하므로 당신도 당신이 디저트를 먹을 때쯤 되면 비 로소 최후의 강인한 녀석들까지 죽어간다고 보면 맞겠다. 세균이 없으면 냄새도 없다.
>
> **B 데오도란트 설명서 :** 우리 데오도란트는 일시적으로 땀구멍을 막아 냄새 자체를 억제하는 것이 기본 원리입니 다. 그러나 화학적 작용이 아닌 물리적 작용에 가깝습니다. 쉽게 말하자면 피부에 쓰는 '우산' 과도 같지요. 잠깐 땀구멍을 막고 있다가 물에 씻겨 내려가면 원상태가 되는……. 땀구멍을 막는 동시에 수분을 건조시켜 냄새의 원 인인 박테리아 증식을 막고, 동시에 좋은 향으로 주위에 좋지 않은 향을 무마시키는 것이 우리 데오도란트 제품의 원리입니다.

생활 속의 과학 원리

1 번개가 치는 원리와 현상에 대하여 설명해 보자.

_____

_____

_____

_____

_____

_____

_____

2 번개가 치는 날에 비오는 숲에 있다고 가정할때 안전한 대처요령에 대하여 설명해 보자.

_____

_____

_____

_____

_____

_____

3 다음 상황 속에서 〈가〉의 원리를 바탕으로 〈나〉에서 남자와 여자가 인식하는 경찰차의 사이렌 소리의 차이에 대하여 설명해 보자.

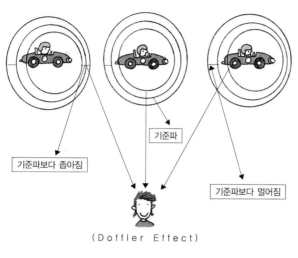

기준파보다 좁아짐

기준파

기준파보다 멀어짐

(Doffler Effect)

〈가〉

〈나〉

미생물과 인간의 삶

1 미생물이 인간에게 주는 이로운 점은 무엇인지 예를 들어 설명해 보자.

2 다음 주택의 모습과 평면도를 고려할 때, 미생물이 많이 서식하고 있으리라 판단되는 곳을 고려하여 위생 상 예상되는 문제점에 대하여 서술해 보자.

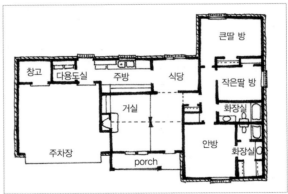

위 주택에 사는 A씨는 건축회사에 근무하고 있으며 아내는 집 근처 고등학교의 수학교사이다. 현재 고등학교 2학년과 중학교 3학년에 재학 중인 두 딸, 그리고 3년 전 태어난 막내아들과 함께 집에서 생활하고 있다. 아침 7시면 부부는 출근을 하고, 두 딸도 등교하고 막내는 인근 어린이집에 맡겨 양육하고 있다. 따라서 집은 보안상 7시 이후면 완전 밀폐가 된다. 매일 아침식사는 A씨가 저녁식사는 아내인 B씨가 준비하여 온가족이 함께하며 청소와 빨래는 주말에 한번 정도 한다. 현관에 들어서면 우선 거실이 보이는데, 긴 카펫이 깔려 있고, 식당으로 가면 1주일에 한번 버리는 음식물 쓰레기통이 한편이 놓여 있다. 주방의 식탁과 싱크대는 물기가 마를 날이 없고 화장실 역시 보통 물기가 젖은 채로 문이 닫혀져 있으므로 항상 습기가 가득하다. 큰 딸 방의 책상 위에는 먹다 만 우유와 케익 조각들이 널려 있고 둘째 딸은 샤워 후 젖은 수건을 방 한 구석에 던져두는 습관이 있다.

3 음식이 상하는 것은 미생물의 활동에 의한 경우가 많다. 음식을 변하지 않게 오래 보관할 수 있는 방법은
무엇인가?

과학은 인간과 사회문제를 해결할 수 있는가?

1 생활 속에서 숨겨진 과학 원리에 대해 구체적 사례를 3가지 이상 들어 발표해 보자.

2 현실을 과학적인 시각으로만 분석하는 것에 대해 자신의 입장을 말해 보자.

3 '과학은 인간과 사회의 문제를 해결할 수 있는가?'에 대해 자신의 견해를 근거를 들어 발표해 보자.

인간은 인공의 생태계를 만들 수 있을까?

1 다음 제시문에 나타난 '바이오스피어 2'의 실패원인을 미생물의 역할을 고려하여 생각해보고, '인간은 인공의 생태계를 만들 수 있다' 라는 주제에 대한 자신의 생각을 발표해 보자.

 제 시 문

바이오스피어 2(Biosphere 2)는 미국 애리조나 주에 있는 외부와 격리/밀폐된 인공 생태계 실험장이다. 바이오스피어라는 낱말은 생태계 또는 생태계로서의 지구를 뜻하는데, 또 하나 인공 지구(또는 인공 생태계)를 만들어 보려는 뜻에서 바이오스피어 2라는 이름이 붙었다. 바이오스피어 2의 기본 시설은 1987년부터 공사가 시작되어 1989년 공사가 완료되었다. 실제 실험은 1991년 9월 26일부터 1993년 9월 26일까지 이뤄질 예정이었으나, 실패로 끝나고 말았다.

바이오스피어 2의 모든 시설은 최대한 현재의 지구 상태와 비슷한 환경을 갖추도록 만들어졌다. 열대 우림 지역과 바다, 사막까지 조성되어 있었으며, 이 안에 8명의 사람이 들어가 외부와의 물질 교환없이 자급 자족 생활을 할 수 있도록 만들어져 있었다. 또한 바이오스피어 2 내의 생태계를 유지하기 위해서 천장 부분을 유리로 만들어 외부의 태양 광선을 받아들일 수 있도록 했다. 전체 규모는 약 1.25ha(4000평 정도)에 달했으며, 철골과 유리, 콘크리트 구조물로 이루어져 있었다. 전체적으로는 유리 온실과 같은 구조였으나 내부에는 열대우림, 사바나, 사막, 바다, 습지 등 지구상에서 볼 수 있는 다섯 가지 형태의 지역을 설치했으며 농경지와 거주지를 만들었다. 외부와는 완전히 격리되어 있었으며 물질의 교환이 벌어지지 않도록 만들어졌다. 내부에는 약 3,000종의 생물을 집어넣었으며, 우림에는 아마존에서 직접 가져온 300종의 식물이 심어졌다. 바다에 넣을 산호초를 카리브해에서 직접 가져왔으며, 다양한 종류의 척추동물도 함께 넣어졌다.

(두산백과사전)

독서논술 논제

1 이 글에서 설명하고 있는 엔트로피 법칙의 기본 원리를 서술하고, 일상생활에서 법칙에 적용될 수 있는 상황을 3가지 이상 예로 들어 논술해 보자.

2 다음 제시문을 참고하여 먼 곳에 있는 사람에게 동일한 파동에너지를 가지고 말을 효과적으로 전달할 수 있는 방법에 대하여 창의적인 생각을 논술해 보자.

제 시 문

　　소리굽쇠를 진동시키면 가까이에서는 크게 들리고 멀어질수록 점점 작게 들린다. 이는 소리의 파동이 사방으로 퍼져 나가기 때문이다. 즉, 한 곳에서 발생한 파동 에너지는 점점 넓은 구면에 도달하므로 거리가 멀어질수록 그 구면에 도달하는 단위 면적당 파동 에너지는 적어진다.

〈고등학교 과학 / 교학사 / 82쪽〉

```



```

3 다음 제시문 〈가〉에 나타난 미생물의 활동을 바탕으로 〈나〉에서 미생물을 활용한 음식물 쓰레기의 자원화 과정에 대하여 서술하고, 〈다〉의 그림과 제시문 〈라〉를 참고하여 미생물의 과학적 활용방안에 대해 논술해 보자.

제 시 문 〈 가 〉

1990년대 중반 이후부터 실험실의 김치 연구가 거듭되면서, 배추김치, 무김치, 오이김치들의 작은 시공간에서 펼쳐지는 미생물들의 '작지만 큰 생태계'도 점차 밝혀지고 있다. 20여 년째 김치를 연구해 오며 지난 해 토종 젖산균(유산균) '류코노스톡 김치 아이'를 발견해 세계 학계에서 새로운 종으로 인정받은 인하대 한흥의(61) 미생물학과 교수는 "일반 세균과 젖산균, 효모로 이어지는 김치 생태계의 순환은 우리 생태계의 축소판"이라고 말했다. 흔히 "김치 참 잘 익었다."라고 말한다. 그러나 김치 과학자라면 매콤새콤하고 시원한 김치 맛을 보면 이렇게 말할 법하다. "젖산균들이 한창 물이 올랐군." 하지만, 젖산균이 물이 오르기 전까지 갓 담근 김치에선 배추, 무, 고춧가루 등에 살던 일반 세균들이 한때나마 왕성하게 번식한다. 소금에 절인 배추, 무는 포도당 등 영양분을 주는 좋은 먹이 터전인 것이다.

"김치 초기에 일반 세균은 최대 10배까지 급속히 늘어나다가 다시 급속히 사멸해 버립니다. 제 입에 맞는 먹잇감이 줄어드는데다 자신이 만들어내는 이산화탄소가 포화 상태에 이르러 더는 살아갈 수 없는 환경이 되는 거죠." 한 교수는 이즈음 산소를 싫어하는 '혐기성' 미생물인 젖산균이 활동을 개시한다고 설명했다. 젖산균은 시큼한 젖산을 만들며 배추, 무를 서서히 김치로 무르익게 만든다. 젖산균만이 살 수 있는 환경이 되는데, "다른 미생물들이 출현하면 수십 종의 젖산균이 함께 '박테리오신'이라는 항생 물질을 뿜어내어 이를 물리친다."라고 한다.

〈고등학교 국어(하) / 63쪽〉

자료〈나〉

음식물 쓰레기 자원화 과정

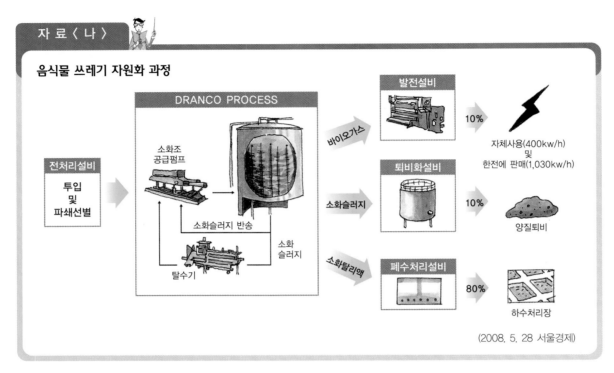

(2008. 5. 28 서울경제)

그림〈다〉

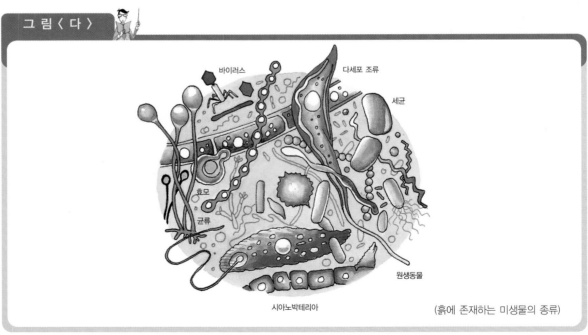

(흙에 존재하는 미생물의 종류)

　잔디밭 속 생명체들이 하는 활동은 딱 두 가지로 요약된다.

(중　략)

　그들은 빠르게 호흡하는 과정에서 황이나 질소 화합물을 녹이고 이로써 물질의 순환을 돕는다. 의도한 바는 아니고, 그들이 들이마시는 공기 중의 산소가 마침 황이나 질소에 잘 들러 붙기 때문이다. 미생물들이 숨을 몰아쉴 때마다 황이나 질소 화합물 기체가 발생해 토양을 뚫고 위로 솟아 오른다. 땅위에 거주하는 우리의 가련한 생명체들을 질식시킬 정도로 많은 양은 아니지만 말이다.

　물질의 순환을 돕는 호흡활동 말고도 잔디밭 구멍 속에 생물체들이 하는 유용한 활동이 하나 더 있다. 그들은 다른 생명체 들이 자신의 영역을 침범할 때 쓸 요량으로 모종의 방어 액체를 합성한다. 그 액체는 땅 속의 미생물 뿐만 아니라 땅 위 미생물들에게도 치명적이므로, 사람들은 그것을 원료로 삼아 항생제를 만들어 낸다. 정원에 앉아 있는 여자가 맡은 싱그러운 흙 냄새는 스트렙토미세스라는 미생물이 부산히 내보내고 있는 기체에서 나는 것이다. 병원마다 꽉꽉 쌓아두고 있는 항생제, 스트렙토마이신과 테트라시클린은 바로 이 미생물에게서 얻는다.

(시크릿 하우스 / 77~78쪽)

독서논술 논제 분석

1 1) 엔트로피의 기본원리

2) 일생생활에서 적용될 수 있는 상황

2 파동 에너지를 통한 말의 효과적 전달 방법

3 1) 〈가〉에 나타난 미생물의 활동

2) 〈나〉의 음식쓰레기의 자원화 과정

3) 〈다〉와 〈라〉를 바탕으로 미생물의 과학적 활용방안

독서논술문 개요 짜기

제 목	
주 제 문	
서 론 (문제의 상황 설명 및 문제 제기)	
본 론 (근거 들어 논증하기)	
결 론 (정리 및 주제 강조, 앞으로의 방향설정)	

더 읽을 책

1 고마운 미생물, 얄미운 미생물 (천종식 | 솔)

천종식 교수의 미생물 특강 〈고마운 미생물 얄미운 미생물〉은 바로 친절한 교수님이 바로 앞에서 자상하게 강연을 들려주듯 낯설고 어려운 미생물을 세계에 대하여 편안하게 설명해 나간다.

'미생물이 무엇이죠?', '인간과 동고동락하는 미생물', '미생물 주방장의 음식 이야기', '테러리스트 미생물과 에이리언', '변신의 귀재 에이즈 바이러스-HIV', '사스, 조류독감 그리고 광우병'의 총 여섯 단계로 구성된 이 책은 미생물에 대한 기본적인 지식부터 전문적이고 깊이 있는 지식에 이르기까지 독자가 쉽게 공부해 나갈 수 있게 구성된 책이다. 특히 실생활에서 접할 수 있는 소재와 일화 중심으로 한 설명은 눈으로 보이지 않는 미생물의 세계를 매우 친숙하게 설명해 나가고 있다. 이 한 권의 책만으로도 낯선 미생물의 세계와 사회문제에 대하여 자연스럽게 관심을 갖을 수 있을 것이다.

2 수학으로 생각한다 (고지마 히로유키 (박지현) | 동아시아)

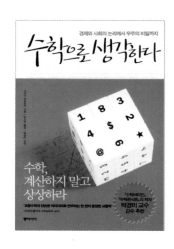

수학은 어렵고 지루하기만 한 것일까? 이 책은 많은 사람들이 수학에 대해서 생각하고 있는 이러한 고정관점을 확실히 깨게 해 준다. 저자는 수학은 기계적으로 계산하는 것이 아니라, 수학의 본질은 생각하고 상상하는 학문이라고 말한다. 수학에 두려움을 느끼고 어렵다고 느껴지는 독자는 이 책을 통해 수학의 기본을 다질 수 있다. 이 책에서 말하듯 초등수학의 단순한 아이디어만으로도 상대성 이론, 빅뱅론, 엔트로피, 경제·사회 현상을 이해할 수 있다.

특히 이 책은 물리학의 상대성 이론과 운동법칙, 도플러 효과, 엔트로피와 같은 과학적 이론 및 원리가 자연과학과 환경문제, 경제성장과 양극화 사회 등 우리의 사회에서 발생하는 여러 현상들에 어떤 영향을 미치고 어떻게 관련되었는가를 설명하고 있다.

관련 매체

1 HD 다큐 곰팡이 (MBC | 3부작 | 2005년)

시크릿하우스에 존재하고 있었던 미생물의 세계를 '발효음식'을 주제로 접근하고 있는 좋은 매체가 있다. MBC '곰팡이'는 발효음식과 미생물에 관한 주제로 구성된 3부작 다큐멘터리. 1부는 '살아있는 음식, 발효', 2부는 '발효가 사람을 살린다', 3부는 '21세기 미생물 전쟁' 등으로 우리나라는 물론 중국과 일본의 발효음식을 대상으로 미생물의 가치와 활용 가능성을 보여주고 있다. 이중 3부작 '미생물의 전쟁'에서는 중국의 잉어와 화퇴, 일본의 꽁치 나래즈시와 낫또, 한국의 장과 김치 등의 다양한 발효음식을 소개하는 한

편, 독을 제거하고 농약을 해독시키고, 중금속을 분해시키는 힘을 미생물이 담당하고 있음을 강조하고 있다.

시크릿하우스를 통해 미생물의 세계를 경험한 독자라면 관심과 흥미를 가지고 감상해 볼 수 있는 다큐멘터리로 추천한다. 또한 고등학교 1학년 국어 교과서에 실린 '김치는 살아있다'라는 기사문과 관련지어 읽어도 매우 효과적이다.

2 HD 다큐 하나뿐인 지구 – 두 얼굴의 동반자 미생물 (EBS | 6분 | 2007년)

EBS 다큐 '하나뿐인 지구'는 환경 전문 다큐멘터리로서 1993년부터 훼손되어가는 자연과 환경에 대한 경각심을 높이기 위해 보존, 보호할 가치가 있는 한국의 자연유산을 선정하여 방송해 오고 있다. 이중 2007년 3월 26일 방송된 '두 얼굴의 동반자 미생물'에서는 '인간 속의 미생물', '환경의 분해자로서의 미생물', '바다 속의 미생물', '미생물 유전체 연구' 등의 내용을 통해 미생물에 관한 다양한 정보와 사실을 종합적으로 고찰해 나가고 있다.

특히 현미경으로 관찰한 곰팡이, 박테리아, 바이러스 등의 다양한 미생물의 종류와 생태로부터 이러한 미생물

이 인간의 몸 속에 기생하며 일으키는 각종 질병들과 선진국의 미생물 연구와 미생물의 과학적, 상업적 활용 방안에 대해서 소개하고 있는 점이 인상적이다. 인간이 탄생하면서 처음 만나는 미생물로부터 높은 온도와 압력으로 생물이 살기 어려운 지역인 심해열수구 지역에 분포하는 미생물에 이르기까지 다양한 미생물의 모습을 확인할 수 있는 좋은 매체자료이다.

논제 – 이 글에서 설명하고 있는 엔트로피 법칙의 기본 원리를 서술하고, 일상생활에서 법칙에 적용될
수 있는 상황을 3가지 이상 예로 들어 논술해 보자.

〈학생글〉

일상생활 속 신기한 엔트로피 법칙

경기 은혜고등학교 정○○

누구나 한 번쯤, 뜨거운 물이 담긴 냄비나 컵의 손잡이를 무심코 잡았다가 손잡이가 그 안에 담긴 물과 같이 뜨거워 깜짝 놀란 적이 있을 것이다. 바로 이 소소한 일에도 엔트로피 법칙이 숨겨져 있다.

엔트로피 법칙이란, 복잡성이 높은 계는 복잡성이 낮은 계로 나아간다는 법칙이다. 다시 말하자면, ① 두 개의 서로 다른 복잡계가 반응하면서, 점차 그 두 복잡계가 하나로 통합되는 것이며, 다시 처음의 상태로 되돌릴 수 없음을 말한다.(→ 엔트로피 법칙은 점차 두 복잡계가 반응하여 하나로 통합되는 현상을 의미하며 일단 통합된 후에는 처음 상태로 되돌릴 수 없는 것을 의미한다.) 엔트로피는 물리계 내에서 쓰일 수 없는 에너지이자 무질서의 정도를 나타내는 개념으로, 엔트로피 법칙은 ② 즉(→ 생략), 모든 반응에서 이러한 엔트로피가 증가하는 것을 말한다.

'제레미 리프킨'의 저서 '엔트로피'에 의하면, 이와 같은 엔트로피 법칙은 열역학적 관점을 넘어, ③ 인간의 사회 발전 과정에 반영함은 물론 우주의 모든 것에 적용된다(→ 인간사회 발전과정은 물론 우주 차원의 모든 활동 등에도 적용된다.)

④ 따라서, 일상생활에서도 엔트로피 법칙이 적용되는 상황을 쉽게 찾아볼 수 있다. 뜨거운 커피 한 잔을 실온에 놓아두면, 금방 커피가 식어 다시 뜨거워지지 않는다. 뜨거운 커피를 실온에 두면, 열평형을 이루기 위해 온도가 높은 곳에서 낮은 곳으로 이동하기 때문에 결국 양쪽의 온도가 동일해진다. 이와 비슷한 예로는 따뜻한 물에 얼음을 넣으면 상대적으로 온도가 높은 물에서 온도가 낮은 얼음으로 열이 이동하기 때문에 얼음이 녹게 된다. 이미 녹은 얼음은 냉동실에 넣지 않는 한, 다시 얼지 않는다. 반대로, 온도가 낮은 얼음에서 온도가 높은 물로 열이 이동하여 얼음은 더 차갑고, 물은 더 뜨겁게 변하는 일도 없다. 또 다른 예로는 콜라를 처음 개봉하였을 때는 콜라 병 속에 탄산가스가 많지만, 개봉한 채로 실온에 두면, 상대적으로 탄산가스의 밀도가 낮은 방 안으로 탄산가스가 퍼지게 되는 경우이다. 방 안의 탄산가스가 다시 콜라에 녹아드는 일은 없다.

따라서 위의 예들은 ⑤ 두 개의 복잡계가 하나의 단일계로 변화하는 과정과 반응한 뒤에는 다시 되돌릴 수 없는 점, 또 반대로 반응하는 경우가 없는 등의 엔트로피 법칙을 쉽게 체험할 수 있음을 알 수 있다.(→ 엔트로피의 법칙이 첫째, 두 개의 복잡계가 하나의 단일계로 변화하는 과정이라는 것, 둘째, 두 복잡계의 통합 후에는 다시 원상태로 되돌릴 수 없다는 것, 셋째, 반대로 반응하는 경우가 없다는 것을 보여주는 좋은 사례이다.)

〈교사 첨삭 지도〉

1 대상 도서에 대한 이해 및 분석력

위 글의 학생은 대상 도서에서 설명하고 있는 '엔트로피' 법칙에 대하여 잘 이해하고 설명해나가고 있습니다. 학생은 엔트로피 법칙이 복잡성이 높은 계에서 복잡성이 낮은 계로 나아가는 현상이라고 말하고 있는데, 이 부분은 어려운 과학 개념을 간결하고 알기 쉽게 설명하는 학생의 글쓰기 능력이 돋보이는 부분입니다.

하지만, 대상 도서의 독서체험과 관련한 개념 정의 및 추가설명 등이 나타나 있지 않은 점이 아쉽습니다. 언제나 해당 도서의 독서체험이 독서논술의 큰 바탕을 이룬다고 생각했을 때, 독서와 논술과의 자연스러운 연계과정 속에서 서론부분이 시작되었으면 더욱 효과적이었을 것입니다. 또한 학생은 대상에 대한 정의를 바탕으로 '뜨거운 커피 한잔', '컵안의 얼음과 물', '콜라병 속의 탄산가스' 의 예를 들어 대상개념을 보다 알기 쉽게 사례중심으로 설명하고 있습니다.

2 창의적 사고력

글의 서두를 시작하는데 있어, 뜨거운 물이 담긴 냄비나 컵의 손잡이라는 일상생활의 사례를 통해 읽는 이의 관심을 집중하여 표현한 것은 바람직하며 적절하였다고 생각됩니다.

학생은 일상생활 속 엔트로피 법칙의 사례로 ㉠실온에 있는 뜨거운 커피한잔, ㉡ 따뜻한 물속의 얼음, ㉢ 콜라병 속의 탄산가스 등을 들고 있습니다. 이를 물질의 차원에서 고체, 액체, 기체로 나누어 생각한다면, ㉠은 커피(액체) + 공기(기체), ㉡은 따뜻한 물(액체) + 얼음(고체), ㉢은 콜라(액체) + 탄산가스(기체) 간의 반응으로 정리할 수 있습니다. 다면 여기서 아쉬운 점은 학생의 사례가 일상생활 속의 물질 반응 관계에 제한되었다는 점입니다. 엔트로피는 물질간의 반응 관계는 물론 과학, 기술, 사회 전반의 현상을 설명할 수 있는 이론입니다. 따라서 사고의 확장을 통해 보다 창의적인 사례를 제시하였다면 더욱 좋은 글이 되었을 것입니다.

3 문제 해결력

학생은 '제레미 러프킨' 의 책을 인용하면서 엔트로피 개념이 단순한 열역학의 관점 차원이 아닌 '인간의 사회 발전 과정은 물론 우주차원의 반응 관계에 적용된다' 라고 말하고 있습니다. 하지만, 정작 학생이 엔트로피의 예로 든 것은 물질간의 반응 차원 즉, 열역학적 관점 차원을 뛰어넘지 못하고 있습니다. 따라서 사고를 확장하여 우

6부 학생논술문과 첨삭

주나 사회 차원의 엔트로피 법칙에 관한 사례를 제시하여야 보다 설득력 있는 글이 될 것입니다.

4 문장력 및 표현력

서론에서는 '엔트로피'의 개념 설명이 백과사전 등의 외부지식에 의존한 느낌을 갖게 합니다. 예를 들면 '복잡성이 낮은 계', '물리계', '복잡계' 등의 어휘를 개념 설명에 포함하여 설명하고 있지만, 이에 대한 설명이 글을 읽는 이에게 명확하게 인지되기 어려운 느낌을 줍니다. 그 이유는 무엇일까요? 논술문에서는 전문적인 대상 및 개념을 설명할 때 전문적인 용어나 어휘를 사용한 명확한 개념 설명도 중요하지만, 자신 만의 쉬운 표현으로 바꾸어 글을 읽는 사람이 쉽고 체계적으로 이해할 수 있도록 해야 합니다. 하지만 학생의 글은 전문적인 용어를 서로 맞추어 설명하다 보니 부분적으로 매끄럽지 못한 글이 되어 버렸습니다.

①은 주어가 생략되어 불안정한 문장이 되었으므로 '엔트로피 법칙은'이라는 주어를 첨가하여야 하며, '없음'과 같은 명사형 어미 대신 '없는 것'이라고 표현하는 것이 훨씬 더 자연스러운 느낌을 줍니다. ②의 경우는 불필요한 말이므로 생략하는 것이 적절하며, ③은 의미상 '반영함'을 '반영됨'으로 수정해야 하며, '우주의 모든 것'을 '우주의 모든 활동'으로 구체화하여 서술해 주는 것이 좋습니다. ④는 학생이 엔트로피의 구체적인 예를 들고 있는 부분으로 결론에서 엔트로피 법칙의 3가지 원칙에 근거하여 사례를 보다 체계적으로 분석하여 서술해 주는 것이 좋습니다. ⑤는 결론으로써, 엔트로피 법칙의 원리를 나열한 형태의 문장으로, '-과정', '-점', '-경우' 등의 절 등이 어색하게 연결되어 있으므로, 이를 첫째, 둘째, 셋째 등의 형태로 구조화시켜 주면 보다 효과적인 표현 방법이 될 것입니다.

5 총평

학생은 어려운 개념에 대해 정의를 내리고 설명하는 것에 있어서는 재능을 소유하고 있다고 생각됩니다. 그리고 '엔트로피'라는 과학 개념과 일상생활의 사례를 연결지어 설명하는 능력도 뛰어납니다. 다만 엔트로피라는 개념을 물질반응이라는 열역학적 차원이 아닌 사회적, 우주적 차원에서의 엔트로피 개념을 인식하고 확장시켜 설명하지 못한 점이 아쉽습니다. 또한 일부 문장에서의 주어의 생략, 불필요한 명사형 어미 사용, 문장 속에서 절의 어색한 연결 등은 앞으로 보다 많은 글쓰기 연습을 통해 보완해야 할 부분이라고 생각됩니다. 앞으로 이러한 점을 해결하기 위한 노력을 꼭 하기 바랍니다.

건축 속 재미있는 과학이야기

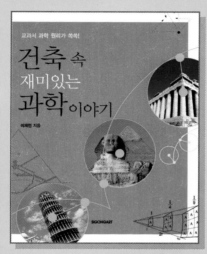

이재인 | 시공사

관련 교육과정

고등학교 가정과학(교학사) / Ⅴ. 주생활
고등학교 과학(금성출판사) / Ⅱ. 힘과 에너지
고등학교 기술가정(홍진 P&M) / Ⅳ. 건설기술의 기초

관련 도서

행복의 건축 • 알랭 드 보통 (정영목) / 이레
현대 건축과 물리학의 대화 • 김병윤 외 / 시공문화사

어떤 책일까?

〈건축 속 재미있는 과학이야기〉는 우리가 생활하는 건축 속에 숨어 있는 과학적 원리를 재미있게 풀어내었다. 건축을 쉽게 설명하고, 관련된 과학적 원리 역시 교과서에서 흔히 다루는 것들로 구성하였다. 물리, 화학, 생물, 지구과학, 건축, 인문 지식까지 폭넓게 아울렀으며 건축 속에 숨겨진 과학 원리를 끄집어내 일상 속 재미있는 일화나 과학사 이야기와 잘 아울러 소개하여 건축이라는 다소 낯설고 생소한 분야를 생활 속 이야기로 소개하고 있다. 또한 건물의 진동, 빛의 굴절 및 바람의 순환등 자연의 원리를 어떻게 건축물에 이용하였는지에 대한 설명이 잘 나타나 있다.

이 책은 도심을 가로지르는 빌딩, 바람과 바람 탑의 원리를 시작으로 유리 집과 빛의 굴절·반사, 피라미드를 통한 콘크리트와 모래 이야기, 엘리베이터와 장력, 화장실과 사이펀 원리, 건물의 흔들림과 진동, 아트리움을 통한 단열과 열의 이동 등 총 18가지의 주제로 건축속 과학 원리를 설명하였다.

배경 지식

무엇을 바탕으로 생각해 볼까?

1. 먼로효과

원인은 난기류 때문이며, 마릴린 먼로가 주연한 영화 「7년만의 외출」은 도시의 바람이 마술을 부린 장면으로 유명하다. 지하철 환기통에서 올라오는 바람으로 먼로의 스커트가 치솟자 황급히 손으로 가리는 장면이 낯익다. 대도시에서는 바람이 없는 날에도 고층빌딩 아래에서 발생하는 난기류 때문에 여성의 스커트가 갑자기 뒤집히는 일이 심심찮게 일어난다. 미국에선 이를 '먼로효과'라고 한다. 고층건물 사이의 골목이나 모퉁이에서 주로 발생하는 먼로효과는 평지 풍속의 2~3배에 달하는 강풍을 일으키기도 한다.

2. 빛의 굴절

빛이 한 매질로부터 다른 매질로 지날 때 그 경계면에서 방향을 바꾸어 꺾이는 현상이 빛의 굴절이다. 매질을 통과할 때 빛의 속도가 바뀌면서 나타난다.

3. 지내력

지반이 구조물의 압력을 견디는 정도.

4. 열의 이동

온도가 다른 물체나 온도가 같은 물체라도 부분적으로 온도차가 있을 때는, 열이 고온부에서 저온부로 흐른다. 열전달 방식으로는 열전도·대류·복사 등 3가지 형태가 있다. 열전도는 열이 물체 속에서 순차적으로 전달되어 가는 현상으로, 이때 열의 전달속도는 물체 단위길이당 온도차에 비례하지만, 물체의 재질에 따라 그 속도가 달라진다.

5. 소리

좁은 뜻으로는 사람의 청각기관을 자극하여 청각을 일으키는 주파수 대역을 갖는 파동을 말한다. 음파는 진행방향과 진동방향이 일치하는 종파로 진행방향을 따라 매질이 밀(密)한 부분과 소(疏)한 부분이 교대로 나타나서 소밀파라고도 한다.

6. 온실효과

대기가 온실의 유리와 같은 기능을 가져서 온실효과라는 이름이 붙었다. 하지만 온실의 정확한 원리는, 땅이 태양빛을 흡수해서 온도가 상승한 후 그렇게 해서 데워진 공기가 확산되는 것을 유리가 막음으로써 온실 내부 온도가 상승하는 데에 있다. 때문에 복사에너지 흡수가 원인인 대기의 온실효과와는 차이가 있다. 단 열에너지 자체가 외부로 확산되지 않아서 온도가 상승한다는 점에서 결과는 마찬가지다. 온실효과는 지구온난화의 주된 원인으로 알려져 있으며 금성의 온도가 470도에 달하는 것도 금성 대기 중의 이산화탄소에 의한 온실효과 때문으로 추정된다.

7. 지구의 대륙판

지구의 바깥 부분은 여러 개의 판상의 딱딱한 껍질로 둘러싸여 있으며, 이들은 상대적으로 서서히 이동해가고 있다. 이동하는 판상의 딱딱한 껍질들을 판이라고 하며, 판은 지각과 맨틀의 최상부층을 포함하는 약 100km의 두께를 가진 암석 덩어리이다. 이 중, 대륙 지각을 포함하는 판을 대륙판이라고 하며, 해양지각을 포함하는 판을 해양판이라고 한다.

8. 장력

물체에 연결된 줄을 팽팽하게 잡아당기면 줄은 물체에서 멀어지려는 방향으로 줄을 따라 물체를 잡아당긴다. 이때 줄이 팽팽히 당겨진 긴장상태에 있기 때문에 이러한 힘을 장력이라고 한다. 줄에 걸린 장력은 물체에 작용하는 힘의 크기와 같다.

생각 품기

1 다음의 사진을 보고 연관되는 생각을 정리해 보자.

사진	떠오르는 생각
	• 한옥(기와집) • • •
	• 물결파 • • •
	• 사막 • • •

2 건축물은 우리 주변에서 흔히 볼 수 있는 것이다. 이 책을 읽고 새롭게 알게 된 건축물의 구조에 대해서 발표해 보자.

생각 깨기

1 아트리움이 따뜻한 이유는 어떠한 원리인지 설명하고, 그 원리가 적용되는 예에 대해서 설명해 보자.

2 아래는 건축물의 요소를 나타낸 것이다. 건축물에 사용된 과학적 원리를 써 보자.

1) 건물의 내부와 외부 공기 사이의 온도차에 따른 밀도차, 부력차로 나타나는 자연환기

(   )

2) 유리집의 프라이버시 한계극복   (   )

3) 모래 위에 건물을 지을 수 없는 이유   (   )

4) 대기압과 용기내의 압력차를 이용하여 높은 곳의 액체를 낮은 곳으로 이동   (   )

5) 건물벽의 백화현상   (   )

6) 건물에 익스펜션 조인트 설치   (   )

7) 지붕의 처마선, 스키점프대, 자전거 경륜장이 곡선   (   )

3 우리 주변의 문들을 살펴보고, 이 문들의 방향에는 어떠한 이유가 숨어 있는지 설명해 보자.

생각 기르기

1 건축물을 지을 때 안전성을 위하여 신경을 써야 할 부분은 어떠한 것이라 생각하는지 말해 보자.

_____

_____

2 다음은 아파트의 일부인 발코니 확장전후에 대한 그림이다. 건축물에서 발코니의 역할에 대하여 생각해 보고 발코니 확장시 장점과 단점을 말해 보자.

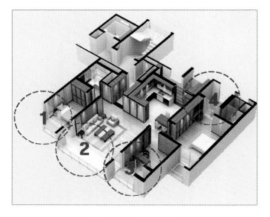

〈발코니 확장 전〉

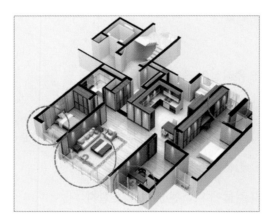

〈발코니 확장 후〉

_____

_____

_____

_____

건축 속의 과학 원리

1 물 밖에서 물속에 있는 고기를 막대창으로 잡으려고 할 때 어떤 현상을 고려해야 하는지 설명해 보자.

2 다음 그림은 예술의 전당 내부 사진이다. 음악당 내부를 지을 때 건축가들이 가장 신경쓴 부분은 어느 곳 인지 설명해 보자. 만약 벽면이 모두 매끈한 판으로 이루어졌을 때 어떤 문제점이 생길지도 예측해 보자.

건축과 인간

1 다음은 스페인의 유명한 건축가 안토니오 가우디(1852~1926)의 건축물이다. 건축물의 사진을 보고 이 건축가가 가장 중점을 둔 부분에 대해서 설명해 보자.

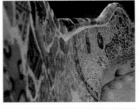

2 다음 그림은 우리나라 주변의 지각구조와 지진의 연관성을 나타낸 그림이다. 이 그림을 보고 건축물을 지을 때 어떠한 장치를 설치하는 것이 좋을지 자신의 의견을 말해 보자.

건축 속의 인간의 생활

1 다음의 주방형태의 변화내용이다. 주방형태의 변화를 보고 가족의 삶의 변화가 어떻게 진행되어졌을지 예측해 보자.

고대 수렵 시대	동굴내부중심 주거 및 취사
1970년대 이전	전통적인 주거형태인 한옥, 온돌난방 중심인 주거문화, 주방과 안방이 연결 부두막을 중심으로 한 부엌 실내와 별도로 분리된 주방에서 음식을 만드는 기능만 가짐 조리의 기능적인 면과 함께 집안의 난방을 책임지는 공간
1970년대	아파트 보급으로 핵가족시대 확산, 주택공급도 활발히 이루어짐 거실이 주거공간의 중심이 됨 입식 부엌 도입, 공적 공간포함, 조리와 난방이 분리
1980년대	대규모 아파트 단지의 개발, 다세대연립주택의 공급 확산 생활수준의 향상으로 인한 실내·외부 공간의 기능성과 마감자재 등이 개선 주방에 미적인 부여, 주방동선에 중점을 두어 보다 기능적인 공간이 됨 가전기기보급
1990년대	초고층 아파트와 신도시 개발로 주거문화가 새롭게 대두 주방의 역할이 가족 중심이 됨 공간이 보다 디자인적이고 소비자 라이프스타일 추구 시스템키친의 등장 (다양한 가전기기를 부엌가구에 접목(빌트인))다기능적 공간이됨
2000년대~ 현대 주방가구	주상복합과 고급아파트의 등장, 인간중심의 주거문화, 네트워크 발달로 과학적인 시스템 키친의 확립, 다양한 시스템과 결합 새로운 방식의 조리와 음식준비, 식사방법의 다양화

2 과학이 발달함에 따라 예상되는 건축물의 내부와 외부의 변화에 대하여 발표해 보자.

3 서울의 종로 한가운데 외국인을 위한 관광의 명소를 짓는다면, 외부의 예술적인 면과 실용적인 면 둘 중에 어느쪽에 중점을 둘 것인지 발표해 보자.

4부 생각펼치기

독서논술 논제

1 '유함은 단단함보다 더 강하다' 라는 말에 대해 자신의 의견과 자신의 삶에 시사하는 바에 대하여 논술해 보자.

2 다음 건축물의 공통점을 말해보고 이것이 현대 건축 분야에 시사하는 바를 한 가지 찾아 논술해 보자.

> • 피라미드   • 판축   • 피사의 탑

3 다음 그림 〈가〉,〈나〉와 제시문 〈다〉를 분석하여 미래 건축의 발전방향에 대해서 논술해 보자.

그림〈 가 〉, 〈 나 〉

〈가〉두바이 수중호텔 (하이드로 폴리스)

〈나〉천연원목 인테리어

제 시 문 〈 다 〉

현대에 각광받는 유리집 역사의 선두에는 독일의 근대 건축가 미스 반 데어 로에가 있다. 그는 판스워스 주택을 지을 때 자연과 나 사이의 경계였던 건물을 투명하게 하여 내부 공간의 확장 및 자연과의 하나됨을 강조하며 유리의 시대를 연 장본인이다. 그러나 지금 그의 유리집은 집이 아니라 전시물일 따름이다. 어째서 이집은 사람을 몰아낸 채 박물관적 가치만을 자랑하고 있는 것일까?

(중　략)

유리가 주는 투명함만은 여전히 떨칠 수 없는 유혹인 모양이다. 그들은 마음속으로 '유리로써 프라이버시만 얻어낼 수 있다면 이보다 더 좋은 재료는 없을 텐데…' 라고 중얼거릴지도 모른다. 이러한 모순에 해답을 제시한 것이 바로 반사(거울)와 굴절(유리)이다. 즉 내부가 광학적 렌즈 상태인 유리를 만들어 안에서는 밖이 투명하게 보이고, 밖에서는 거울 상태로 빛을 반사해 프라이버시를 지킬 수 있는 양면성 재료가 탄생한 것이다. 이로써 유리는 현대에서 가장 각광받는 건축 재료로 새롭게 주목받기 시작했다.

(건축 속 재미있는 과학이야기 / 34~36쪽)

독서논술 논제 분석

1 1) 유함이 단단함을 이기는 예

2) 자신의 생활에 시사하는 점

2 1) 피라미드, 판축, 피사의 탑의 공통점

2) 현대 건축 분야에 시사점

3 1) 〈가〉에서 찾을 수 있는 미래 건축의 방향

2) 〈나〉에서 찾을 수 있는 미래 건축의 방향

3) 제시문 〈다〉에서 찾을 수 있는 미래 건축의 방향

독서논술문 개요 짜기

제 목	
주 제 문	
서 론 (문제의 상황 설명 및 문제 제기)	
본 론 (근거 들어 논증하기)	
결 론 (정리 및 주제 강조, 앞으로의 방향설정)	

더 읽을거리

1 행복의 건축 (알랭 드 보통 (정영목) | 이레)

　어떤 공간과 어떤 희망이 일치했을 때, 우리는 그곳을 '집'이라 부르게 되며 건축은 행복의 가능성을 전한다. 우리가 매일 마주치는 사람들처럼, 건축 또한 우리를 행복하게 만들거나 불행에 잠기게 할 수 있다. 저자는 건축물을, 인간이 보다 균형 잡히고 행복한 삶을 살아가는 데 필요한 밑그림을 그리는 도구로써 분석했으며, 아름다운 건물에서 이상적인 삶, 현재의 삶에서 결여된 모든 요소들이 가득 채워진 삶의 영감을 발견할 수 있다고 하였다. 저자는 우리가 이상적으로 되고자 하는 모습을 생생하게 그려 보여주는 것이 바로 건축의 할 일이라고 말한다. 테라스가 딸린 소박한 집에서 세계의 유명 건축물에 이르기까지 다양한 건축물을 조명하면서, 건축이 어떻게 행복의 가능성을 증진시키는지, 더 나아가 개인주택과 공공건물(안드레아 팔라디오의 건물에서부터 르 코르뷔지에, 노먼 포스터의 건물에 이르기까지)이 인간의 감정에 어떻게 영향을 끼쳤는지를 탐구한다. 건축의 철학과 심리학을 아우르는 이 책은 집, 거리, 우리 자신에 관한 생각을 다시 한번 해보게 해준다.

2 현대 건축과 물리학의 대화 (김병윤 외 | 시공문화사)

　이책은 현대 우주물리학의 인식의 변화에 근거하여 현대건축의 새로운 상황을 살펴보는 것이 주요 목적이다. 특히 물리학에서 다루어왔던 절대적이고 균질한 단일이론의 타당성이 의문시되고 통일된 이론의 존재적 타당성이 사라지게 된 이후, 새로이 등장한 시·공간의 개념은 물리학에서 뿐 아니라 예술전반에 걸쳐 막대한 영향력을 미쳤다. 예를 들어 근대건축의 경우, 1920년대까지는 "균질공간(homogeneous space)"의 시대였다. 그 결과 데카르트 이후 뉴턴 물리학과 같이, 건축에서 상징과 의미를 생성했던 장식이 급격히 퇴조했고, 특정한 장소, 특정한 목적, 특정한 사람들에 대해 직접적인 의미를 지니지 않는 보편적이고 균질한 건축개념이 나타나게 되었다. 그러나 1970~80년대에 걸쳐 건축을 필두로 소위 포스트 모더니즘이 출현한다. 균질한 공간을 포함한 장소의 개념이 부활되었고, 소위 지역성의 개념이 나타난 것이다. 그 결과 특정의 공간, 그 장소 고유의 역사성이 강조되었다.

　이때부터 건축가는 그 장소에 있어서 특정한 공간을 창조해야 한다는 도식이 현재까지 이어지고 있다. 물리학의 시각에서 현재 다양화되고 있는 건축의 이론과 실천을 가늠할 수 있는 단서를 제공하고 있으며, 현대물리학의 쟁점과 최근의 이론을 통해 복잡한 현대건축의 정체성을 가늠하고, 현대건축의 새로운 모색을 위한 하나의 도구로서 다루고 있다. 이러한 고찰은 현대건축의 복잡한 국면을 다양하게 이해할 수 있는 하나의 시금석으로서 의의를 갖는다고 할 수 있다.

관련 매체

1 한국의 고가(古家) (다큐멘터리 | KBS1 | 2008년)

　옛 집들의 모양과 구조에는 선현들의 생활과 사상이 고스란히 녹아있다. 사람과 자연이 하나 되며 소유하지 않고 바라보는 조상의 지혜를 우리 옛집을 통해서 알아볼 수 있다. 우리의 선조들은 물, 주변 환경과 지리 나아가 인심까지 두루 살피며 집을 지었다고 하여 안동의 하회마을, 고려시대에 지어진 우리나라의 가장 오래된 살림집인 맹사성고택, 충남 외암리 민속마을, 서울에서 가장 오래된 윤보선가까지 고가의 구조를 하늘에서 바라보는 영상을 담았다.

　또한 고가는 우리의 음식의 맛을 제대로 나타낼 수 있는 구조로 되어 있다. 부뚜막의 온도에 의해서 천연식초가 익어가는 것이나 옹기에 담겨진 김장김치등 우리의 음식문화를 제대로 맛볼 수 있는 고가가 매우 친숙하게 다가온다. 작은 창문 하나도 바람의 이동 경로에 따라 만들어져 한여름 더위를 날려버리고 맑은 공기가 항상 순환할 수 있도록 고려한 집의 구조나 태양의 위치를 고려해 자연적으로 온도조절을 한 처마의 길이 및 온돌문화등을 통해 집을 지을 때의 자연의 이치를 잘 이용한 선조들의 지혜를 엿볼 수 있다. 편안한 생활을 영위하기 위해 현대적인 주거공간에 적응하게 되었지만, 한옥의 복잡한 집 구조, 심한 외풍, 분리된 구조등 한옥 생활의 불편한 점을 개선한 집을 통해 전통구조인 한옥을 보급할 수 있는 방안에 대해서 생각해 본다.

2 The Lake House (영화 | 미국 | 98분 | 2006년)

　한국영화 '시월애'를 리메이크하여 산드라블록, 키아누 리브스가 주연하여 잘 알려진 영화이다. 영화의 스토리 외에 건축물이 주인공에게 주는 의미와 그 구조에 대해서도 면밀히 살펴 볼 수 있는 영화이다.

　이 영화의 제목이기도 한 '레이크 하우스'는 넓은 유리창으로 환한 햇살과 호수의 물빛을 반사하는 아름다운 집으로 주변의 환경과 유기적으로 연결돼 있다. 즉 건축환경을 하나의 작은 생태계로 생각하고 자연생태계에 해를 주지 않고 유기적으로 조화시키려는 생태건축의 개념이 들어 있다. 건축이 환경파괴의 주범이 되고 있는 것에 대한 자성에서 비롯된 것으로 에너지·자원의 수요를 최소화 한 태양에너지 등 자연조건을 이용해 실내기후를 조절 한다. 대지 주변에 다양한 동·식물의 서식 등 건물을 주위경관과 어우러지게 배치해 건강한 주생활과 업무가 가능하게 해야하는 생태건축의 원칙을 살펴보면서 영화의 또 다른 묘미를 느낄 수 있다.

논제 – '유함은 단단함보다 더 강하다'라는 말에 대한 자신의 의견과 이 말이 자신의 삶에 있어 시사하는
　　　바에 대하여 논술해 보자.

〈학생글〉

유함은 단단함을 이긴다

경기 부천상동고등학교 전○○

　펜싱 국가대표 남현희 선수가 베이징 올림픽 결승전에 진출했다. 단단한 금속으로 만들어졌으나 너무나 유연
하게 잘 휘어지는 펜싱. 펜싱만 보더라도 단단함과 유함은 언제나 공존한다. 그렇다면 그 중 무엇이 더 강할까?
① 나는 유함이 단단함보다 더 강하다고 생각한다.

　첫째로 유한 것은 어떠한 형태로도 변할 수 있으나, 단단한 것은 부서지거나 깨져 버린다. 우리가 가장 많이 듣
는 이야기가 이 주장을 뒷받침해 준다. 바로 곧고 단단한 나무는 비바람에 꺾이나 유한 갈대는 비바람에 잠시 누
울 뿐이라는 이야기다. ② 비바람이 치면 단단한 나무는 버틴다. 그렇기 때문에 결국 더 강한 비바람에 꺾여버린
다. 반면 유한 갈대는 비바람이 치는 방향으로 흔들린다. 같은 방향으로 흔들리기에 꺾이지 않고 다시 일어서는
것이다.

　둘째로 유함은 현재 우리가 살아가는 건물이 고층이 되더라도 무너지지 않게 지탱해준다. 세계에서 가장 높은
건물인 타이페이101에는 커다란 추가 있어 건물이 사람들이 느끼지 못할 정도로 작게 흔들리게 도와준다. 건물이
흔들리는 이유는 바람 때문이다. 고층건물의 위쪽 부분의 바람은 1층의 바람과 비교도 안 될 정도로 강하다. 만약
건물이 조금도 흔들리지 않고 단단하게 고정되어 있다면 거센 바람에 윗부분이 부러져서 무너져 내릴 것이다.

　셋째로 유한 것은 단단한 것보다 많은 것을 포용할 수 있다. ③ 유함과 단단함을 사람의 성격에 빗대어 본다면
유함이 많은 것을 포용할 수 있음을 쉽게 이해할 수 있다. 성격이 곧고 흔들림 없이 단단한 사람을 보자. 만약 이
사람이 누군가와 적대적인 관계가 된다면 그 두 사람은 그 관계 그대로 지내게 될 것이다. 왜냐하면 성격이 곧고
단단한 사람이 ④ 상대방에서 자신이 잘못했다는 태도를 보이기 전까지는 옳지 않기 때문에 마주해서는 안 된다
는 생각을 하게 되기 때문이다. 반면에 성격이 유한 사람은 적대적인 관계를 친한 관계로 바꿀 수 있다. 그 이유는
상대방의 마음과 생각을 이해하고 포용하기 때문이다.

　단단한 것은 강하다. 하지만 단단함의 성질 때문에 쉽게 부러지고, 깨진다. 반면에 유함은 약하다. 그러나 어떠
한 상황이 오더라도 그 성질 덕분에 각각 상황에 자신을 변화할 수 있다. 또한 ⑤ 유함은 다른 많은 것들을 이해하
고 포용할 수 있다. 그렇기 때문에 겉보기에는 단단함이 강해보이지만 실질적으로는 ⑥ 유함이 단단함까지 포용
하며 단단함보다 더 강하다.

〈교사 첨삭 지도〉

1 대상 도서에 대한 이해 및 분석력

위 글의 학생은 부드러움과 단단함에 대하여 세 가지 근거를 들어 설명하고 있습니다. 곧고 단단한 나무와 부드러운 갈대, 타이페이101건물의 흔들림, 성격이 부드러운 사람과 단단한 사람의 생활 유연성을 예로 들었지요. 부드러움과 단단함에 대한 학생의 예는 비교적 적절하였으나 타이페이 101을 제외하면 전체적으로 대상도서와의 연계성이 떨어지는 점이 아쉽습니다.

건축물 안에서 부드러움과 단단함의 개념이 어떻게 표현되고 어떠한 역할을 하는지에 대한 내용을 좀더 활용하였다면 좋은 독서논술이 되었을 것입니다.

2 창의적 사고력

현재 진행되고 있는 올림픽 경기 중 펜싱의 휘어짐과 금속의 단단함을 모두 가지고 있는 펜싱을 예로 들어 일상생활에서 두 가지 성질이 나타나는 물건의 선택이 신선하였습니다. 하지만 펜싱칼은 두 가지 성질이 모두 나타나지만 그 현상을 전체 대상으로 일반화하였다는 면은 아쉽습니다.

학생은 부드러운 것과 단단한 것의 성질을 일반적으로 많이 표현하는 문구를 사용하여 표현하여 글을 읽는 이의 이해를 도운 것은 좋았습니다. 대상 도서에 건축물을 구조나 건축 자재에 대한 내용을 응용하여 예로 들었다면 좀 더 새로운 글이 되었을 것입니다.

3 문제 해결력

학생은 부드러움과 단단함에 대한 세 가지 예를 들었는데 마지막 예는 논술 주제에 들어 있는 내용이었습니다. 세 가지 예를 적절히 들고 마지막에 생활에 대한 시사점을 따로 표현하였다면 논술 주제에 제대로 접근했다고 말할 수 있었겠네요. 첫 번째 예인 곧고 단단한 나무와 유한 갈대는 움직이지 않음으로써 바람에 대한 저항과 마찰력이 좀더 커져서 비바람에 꺾여버린다라는 부분은 구체적인 설명이 부족합니다. 근거와 이유를 명확하게 제시하여 자신이 전하고자 하는 내용을 좀 더 확실하게 표현해야 합니다.

4 문장력 및 표현력

서론 ①에서 본인의 결론을 내고 글을 시작하였습니다. 하지만 본인의 결론이 내는 부분에 있어 어색한 느낌이 들게 합니다. 왜 그럴까요? 섣부른 결론에 도달하지 않았나 싶습니다. 문장의 전체적인 측면에서 볼 때 서론에서 문제 제기를 하고 근거와 예를 들어 결론 부분에서 자신의 선택과 주장에 대해서 표현하거나 펜싱의 부드러움과 단단함에 대한 부연 설명이 있었다면 매끄러운 글이 되었겠지요? ②에서는 버티기 때문에 나무가 쓰러지는 것은 아닐 것입니다. 버티면 외부의 저항을 더 많이 받게 되고 그로 인하여 부러지게 되고 부드러운 것은 외부저항에 유연성을 가져서 자신의 본모습을 지킬 수 있다는 것으로 유도하면 문장의 논리성을 좀 더 증가시킬 수 있었을 것입니다. 3번째 예에서 '부드러운 것은 많은 것을 포용할 수 있다' 는 말이 중복되어 사용되었습니다. ③번 문장을 중복된 언어를 빼고, '사람의 성격에 빗대어 본다면' 이라는 식으로 표현하는 것이 좋습니다. 문장을 자주 반복한다면 글의 흐름을 방해할 뿐 아니라 논리성을 떨어뜨리는 결과를 낳게 되기 때문입니다. ④에서는 상대방에서가 아니라 상대방에게로 수정하는 것이 좋겠습니다.

마지막 문단에서는 단단함과 부드러움을 성질을 대비시켰습니다. ⑤유함은 유한 성격으로 고쳐야 정확한 표현입니다.

⑥번은 '유함이 단단함까지 포용하며 단단함보다 더 강하다.' 라고 표현하였는데 두 문장은 원인과 결과로 구성되어야 하는 문장입니다. 하지만 '~며' 로 두 관계를 같은 개념으로 연결시켜주고 있습니다. '유함이 단단함까지 포용하기 때문에 단단함보다 더 강하다라고 말할 수 있다.' 라고 표현해 보는 것이 어떨까요?

5 총평

학생은 전체적으로 문장을 알기 쉽게 써 나가는 능력이 있습니다. 글 전체적으로 읽는 사람으로 하여금 편안한 느낌을 줍니다. 사물을 명확하게 관찰하는 능력도 있어 연습을 통하여 적절히 잘 활용해 나가는 것을 키우면 창의적인 글을 쓰는데 도움이 될 것 같습니다. 문장을 구성하고 내용을 이끌어나가는데 무리가 없어 아마 평소에 많은 글쓰기 연습이 되어 있는 학생이 아닐까 생각되네요. 하지만 논제를 명확하게 인지하고 근거와 생활속에 시사하는 점에 대해서 나누어 글을 전개하였다면 보다 설득력이 있는 글이 되었을 것입니다. 문장의 앞뒤의 논리적인 구조에 좀더 신경써서 무리한 일반화나 결론을 내기 보다는 부연설명에 구체적인 이유와 근거를 들어 설득력 있는 글을 만들어야 겠습니다.

자연친화적인 한국의 정자 식영정

　전라남도 담양의 식영정은 전라남도 기념물 제1호이다. 식영정은 조선 명종때 김성원이 그의 장인 임억령을 위해 지은 정자로 송강(松江) 정철이 성산별곡, 식영정 20영 등 한시와 가사 및 단가 등을 남겨 유명한 곳이기도 하다. 주변에 광주의 무등산과 광주호 등이 있어 천혜의 자연환경을 지니고 있으며, 주변에 소나무, 배롱나무 등 숲이 우거져 있어 자연친화적인 건축물의 특징을 보여주고 있다. 다음은 식영정이 지어진 연유가 전하는 '식영정기' 다.

▼ 息影亭(식영정)

식영정기(息影亭記)

金君剛叔吾友也 乃於蒼溪之上 寒松之下 得一麓 構小亭
柱其隅 空其中 苫以白茅 翼以凉簟

김군 강숙은 나의 벗이다. 푸른 시내 위 시원한 소나무 아래의 한 기슭을 얻어 정자를 지었는데, 모퉁이마다 기둥을 세우고 가운데는 텅 비었으며, 흰 띠로 덮고 대나무자리로 둘렀으며

望之如羽盖畵舫 以爲吾休息之所 請名於先生 先生曰
汝聞莊氏之言乎 周之言曰 昔有畏影者

바라보면 그림으로 장식한 배 위에 새가 날개를 펴고 앉아있는 모양이다. 내가 휴식할 곳으로 정하고 선생에게 정자의 이름을 청하니, 선생이 말하기를 "그대 장주의 말을 들었는가. 周가 말하기를 옛날에 그림자를 무서워한 사람이 있었다. "

走日下 其走愈急 而影終不息 及就樹陰下 影忽不見 夫影之爲物 一隨人形 人俯則俯 人仰則仰
낮에 달려가는데 아무리 빨리 달려도 그림자도 쉬지 않고 따라오다가 나무 그늘에 이르러서야 문득 보이지 않았다. 무릇 그림자는 사람을 따라다니므로 사람이 엎드리면 그림자도 엎드리고, 사람이 쳐다보면

其他往來行止 唯形之爲 然陰與夜則無 火與晝則生 人之處世 亦此類也 古語有之曰 夢幻泡影
그림자도 쳐다보며 그 밖에도 가면 가고 쉬면 쉬는 것이 오직 물체를 따르므로 그늘에서나 밤에는 없어지고 불빛에서나 낮에는 생기게 되니 사람의 처세도 이와 같은 것이다. 옛 말대로 꿈과 그림자는 물거품과 같은 것이다.

한국의 정체성

탁석산 | 책세상

　　과연 한국적인 것은 존재하는가? 한국적인 것이 있다면 어떻게 판단할 수 있는가? 라는 물음을, 오늘날 세계화 시대에 맞닿아 있는 우리 현실에 대한 본질적인 질문을 던지는 책이다.

　　한국의 정체성에 관한 탐구서로서 한국적인 것이 무엇인가에 대한 고찰을 정체성의 성격, 세계 속 한국의 보편성과 특수성은 무엇인지, 또한 그것들의 판단 기준은 무엇인지 등 모두 세 개의 장으로 구성하였다.

　　한국의 정체성은 세계적이라고 생각되는 속성을 우리의 것에서 찾아내어 특화하는 것이다. 다시 말해서 한국적인 것의 세계화가 아니라 세계적인 보편성을 알아내어 역으로 그것을 한국적인 것에서 찾는 것이다. 한국적인 것이 세계적인 것이라고 말할 것이 아니라 한국적인 것에 숨어있는 세계적인 것을 찾는 것이 현실적으로 성공 가능성이 더 높다는 점을 우리에게 제시하고 있다.

배경 지식

무엇을 바탕으로 생각해 볼까?

1. 세계화

　　세계화 또는 전 지구화(영어 : globalization 또는 globalisation)는 그동안 달랐던 사회가 전세계적으로 서로 밀접한 관계를 갖게 되는 과정을 이른다. 이 과정은 경제적, 과학기술적, 사회문화적, 정치 권력과 맞물려 있다. 문명과 사회는 교류하고 충돌하면서 이익과 손해를 보기도 한다. 강대국 중심의 재편이라는 비판도 있다. 세계화는 강대국 중심의 세계 질서의 재편이다. 이미 정치적, 경제적 권력을 지닌 강대국들이 구조적으로 취약한 제3세계를 비롯한 타 국가들과 장벽을 허물고 시장을 확대한다. 이는 결국 제3세계의 구조적 취약성을 더욱 더 강화한다.

(위키백과)

2. 문명 다원주의의 세계화의 두 얼굴

　　〈다문명 세계체제〉라는 나의 논제는 다음과 같이 분석될 수 있다.

1) 문명들은 고유한 특성을 갖고 있으면서 나름대로 완결된 세계들이다.

2) 문명들은 상호 유기적으로 연결되면서 하나의 세계체제를 구축한다.

이 두 주장은 상호 모순되는 것같이 보이기도 한다. 그렇지만 완결의 의미를 다소 다양하게 허용한다면, 이 두 주장이 양립 불가능하지는 않을 것이다. 예컨대 하나의 완결된 건물 a와 또 하나의 완결된 건물 b를 연결하여 새로운 제3의 건물 c를 만들 수도 있을 것이다. 이런 논의를 바탕으로 하여 나는 이제 서론에서 제기했던 물음들에 답하고자 한다.

세계화는 경제적 영역에 국한된 현상이 아니라 모든 영역에 걸쳐 전면적으로 진행되고 있다. 이것은 싫든 좋든 부인할 수 없는 현실이다. 그렇지만 세계화가 곧 바로 모든 영역의 보편화를 의미하지는 않는다. 그러므로 세계화의 목표는 하나의 보편문명의 탄생이라기보다는 여러 문명들이 함께 형성하는 하나의 세계체제라고 해야한다. 이때 각 문명들이 갖는 합리성의 영역은 보편화의 길로 치달을 것이고, 비합리성의 영역은 자신의 개성을 더욱 공고히 하려할 것이다. 이것은 울리히 벡이 말한 세계화의 이중적인 측면이나, 로버트슨이 세계화와 지역화를 합성해서 제시한 세계지역화(glocalisation)의 개념과도 유사하다고 할 수 있다.

왜 세계화는 보편화의 측면만으로 규정될 수는 없는가? 특수화는 어떤 이유에서 추구될 수밖에 없는가? 여기에는 다음과 같은 이유가 있을 것으로 생각된다.

첫째로, 우리의 정체성이 비합리성의 영역에 뿌리박고 있기 때문이다. 주체적인 삶을 위해 우리는 우리의 정체성을 확인해야 한다. 그런데 그것은 합리성의 영역만으로는 불가능하고, 반드시 비합리성의 영역과 결합해야 한다. 그러므로 특수화의 길은 불가피하다. 둘째로, 적응의 기제도 부분적으로는 비합리성의 영역에 기초하고 있다. 환경에 대한 적응의 기제가 정교하게 다듬어지고 작동하기 위해서는 합리적인 측면뿐만 아니라 비합리적인 측면도 필요하다. 뿐만 아니라, 수백년 혹은 수천년 동안 정교하게 다듬어진 적응기제를 함부로 뜯어고치는 것은 위험한 생존전략이 될 것이다. 셋째로, 경쟁력을 갖기 위해서도 특수화의 길은 요구된다. 획일화는 어떤 국면에서는 효율성을 높일 수 있지만, 몰개성적으로 만들어 상품의 경쟁력을 떨어뜨리고 말 것이다. 세계시장에서 모두가 자신의 고유한 문화에 바탕을 둔 독특한 상품으로 승부를 거는 것은 특수화의 길만이 살아남을 수 있는 경쟁력있는 길로 보기 때문일 것이다.

물론 문명의 내용 중 합리성의 영역과 비합리성의 영역을 나누는 경계선이 고정되어 있다고 보기는 어려울 것이다. 그것은 문명에 따라, 아니면 한 문명의 성숙단계에 따라 다를 수 있을 것이다. 혹은 지성의 역할이 상대적으로 증대함에 따라 합리성의 영역은 넓어지고 비합리성의 영역은 줄어든다고 할 수도 있을 것이다.

(문명 다원주의에서 본 세계화 / 이한구 / 성균관대 철학과 교수)

생각 품기

1 근대화가 되면서 사라져 간 또는 사라지는 우리의 놀이문화가 있다면 무엇인지 설명하고 여러분이 조사한 사라진 전통놀이문화를 간단히 소개해 보자.

사진	떠오르는 생각
	• • • •
	• • • •

2 '자문화 중심주의'와 '문화적 상대주의'의 특성과 장단점을 다음 표 안에 적어 보자.

	자문화 중심주의	문화적 상대주의
특징		
장점		
단점		

생각 깨기

1   대상 도서에서 정체성 판단의 기준으로 제시한 것을 찾아 설명해 보자.

2   정체성을 판단할 때 걸림돌로 작용하는 것들을 정리하여 보자.

3   한국의 정체성을 찾기 위해서는 한국적이면서 미국적인 것을 찾으라는 주문으로 재해석해야 한다. 우리가 찾아야 할 두 가지는 무엇인가? 그리고 그것을 다르게 표현하면 어떻다고 보아야 하는가?

생각 기르기

1 한국을 대표하는 우리의 전통 문화를 찾아보고, 세계화 속에서 어떻게 설명하여 알릴 것인가를 생각해 보자.

2 '한국의 정체성'에서 단절을 메우고 현재성을 지킬 수 있는 두 가지 대안을 설명해 보고, 우리의 정체성 확립을 위해 노력한 사례들을 찾아 적용해 보자.

3 '한국의 정체성'을 보존하자는 주장이 지니는 문제점을 밝히고 나아갈 방향을 제시해 보자.

한국에 한국인이 없다

1 필자는 왜 한국에는 한국인이 없다고 필자는 말하였는지에 대해 생각해 보자.

_____

_____

_____

_____

_____

2 우리가 긍정적으로 공유하고 있는 민족성은 무엇인가?

_____

_____

_____

_____

_____

_____

_____

3 1) 대상도서에서는 정체성을 설명하고자 세 가지 경우를 상상해 보자고 했다. 이 세 가지를 요약해서 설명해 보자.

2) 위 세 가지 예시는 궁극적으로 무엇을 설명하고자 했는가?

3) 저자의 생각에 대한 자신의 비판적 견해를 말해 보자.

외국인에 비친 한국, 한국인

1 다음은 우리 민족이 마시는 술에 대해 외국인들의 눈에 비친 모습을 제시하여 보았다. 그러한 모습을 어떻게 보았는지 정체성을 고려하여 각자의 생각을 말해 보자.

술은 기호에 따라서 쌀이나 수수 또는 보리로 담근다. 이 주류들은 강도나 색깔이나 맛이 맥주와 브랜디의 차이 만큼이나 다양하다. 서양의 증류기에서 나온 최상의 상품에서도 퓨젤 유(油)가 흔히 남아 있는 것과 마찬가지로 일반적으로 조선의 주류들은 서양 사람들이 맛을 보면 탁하고 기름이 뜨고 주정(酒精)이 그대로 남아 있다. 하멜에서부터 최근의 미국인에 이르기까지 이곳을 찾아온 많은 방문객들은 조선사람들이 맥주에서부터 위스키에 이르기까지 온갖 독주를 모두 좋아한다는 사실이 무엇보다도 인상적으로 보였다. [조선 사람들은 바카스(그리스 신화에 나오는 술의 신)에 대한 경배에 몹시 열중하고 있다는 것이 중론이다. 조선어에는 그들이 조야한 방법으로 만든 곡주를 매우 익히 알고 있다는 사실을 입증하여 주는 어휘가 많다. 반도의 주민들은 부여와 고구려 시대에도 술고래들이었다. 근대 조선이 문호를 개방하자마자 조선은 양조장을 세웠으며, 유럽의 과일주, 브랜디, 위스키, 진 등이 수입되어 조선 사람의 술맛을 바꾸어 놓았으며, 전국적으로 술 소비량을 늘렸다.

(은자의 나라 / W. E. 그리피스 (신복룡) / 집문당)

잔칫상에 오르는 특별한 요리로는 머리, 털, 꼬리까지 몽땅 통째로 구운 '닭구이'가 있고, 조선 사람들이 대체로 마시는 음료수로는 물과 술인데 술로는 쌀로 빚은 정종에 또 정종술 찌꺼기로 만든 우유같이 텁텁한 막걸리, 소주가 있다. 조선인은 마시는 데도 한정이 없다.

(헤세 바르텍 1895년)

2 외국 사람의 눈에 비친 한국인의 과음하는 습관에 대하여 말해 보자.

한국 사람들은 과음하는 관습이 유난스러워서 주정뱅이들이 보이지 않는 날이 거의 없었다. 내가 한강을 여행하며 관찰한 결과로는 취해버리는 것은 한국인들의 독특한 특징이다라고 단언할 수 있다. 그리고 이것은 그리 품위를 떨어 뜨리는 일도 아니다. 한국에서는 어떤 사람이 이성을 잃을 정도로 곡주를 마신다 하더라도 누구도 그를 짐승으로 여기지 않는다. 한국인이 술을 좋아하는 첫번째 원인은 아마 도시에서조차도 차를 사용하는 일이 거의 전무하다는 것과 사치스러운 청량음료들이 거의 알려져 있지 않다는 것을 듯하다. 아마도 식수로 쓰는 물이 훌륭해서 대부분 그냥 먹을 수 있는 탓일 것이다. 농부들은 식사 후에 뜨거운 숭늉을 마시며, 꿀물은 사치품으로 생각하고, 잔치 같은 경우에는 귤 껍질이나 생강에서 우려낸 액체를 마신다. 귤껍질을 말리는 것은 한국 주부들의 큰일 중의 하나이다. 모든 초가집 지붕에는 말린 귤 껍질들이 고드름처럼 매달려 있다.

(헤세 바르텍 1895년)

상반된 문화의 충돌 속에서 개인의 태도는?

1 일본 문화가 개방하기로 하자 수없이 많은 찬반을 불러일으켰다. 일본에 대한 적개심을 가지면서도 일본 문화를 모방하는 태도에 대해 찬반으로 나누어 견해를 제시해 보자.

1994년 김영삼 대통령이 일본 대중문화 개방의 단계적 방침을 마련하고 실행한 뒤로부터 일본 대중문화는 우리 생활속에 들어오기 시작했다. 일본 대중문화 중 우리 생활에 많이 들어온 것은 단연 영상물이라고 할 수 있겠다. 영화, 드라마, 애니메이션 등의 영상물은 우리나라에서도 많은 호응을 얻고 있으며, 직접 보지는 않더라도, 우리나라의 영상물로 리메이크한 적도 있다. 대표적인 예로는 '세상의 중심에서 사랑을 외치다' 라는 영화는 우리나라에서 '파랑주의보' 라는 영화로 리메이크되기도 하였고, 일본의 예능 프로그램을 우리나라에서 벤치마킹한 적도 많았다. 그 예를 들자면, 일본의 '너는 펫' 이라는 만화 원작의 드라마를 벤치마킹해서 '나는 펫' 이라는 케이블 프로그램을 만든 적도 있었다. 영상물 뿐이 아니다. 여러가지 사업도 일본의 것을 벤치마킹 한 것도 많다. 예로는 일본의 '백엔샵' 이라는 저가형 생활 필수품 상점을 벤치마킹해서 '다이소' 라는, 1000원 이내로 생활 필수품을 살 수 있는 상점을 열었다. 또한, 일본과 우리나라 사람들은 같은 동양인이기 때문에 취향이 비슷해서, 일본의 사업을 벤치마킹했을 때, 다른 나라의 사업을 벤치마킹하는 것보다는 더 성공할 수 있는 확률이 높아진다.

하지만, 우리나라 국민들의 일본에 대한 적개심은 매우 크다. 해결할 수 없을 정도로 일본에 대한 불신이 큰 사람들도 많다. 그 이유를 일제 강점기 시절, 일본인들이 우리나라 국민들을 탄압하고, 여성들을 위안부로 쓴 데다가, 사내들을 강제 징용, 징병한 사실을 통해 알수 있다. 그 전으로 거슬러 올라가면, 일본인들은 우리 나라를 침략 했던 왜구의 이미지, 해적의 이미지가 강했다. 우리 나라의 경우뿐만이 아니라, 세계 2차 대전 때 세계 곳곳에 만행을 저질렀다는 점에서도 우리나라 사람들은 일본에 대한 나쁜 이미지를 가지게 되었다. 하지만 이것 뿐만이 아니라, 이러한 잘못을 인정하지 않고, 자기 정당화 하는 일본인들의 행위는 결정적으로 현대에까지 부정적 이미지를 가지게 하고 있다. 이러한 점들이 일본 문화를 개방하는데에 큰 장애물이 된다. 또한, 일본의 영상문화는 매우 자극적이고 폭력적이기 때문에 청소년의 교육에 좋지 않다는 것이 있다. 과연 당신은 일본문화 개방에 찬성하는가 반대하는가?

우리말이 없어지면 민족정신은 없어지는가?

1 다음 글을 참고하여 '우리말이 없어지면 민족정신이 사라질 것이라는 주장은 참인가?'에 대해서 우리말이 가지는 정체성에 대해 발표해 보자.

핏줄을 기반으로 하는 민족주의 과잉의 가장 좋은 예는 국사 교과서이다. 우리 역사에 등장하는 모든 사건의 주체가 '우리 민족'인 황당한 사태가 벌어지는 것은 같은 핏줄은 한 민족이라는 의식이 있었기에 가능했을 것이다. 물론 '같은' 핏줄이 무엇인가에 대해서는 한번도 의심해보거나 따져보지 않은 무신경이 놀랍기도 하지만 따져보아야 별 소득이 없을 것을 직감하고 구호처럼 외치기로 하지 않았나 생각된다. 언어는 핏줄에 비해 상황이 훨씬 낫다. 왜냐하면 핏줄이 섞이는 것은 노력으로는 막기 어려워 보이지만 언어는 그보다는 통제 가능성이 훨씬 높기 때문이다. 우리는 한글이 세계에서 가장 뛰어난 언어이고, 우리말을 잃으면 민족혼을 잃는다고 인식한다. 그러나 한글이 세계에서 가장 과학적이고 뛰어난 언어인지에 대해 나는 잘 모른다. 그럼 우리말이 없어지면 민족정신이 사라질 것이라는 주장은 참인가? 나는 민족정신이 실체가 있는 어떤 정신이라고 생각하지 않는다. 또한 민족정신이 실체가 있다고 해도 민족정신과 언어의 관계를 규명하는 것은 쉽지 않은 일이다. 일제 강점기에 일본이 조선어를 말살하려 한 역사적 사실과 이에 목숨을 바쳐 저항한 사례로서 우리는 우리말 수호를 곧 민족정신 내지 민족정기의 수호하고 여긴다. 그러나 영어를 사용하는 싱가포르에서 보듯이 언어가 사라지면 동시에 민족의식도 사라진다는 명제는 증명된 적이 없다. 그런데도 왜 유독 우리나라 사람들은 한국어가 사라지면 민족의식도 사라진다고 주장하는가? 그 이유는 국가를 건설하려면 민족주의가 필요하기는 한데 민족주의는 내용이 없는 텅 빈 구호에 불과하므로 민족주의를 이루는 요소의 하나로 여기는 언어에 대해 지나치게 집착해서라고 생각한다. 다시 말해, 우리말을 지키기만 하면 민족정신이 지켜진다고 믿게 된 것이다. 특히 일제강점기를 통해 우리는 우리말과 민족정신의 완고한 결속이 이루어졌다. 하지만 우리의 민족주의가 텅 빈 구호라고 해서 민족주의를 지지하는 사람들의 진정성이 사라지는 것은 아니고 민족에 대한 진실한 마음과 열정을 의심할 수는 없다. 이에 민족주의는 '겸손한 장례식'을 치루어야 한다. 진정성은 존중되고 겸손한 마음으로 이 문제를 다루어야 한다는 의미이다.

독서논술 논제

1 한국의 정체성을 내세울 수 있는 예술 정신은 어떠한 것이 있는지 제시해 보자.

2 다음 제시문을 읽고 '한국적인 것이 세계적인 것이 될 수 있다'는 주장에 대해 구체적 사례를 들어 자신의 견해를 논술해 보자. (1,200자 내외)

제시문

　한국적인 것이 있다면 우리는 어떻게 그것을 알 수 있는가? 이 책이 '한국적인 것은 이것이다'라고 손에 쥐어 줄 수는 없다. 그런 것을 발견하려면 한국의 각 분야의 공통된 속성을 조사하여, 과연 공통 속성이 있는지를 밝혀야 하기 때문이다. 이것은 매우 방대한 작업이 될 것이다. 많은 시일을 요하기도 하겠지만 각 분야에서 공통 속성을 찾으려면 무엇을 한국적인 것이라고 해야 할 것인가를 먼저 정해야 하기 때문이다. 즉 무엇이 한국적인 것인가를 판단하는 기준을 설정하는 것이 한국적인 것의 내용 탐구에 앞서 해결해야 할 과제이다.　(한국의 정체성 / 83쪽)

　세계적이라고 생각되는 속성을 우리의 것에서 찾아내어 특화하는 것이다. 다시 말해서 한국적인 것의 세계화가 아니라 세계적인 보편성을 알아내어 역으로 그것을 한국적인 것에서 찾는 것이다.

(중　략)

　한국적인 것이 세계적인 것이라고 말할 것이 아니라 한국적인 것에 숨어있는 세계적인 것을 찾는 것이 현실적으로 성공 가능성이 더 높은 방안일 것이다.　　　　　　　　　　　　　　(한국의 정체성 / 70쪽)

　나는 한국철학이 존재한다고 생각한다. 역사적 의미에서가 아닌, 또한 한국에서의 철학이란 의미에서가 아니라 한국의 특수성을 형식과 내용 모두에서 드러내는 철학이 있다고 믿는다. 한국철학의 정체성을 판단하는 기준은 현재성, 대중성, 주체성이다. 이 세 가지 기준을 만족시키는 철학이 있다면, 시원에 관계없이 한국철학이다.

(한국의 정체성 / 120쪽)

4부 생각펼치기

3 〈가〉글에서 만득이가 하고 있는 질문에 대해 〈나〉글을 참고하여 의견을 제시하고, 한국의 정체성이 어디에 있는지 논술해 보자.

제시문〈가〉

만득이가 아프리카의 한 소국을 방문한다고 가정하자(아프리카의 소국을 예로 들어서 아프리카 사람들에게 미안하다.).

만득이는 자랑스러운 대한의 남아로서 세계 최강국인 조국에 대해 강한 자부심을 갖고 있다. 그런데 아프리카의 한 소국에 도착하고 보니 공항의 건물이 모두 한옥 양식이다. 만득이는 약간 의아스럽다. 이 나라는 반만년의 역사를 자랑하는 문화민족이라는데 왜 자신들의 고유한 건축 양식을 포기했을까? 그는 의구심을 가진 채 호텔로 가기 위해서 택시를 탄다. 택시 기사는 한국어를 구사하려 애쓴다. 만득이는 한편으로는 한국어가 세계 공용어이므로 기사가 한국어를 하려고 애쓰는 것이 당연하다고 생각하지만, 다른 한편으로는 기사가 한국어를 못하는 것을 부끄러워한다는 것에 다시금 의구심이 생긴다. 여기는 기사의 나라가 아닌가?

기사는 어색함을 덜기 위해 라디오를 켠다. 라디오에서는 설운도의 '다 함께 차차차'가 신나게 흘러나온다. 기사는 짧은 한국어로 설운도가 이 나라에서 최고의 인기 가수라고 말한다. 지난 대통령 선거 직전에는 이 나라를 방문하여 유력한 후보를 만나기까지 했다고 한다. 만득이는 눈길을 차창 밖으로 돌린다. 거리를 지나다니는 거의 모든 사람들이 한복을 입고 있다. 디자인도 한국의 것과 별로 달라 보이지 않는다. 또한 거리 곳곳에는 한정식이란 간판을 단 고급 식당이 눈에 띈다. 만득이는 여기가 과연 아프리카의 한 구석인가 하고 의아해한다. 택시가 모퉁이를 돌자, 대학생들로 보이는 한 무리의 사람들이 격렬한 시위를 벌이고 있다. 그들은 '한국놈은 물러가라!'는 구호를 외치며 거리를 휩쓸 태세이다. 그들은 주체적 국가와 주권 사수를 맹렬히 외친다. 하지만 그들 역시 대부분 한복을 입고 있다. 택시 기사의 말에 의하면 그들은 막걸리와 한국산 소주를 가장 좋아하며, 한국 가수인 조용필을 가장 좋아한다고 한다. 또한 한국 사람이라면 단지 한국어를 할 줄 안다는 이유 하나만으로 그 나라에서 취직하는 데 아무런 어려움이 없다고 한다. 만득이가 보기에 이 나라는 의식주 모두가 거의 한국화되었고, 음악, 미술, 영화 등도 예외가 아닌 것으로 보인다. 만득이는 과연 이 나라의 정체성은 어디에 있는가, 과연 있기나 한 걸까 하는 의심을 갖는다.

(한국의 정체성 / 22쪽)

제시문〈나〉

세상이 좁아지고 있다. 비행기가 점점 빨라지면서 세상이 차츰 좁아지는가 싶더니, 이젠 정보 통신 기술의 발달로 지구 전체가 아예 한 마을이 되었다. 그래서인지 언제부터인가 지구촌이라는 말이 그리 낯설지 않다. 그렇게 많은 이들이 우려하던 세계화가 바야흐로 우리 눈 앞에서 적나라하게 펼쳐지고 있다. 세계는 진정 하나의 거대한 문화권으로 묶이고 말 것인가?

　　요사이 우리 사회는 터진 봇물처럼 마구 흘러드는 외래 문명에 정신을 차리지 못할 지경이다. 세계화가 미국이라는 한 나라의 주도하에 이루어지고 있다. 일본은 얼마 전 영어를 아예 공용어로 채택하는 안을 검토하고 있다. 문화 인류학자들은 이번 세기가 끝나기 전에 대부분의 언어들이 이 지구상에서 자취를 감출 것이라고 예측한다.

　　20세기가 막 시작될 무렵, 뉴욕 센트럴 파크의 미국 자연사 박물관 앞 계단에서 몇 명의 영국인들이 자못 심각한 토의를 하고 있었다. 미 대륙을 어떻게 하면 제2의 영국으로 만들 수 있을 것인지를 논의한 것이다.

　　그들은 이미 미국의 동북부를 뉴잉글랜드, 즉 "새로운 영국"이라 이름지었지만 그보다는 좀더 본질적인 영국화를 꿈꾸었다. 그들이 생각해 낸 계획은 참으로 기발하고도 지극히 영국적인 것이었다. 셰익스피어의 작품에 등장하는 영국의 새들을 몽땅 미국 땅에 가져다 풀어놓자는 계획이었다. 그러면 미국은 자연스레 영국처럼 될 것이라는 믿음이었다.

　　그래서 그 후 몇 차례에 걸쳐 그들은 영국 본토에서 셰익스피어의 새들을 암수로 쌍쌍이 잡아와 자연사 박물관 계단에서 날려 보내곤 했다. 셰익스피어의 작품에 등장하는 새들의 종류가 얼마나 다양한지는 모르지만 그 영국계 미국인들은 참으로 몹쓸 짓을 한 것이다. 그 많은 새들은 낯선 땅에서 비참하게 죽어 갔고, 극소수만이 겨우 살아 남았다. 그런데 그들 중 유럽산 찌르레기는 마치 제 세상이라도 만난 듯 퍼져나가 불과 100년도 채 안 되는 사이에 참새를 앞지르고 미국에서 가장 흔한 새가 되었다.

(고등학교 국어(상) / 1-(1) 황소개구리와 우리말)

독서논술 논제 분석

1 한국의 정체성을 드러낼 수 있는 예술 정신

2 세계화 속의 한국적인 사례

3 1) 제시문 〈가〉와 〈나〉의 차이점

2) 올바른 정체성을 찾기 위한 노력과 방법

독서논술문 개요 짜기

제 목	
주 제 문	
서 론 (문제의 상황 설명 및 문제 제기)	
본 론 (근거 들어 논증하기)	
결 론 (정리 및 주제 강조, 앞으로의 방향설정)	

더 읽을 거리

1 낯선 곳에서 나를 만나다 (한국문화인류학회 | 일조각)

이 책은 낯선 곳에서 나를 만나는 문화인류학 여행을 다루고 있다. 다양한 문화의 현장을 살펴보는 문화인류학 입문서 〈낯선 곳에서 나를 만나다〉의 개정증보판.

한국문화인류학회가 해외의 저명한 학자들의 논문과 저서 가운데 문화인류학의 특징을 잘 보여주는 글들을 선택하여 읽기 쉽게 손질하여 펴낸 책이다. 이번 개정증보판에서는 기존에 실렸던 글들 중 이해하기 어렵거나 전문적인 내용을 일부 삭제하고, 새로운 글들을 추가하여 다루는 영역을 넓혔다.

이 책에는 인류학자들이 현지인들과 함께 생활하며 자료를 수집하고 정리한 다양한 주제의 논문들이 누구나 쉽게 이해할 수 있도록 에세이 형식으로 다듬어져 실려 있다. 각 장의 앞부분에는 글의 배경과 논평을 실어, 인류학을 처음 접하는 사람들이 제시된 사례들을 문화인류학적 시각으로 이해할 수 있도록 도와준다. 학생들과 일반인들이 쉽고 재미있게 인류학을 접할 수 있는 통로를 제공하는 책이다.

2 생각의 지도 (리처드 니스벳 (최인철) | 김영사)

이 책은 동서양의 사고방식 차이를 심리학적 실험결과를 통해 "실증"하고 있다. 저자 리처드 니스벳은 동서양의 특질들을 설명하면서 그에 맞춰 다양한 연구결과와 사례를 끊임없이 제시한다. 텍스트에 대한 인문적인 성찰을 위주로 하거나, 소재를 다루는 기존의 방식에 익숙한 사람들한테는 꽤나 충격적인 접근 방법을 택하고 있다.

이 책은 세 가지 면에서 실증적인 태도를 보인다. 하나는 실험과 사례 등 주장을 뒷받침하는 비교적 신뢰할 수 있는 근거가 제시되는 점이고, 둘은 관찰되는 차이의 내용이 비교적 구체적으로 설명된다는 점이며, 마지막으로 애매한 담론이나 신비주의적인 관념으로 나아가지 않는 점이다. 거의 한 페이지에 하나 꼴로 실험결과나 사례를 제시하고 있다. 동서양 담론을 다루면서도 유의미한 근거나 사례를 많이 다루고 있다는 점에서 인상적이다. 추상적이거나 원론적인 접근법으로 서술한 것보다는 실험 위주로 서술되어 있다. 특히 역자인 최인철 씨는 연구원으로서 자신이 직접 실험에 참여하는 등 번역의 신뢰도나 질적인 측면에서도 높이 평가할 수 있다. 분량도 많지도 않고, 서술도 난해하지 않으니 가볍게 읽을 수 있는 책이다.

관련 매체

1 노래여! 마지막 노래여 (HD TV 문학관 | KBS | 2006.03.05)

조선조 세도가의 집안에서 태어난 남 연이 판소리를 배운다는 사실이 알려지면서 집안은 발칵 뒤집힌다. 문중 어른들은 그를 죽이려 하지만 그의 아버지는 어떻게든 마음을 돌려보려고 설득한다. 그 와중에 남 연의 어머니가 제발 남 연을 죽이지는 말아달라는 유언을 남기고 자결하고 만다. 이로서 그는 족보에서 할명당하고 백 리 밖으로 추방당한다. 집에서 쫓겨난 태성은 당대의 명창을 찾아가 배움을 청하고 그의 수하에서 본격적으로 창을 배운다. 그와 같이 동문 수학하던 기녀 채선을 사랑하게 되지만 신분의 차이를 극복하지 못하고 괴로워하면서 그는 스승의 슬하를 떠나 소리로서 세상에 이름을 알린다. 그러나 세월이 바뀌고 신문물이 들어오면서 판소리는 그 빛을 잃고 간신히 이 요정 저 요정을 떠돌며 소리를 파는 신세로 전락하고 만다. 그 마저 생계수단이 되지 못하자 태성은 고향집으로 돌아오나 집안은 이미 몰락한 후였다. 이 사실을 안 채선은 몸 팔아 번 돈으로 태성의 판소리 발표회를 열어주지만 관객들은 이를 외면하고 그나마 있던 재산도 다 날리고 만다. 두 사람은 도회로 나와 살림을 차리지만 생계가 막연하기는 마찬가지였다. 가난으로 아내가 죽고 딸 하나를 데리고 겨우 겨우 살아가던 중 그래도 전통문화에 대한 인식이 조금 좋아지면서 형편이 펴지긴 했지만 딸아이가 말썽을 부리면서 술집 호스티스가 되고 만다. 드라마는 곡마단에서 잡일을 하며 살아가는 옛날 단짝 고수였던 춘봉이가 남 연이 있는 곡마당을 찾는 데서부터 시작한다. 이미 폐인이 되고 실어증마저 걸린 그가 과거를 회상하고 곡마단 무대에서 마지막으로 혼신의 힘을 모아 마지막 창을 하는데서 끝난다.

2 한국을 대표하는 전통문화 한옥마을 50여개국 전파 탄다 (KBS 월드 | 2008.06)

한국을 대표하는 전통문화 체험관광도시 전주가 KBS 해외방송 채널인 'KBS 월드'를 통해 전세계로 전파를 탄다. 2008년 6월 9일 전주시에 따르면 최근 KBS 해외방송채널인 'KBS 월드'가 전주를 '해외관광객 유치를 위한 관광홍보마케팅 우수 도시'로 선정했다. 이처럼 천년 전주가 우수도시로 선정된 것은 올 들어 시가 하나 투어 등 대형여행사와 전략적 업무협약을 맺고 상품개발과 홍보 등 공동 홍보마케팅을 벌이는 등 여행상품을 잇따라

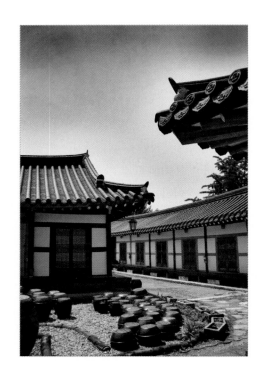

개발한 데다 한국관광공사 및 TPO(아시아태평양도시관광진흥기구) 등 관광기구와 단체 등을 통한 해외관광상담회 및 관광교역전 전개 등이 주효했기 때문으로 파악된다. 또 지난해부터 한옥마을이 연간 100만 명을 유치하는 관광 중심지로 급부상한 데다 한국관광공사가 '6월의 가볼 만한 곳'으로 전주한옥마을을 선정한 것도 크게 기여한 것으로 풀이된다. 시의 한 관계자는 "KBS 월드는 외국인이 좋아하는 전주한옥마을의 관광필수코스인 다도와 한지, 조리, 한방체험 등 다양한 체험프로그램과 전주비빔밥 등 전통 먹거리 등을 취재하고 전주관광통역안내원을 서울스튜디오로 초대, 인터뷰를 통해 전 세계에 한옥마을을 홍보할 예정"이라며 "이번 방송은 전주한옥마을이 세계적인 관광지로 발돋움할 수 있는 좋은 기회가 될 것"이라고 말했다.

논제 – 〈가〉글에서 만득이가 하고 있는 질문에 대해 〈나〉글을 참고하여 의견을 제시하고, 한국의 정체
　　　성이 어디에 있는지 논술해 보자.

〈학생글〉

세계화 시대 위기에 처한 한국의 정체성

전북과학고등학교 추○○

　최근 들어 확산되고 있는 외국문화의 열풍은 젊은이들에게 큰 인기를 끌고 있다. 인간에게는 세대가 있으며 그 시대의 나라를 이끌어 나가는 것은 그 시대에 맞는 세대이다. 그런데 요즘 젊은이들에게는 우리나라의 고유문화가 사라져 가고 알 수 없는 영어의 문화가 자리를 잡아가고 있다. 패션, 간판, 광고들만 봐도 우리나라 고유의 문화를 찾아 볼 수가 없다. 우리 민족의 정체성을 보여주었던 전통 의상, 전통가옥등과 같이 어느 나라에서도 모방할 수 없었던 우리 고유의 문화들은 과연 어디로 사라진 것일까?

　최근 우리나라는 경제나 문화면에서 급성장을 이루었다. 하지만 큰 건물을 만들 때 바닥의 기둥부터 만들어 차곡차곡 쌓아가듯이 우리나라의 성장률도 단계적으로 성장해야 했지만 너무 급조하게 해버린 것이 정체성 상실의 가장 큰 문제점이 되어 버렸다. 그 허술한 기둥 어딘가엔 분명 허술한 부분이 있기에 그 부분을 통해 외래문명이 물밀듯이 밀려와 우리 고유문화를 시대속의 추억으로 만들어 가고 있다. 제시문을 보고 만득이를 외국사람의 시선으로 한국을 보는 매개체로 본다면 우리민족의 정체성 문제의 심각성을 느낄 수 있다.

　현재 우리나라의 문물도입 수준은 일단 멋지기만 하면 비판없이 수용하는 태도이다. 이런 태도로 계속 나간다면 셰익스피어의 책에서 나온 유럽산 찌르레기가 미국의 참새를 앞지르듯이 우리나라도 언젠가는 외국문화에 뒤쳐져 사라지고 말 것이다. 이런 일이 없도록 하려면 우리는 마음속 깊히 뿌리 박혀 있던 잘못된 생각들을 뽑아 버려야한다. 무조건 멋지다고 수용할게 아니라 그 문화를 비판하고 깊이 생각하여 수용해야 할 것이다.

　또한, 우리 문화가 세계에서 뒤쳐지지 않도록 세계화의 흐름에 알맞게 우리의 정체성을 잃지 않는 방향으로 변화를 시켜야 하며, 현재 우리 민족의 정체성이 눈에 띄게 보이지 않는다 하더라도 정체성은 그 민족에 있다 생각하며 세계화에 대처해야 할 것이다.

〈교사 첨삭 지도〉

1 대상 도서에 대한 이해 및 분석력

논술문 쓰기에서 가장 중요한 사항은 논제를 정확히 분석하여 출제자가 요구하는 사항과 함께 이에 대한 자신의 주장을 글 속에 담는 것입니다. 이런 측면에서 볼 때, 이번 논제가 요구하는 사항은 다음의 2가지로 표현할 수 있습니다.

1) 제시문 가)에서 만득이가 느낀 의문 – 아프리카 소국의 정체성은 어디에 있으며, 과연 존재하는 것인지에 대한 의문 –에 대한 답을 나)와 다)글을 참고하여 제시하는 것과 2) 한국의 정체성이 어디에 있는지에 대한 자신의 의견을 개진하라는 것입니다

이러한 논제 분석을 통해 전체 개요와 주제문을 작성하고 각 단락을 채워나갈 이야깃거리를 만들어 가는 과정이 바로 논술문 쓰기의 핵심이라 할 수 있습니다.

특히 이번 논제 같은 경우의 논술문은 논제 자체에 논술문의 방향을 암시하는 표현이 들어있음에 주목할 필요가 있습니다. 다시 말해 논제를 정확히 분석해서 논제가 요구하는 항목에 대한 의견을 제시하지 않으면 좋은 평가를 받기 어렵다는 뜻입니다. 따라서 작성된 논술문 속에는 나)글을 참고하여 '정체성의 개념과 의의'에 대한 언급과 다)글을 활용한 사례 제시 등이 포함되는 것이 좋겠습니다.

이러한 측면에서 위의 논술문을 보면, 출제자가 요구하는 두 가지 사항 중 아프리카 소국이 처한 정체성 상실에 관한 언급이 되어 있지 않다는 점(물론, 아프리카 소국을 한국으로 치환시켜 설명하는 부분이 있습니다만)은 논제 파악이 정확하지 못하다는 점으로 지적해 볼 수 있습니다. 본론의 한 단락 정도를 할애해서 정체성의 의미와 아프리카 소국이 처한 상황의 문제, 아울러 정체성 상실로 파생되는 여러 폐해들을 서술했더라면 더 좋은 글이 될 수 있었을 것입니다. 그러나, 한국의 정체성을 고유한 전통문화와 외래 문화의 조화 속에서 찾을 수 있다고 언급한 부분과 이를 위한 외래 문화의 주체적 수용 자세를 주장한 부분 등은 출제자의 두 번째 요구사항에 대한 답으로 충분하기에 칭찬할 만합니다.

2 창의적 사고력

창의적 사고력을 잘 보여줄 수 있고, 자신의 주장에 대한 설득력을 높이기 좋은 방법으로는 예시나 예증을 들 수 있습니다. 또한 여러 차원에서의 원인 분석이나 이에 대한 대안을 제시하는 것도 심도 있고 창의적인 사고력을 나타내는 좋은 방법입니다. 본론의 첫 번째 단락에서 급속한 경제 성장 내지는 근대화가 우리 정체성 상실의 주요 원인이라고 지적한 부분은 심도 깊은 사고의 결과로 칭찬할 만합니다. 단순히 외래 문화를 무분별하게 유입

하고 있다는 흔한 명제가 아닌 시대상황과 문화유입의 관계를 고려한 발언이기 때문입니다. 이런 심층적이고 다각적인 사고를 보여 주는 것이 고급 논술로 가는 지름길임을 인지하기 바랍니다. 다만, 그 부분의 문장을 논술문에 적합한 문장으로 다듬을 필요는 있어 보입니다.

3 문제 해결력

이번 논술문의 경우, 논술문 작성자 스스로 개방화된 사회를 살 수밖에 없는 지금의 현실에서 외래문화와 전통문화의 관계를 어떻게 정립할 것이며, 이를 통해 우리의 정체성을 상실하지 않는 가운데 외래 문화와의 공존을 이끌어낼 수 있느냐에 대한 고민을 해 보라는 것으로 파악해 볼 수 있습니다. 이런 문제의 경우, 과연 정체성이란 무엇인지에 대한 진지한 고민으로부터 시작하여(겉모습이 다르다고 그 사람의 정체성이 사라진 것이라고 할 수 있는지의 문제, 혹은 외국에 살지만 우리의 정신과 사고를 갖고 있는 사람의 정체성은 무엇인지의 문제 등), 정체성 상실이 가져오는 여러 폐해와 이로 인한 가치의 혼란을 언급하고, 이를 해결하기 위한 다각도의 노력(개인적으로는 외래 문화에 대한 올바른 수용의 자세, 사회적으로는 전통문화를 보존 유지 발전시키기 위한 제도적 장치와 사회적 노력, 문화 개방에 맞서는 국가적 차원의 전략 등)을 제시하는 것이 논리성을 갖춘 논술문으로 평가 받을 수 있을 것입니다.

이런 측면에서 볼 때, 학생의 글은 서론에서 외국 문화의 열풍에 휩싸인 젊은이들을 화제로 제시하여, 우리의 고유문화가 사라져 가는 현실을 언급하고, 우리 고유의 문화가 사라지면서 우리의 정체성을 상실해 가는 과정에서의 문제를 제기하고 있습니다. 이는 서론의 기능과 역할에 부합하는 무난한 서론으로 평가할 수 있습니다.

또한, 본론의 두 번째 단락에서 제시문 나)를 활용하여 언급한 부분은 출제자의 요구사항을 충실히 이행하고 있다는 측면에서 칭찬할 만합니다. 다만, 내용상으로 볼 때, '유럽산 찌르레기의 개체수가 급격히 증가하여 미국의 참새를 능가했다고' 해서 과연 미국을 영국으로 말할 수 있는 것인가의 반론('정체성'의 의미에 대해 다시 한 번 생각해 볼 필요가 있음)도 예상해 볼 필요가 있습니다. 비유란 방법은 논술문에서 참신한 설명 방법이지만, 이를 사용할 경우에는 보다 정확을 기할 필요가 있습니다.

마지막으로 결론 부분에서 '우리의 정체성을 잃지 않는 방향으로 변화를 시켜야 하며' 같은 문장은 조금 다듬어 '우리의 정체성을 유지 발전시킬 수 있도록 고유 문화의 보존과 발전에 다각도로 노력하며' 정도로 고치면 더 나을 것입니다. 특히 마지막 문장에서 '현재 우리민족의 정체성이 눈에 띄게 보이지 않는다 하더라도 정체성은 그 민족에 있다'와 같이 서술한 부분은 정체성에 관한 중요한 언급이라 할 수 있습니다. 그 사물을 그 사물로 인식하게끔 해 주는 것이 바로 정체성의 의미라고 한다면, 입는 옷의 방식이 달라지고 쓰는 말투가 달라졌다고 해서 그 사람의 정체성이 변한 것이라고 말할 수 있는가와 같은 생각해 볼 여지가 있는 문제가 존재하기 때문입니다. 이런 언급을 하고 있다는 것은 정체성에 관한 진지한 사고가 있었음을 보여주기에 칭찬할 만합니다. 다만, 이와 같은 사고가 체계적으로 정리되어 논술문의 일정 부분에 나오지 않았다는 사실이 조금 아쉽군요.

4 문장력 및 표현력

논술문의 평가와 첨삭에서 가장 큰 비중을 차지하는 것은 논지의 일관성이나 논제 분석의 정확성 등 내용에 관련된 부분입니다. 그럼에도 문장력과 표현력을 간과할 수 없는 것은 좋은 내용을 담을 수 있는 훌륭한 그릇도 필요하기 때문이지요. 그런 의미에서 다음의 지적사항에 대해 다시 한 번 생각해 보기 바랍니다.

논술문을 작성할 때, 보통의 경우 한 단락은 통상 300 ~ 400자 정도가 적당합니다. 이는 대략 7 ~ 8문장을 의미합니다. 또한 단락을 바꾼다는 것은 하나의 독립된 내용이 끝나는 것을 의미하니, 단락 구분에 신경을 써야 합니다. 한영 군 역시 이런 측면에서 단락의 구성과 짜임에 좀 더 신경을 쓸 필요가 있겠네요. 체계적으로 서술된 논술문은 개요 작성이 충실히 되었음과 구조적 완결성을 보여준다는 점에서 권장할 만합니다.

또한 아직 다듬어지지 않은 문장의 표현이 많은 점도 지적할 수 있지만, 이는 논술공부의 초기에 있다는 상황을 감안할 때 그리 심각해 보이지는 않습니다. 다만, 문장과 단락 쓰기를 꾸준히 연습하는 것이 중요하다는 사실을 명심하기 바랍니다. 그 밖의 맞춤법과 원고지 사용법, 몇 몇 매끄럽지 못한 문장에 대해서는 웹상에서 직접 지적하기로 합니다. 처음 논술문을 쓰는 학생들의 경우는 한 단락 쓰기 연습을 해보는 것이 좋습니다. 주제문 하나를 정해서 이를 주장으로 삼아 이에 대한 근거를 다양한 방법(인과, 예시, 변증법 등)으로 제시해 보는 연습을 해보기 바랍니다. 이 연습이 계속되면 더 긴 논술문 쓰는 것이 훨씬 쉬워질 것입니다.

아울러, 맞춤법과 관련하여 더 궁금한 부분은 교과서와 국립 국어연구원 사이트를 참조하시면 많은 도움이 되리라 생각합니다.

5 총평

무언가를 처음 시작한다는 것은 얼마나 큰 용기를 지녀야 하는지, 또한 그것을 꾸준히 해 나가기 위해서 얼마나 많은 시행착오를 겪어야 하는지를 잘 알고 있는 선생님입니다.

화제를 제시하고 이를 문제 상황과 연결시켜 문제를 명확히 제기하고 있는 서론 부분은 그 기능과 역할에 충실하다는 측면에서 칭찬할 만합니다. 또한 정체성 상실의 원인으로 급속한 산업화와 근대화를 언급하는 부분은 심층적 사고를 보여주고 있다는 측면에서, 외래문화 수용에 대한 올바른 자세를 언급하는 부분은 무난한 결론이라는 측면에서 칭찬할 수 있습니다.

다만, 단락 구분이 모호하여 구조적으로 완결성을 갖지 못하고 있다는 점, 논술문에 적합한 용어와 어휘를 사용한 문장으로 다듬어야 할 필요가 있다는 점, 개요 작성 과정을 통해 한 단락 안에 중복되는 표현을 삭제해야 한다는 점 등은 조금 아쉬운 부분입니다. 그러나 논술 공부에 관심을 갖고 기초부터 차근차근 배워간다면 보다 훌륭한 논술문을 쓸 자질과 의지를 가지고 있음을 확인할 수 있는 이번 논술문이었기에, 이후에는 좀 더 나은 논술문으로 만나게 되길 기대하며 총평을 마칩니다.

소외계층에 대한 관심

난장이가 쏘아올린 작은 공

제1부 생각 열기　　　　　　　본문 14~17쪽

생각 품기

1 (지도중점) 효경학습, 봉사활동 등 어려운 이웃을 도왔던 경험을 자유롭게 진솔하게 말할 수 있도록 안내한다.
(예상답안) 고등학교 1학년 때 친구들과 양로원에서 청소와 할머니, 할아버지 안마를 해 드렸는데, 작년에 돌아가신 할머니 생각이 너무 많아나서 그때 안마 해드린 할머니를 친할머니처럼 생각하고 올해도 어버이날에 편지를 써 드렸다.

2 (지도중점) 철거현장을 담은 사진을 산업화와 당시 사회적 문제와 하층민의 비참한 삶에 대하여 학생들에게 충분한 사례를 들어 설명해 주고, 학생 개인별로 일기를 쓰고 발표할 수 있도록 한다.
(예상답안) 197O년 O월 O일. 가난한 우리가족은 오늘 드디어 삶의 보금자리를 잃었다. 당장 우리 가족은 오늘 밤을 어디서 지내야 할지 걱정이다. 구청으로부터 나온 보상금은 모두 그동안 우리 가족이 생계 때문에 진 빚을 갚는데 써 버렸고, 집이 허물어지는 현장에서 아버지는 조용히 눈물지으셨다. 우리집이 허물어진 자리에 고급아파트가 들어선다는데, 우리가족의 사랑과 추억의 보금자리가 이렇게 사라져 버린다는 사실에, 나는 더 이상 말을 잃었다.

생각 깨기

1 (지도중점) 난쟁이 가족에 대한 분석을 통해 당시 소외된 이웃에 대한 구체적인 삶의 모습과 조건을 확인해 볼 수 있도록 한다.
(예상답안) *아버지(김불이) – 난쟁이로 변두리 생활로 전전하다 삶의 절망 끝에 공장 굴뚝 위에서 '달나라'를 향해 종이 비행기를 날리고 작은 쇠공을 쏘아 올리다 추락사한다.
*어머니 – 노동 현장에 뛰어들어 어렵게 가계를 꾸려 나가며, 현실적이며 가족에 대한 사랑과 희생의 마음을 지닌 인물이다.
*큰아들 영수 – 인쇄로 조무로 일하면서 많은 책을 읽고, 사회 현실 문제에 관심이 깊지만 뚜렷한 행동을 보여주지는 못한다.
*둘째 아들 영호 – 현실비판적이며 대해 감정적이고 행동적인 인물이다.
*딸 영희 – 온갖 궂은 직업을 경험하고 결국 사회모순적 현실과 아버지의 죽음에 절규하며 사회비판적 시각을 갖는 적극적인 인물

2 (지도중점) '행복동'이라는 반어적 표현을 통해 현실의 부정적 측면을 강조하고 있다는 점을 설명하고, 여러 가지 자연스러운 발문을 통해 학생들이 소설 갈등의 중심을 포착할 수 있도록 지도한다.
(예상답안) 난쟁이가 사는 마을 이름은 아이러니 하게도 낙원구 행복동이다. 이는 열악하고 비참한 삶의 현실을 더욱 부각시키는 역할을 한다. 난쟁이 가족들을 포함한 행복동 사람들른 자신들의 삶의 터전이 없어지는 것과 경제적 보상 문제 등에 의해 갈등하고 있다.

3 (지도중점) 학생들의 다양하고 창의적인 생각과 표현을 유도하되, 제목의 상징적인 의미에 유의하여 당시 사회의 계층과 현실을 고려한 답변이 나오도록 지도한다.
(예상답안) 난쟁이는 당시 사회로부터 소외받은 계층을 대표하며 사회적인 약자의 의미를 가지고 있다. 작은 공은 이러한 난쟁이의 작은 희망을 상징하는 말이지만, 결국 난쟁이가 쏘아올린 작은 공은 중력에 의하여 떨어질 수밖에 없다. 제목은 이러한 사회적인 현실과 모순을 나타내는 말로 쓰인다.

4 (지도중점) 소설의 전체 내용과 줄거리를 고려하여 현실비판 및 사회적 모순을 바로 잡고자 하는 인물은 긍정적 인물로, 물질적 이익만을 추구하며 부도덕한 인물은 부정적 인물임을 설명해 주고, 이에 해당하는 인물을 학생들의 자유로운 발표를 통해 정리해 나간다. 하지만, 사회적 약자가 무조건 긍정적 인물이며, 사회적 강자가 무조건 부정적 인물로 분류되는 흑백논리는 주의해야 한다.
(예상답안) 이 소설 속에는 인간의 존엄성과 사랑으로 현실비판

및 사회적 모순을 바로잡고자 노력하는 인물들이 나오는데, 난쟁이, 영수, 신애, 윤호, 지섭, 과학자, 목사 등이다. 또한 이들은 행동의 정도에 따라 영수는 행동형 인물, 신애와 윤호는 회의형 인물, 지섭과 과학자, 목사는 조력자 인물로 구분할 수 있다. 반면 소설 속에는 물질적 이익만을 추구하는 부도덕한 인물이 나오는데, 부동산 업자와 펌프집 사내, 신애의 이웃인 회사원, 공무원 가족, 대학신문사 주간교수, 인규, 인강그룹 소유주 가족 등이 이에 해당한다.

생각 기르기

1 (지도중점) 인물의 대화를 통해 현실문제를 파악하고, 현실문제에 대한 인물의 대응방식 및 현실의 한계를 이끌어 낼 수 있도록 지도한다.
(예상답안) 이 대화는 아파트 입주권이 있어도 아파트를 살 능력이 없어 입주권을 팔 수 밖에 없는 하층민의 가난한 현실이 나타난다. 이는 가난한 사람을 위한 임대아파트 정책이 오히려 하층민의 현재의 삶을 구속하고, 억압하는 사회구조적인 모순을 드러낸다.

2 (지도중점) 난쟁이 아버지의 죽음이 생활고를 비관한 단순한 자살이 아닌 상징적이며 의미있는 죽음이라는 점에 착안하여, 죽음이 갖는 의미를 발표하게 한다.
(예상답안) 김불이. 즉 난쟁이 아버지는 가족의 생계를 위해 여러 가지 직업을 전전하다가, 결국 삶의 터전을 빼앗기고 더 이상 넘을 수 없는 현실의 벽에 부딪히고 만다. 결국 그가 택한 것은 자살인데, 이는 단순한 개인으로서의 자살과 죽음이 아닌, 사회구조적인 문제에 의한 하층민의 불합리한 희생으로 해석할 수 있다. 이는 당시 도시빈민의 고통과 좌절을 상징적으로 드러내는 사건이다.

3 (지도중점) 난쟁이 가족의 삶의 터전이었던 집의 철거와 아버지의 죽음을 통한 영희의 태도의 변화 과정에 주목하여 영희의 말에 담긴 의미에 대해 발표하도록 한다.
(예상답안) 입주권을 찾기 위해 자신의 순결을 잃고 아버지의 죽음이라는 극한 상황에 처한 영희는 모순적인 사회현실에 대해 비판적 태도를 갖게 된다. '아버지를 난쟁이라고 부르는 악당은 죽여버려' 라는 말에는 이러한 현실에 대해 대결하고자 하는 영희의 의지가 나타난다.

제2부 생각 엮기　　　　　　　　　　　　본문 18~19쪽

70년대 산업화의 그늘

1 (지도중점) 70년대 산업화는 경제의 외적 성장과 발전 등을 이룩했지만, 이와 더불어 부정적인 결과도 가져왔음을 학생들에게 소개하고 산업화의 부정적 측면을 구체적으로 제시할 수 있도록 유도한다.
(예상답안) 환경파괴, 빈부의 격차 증대, 인간소외 현상, 물질만능주의, 노동문제, 주거문제, 공동체의식 약화 등

2 (지도중점) 연작소설인 이 소설의 소제목을 보고 이에 해당하는 중심사건을 작성하도록 안내한다. 그리고 줄거리와 산업화의 부정적인 측면을 고려하여 제목이 갖는 상징적인 의미에 작성하고 발표하도록 지도한다.

소제목	중심사건	상징하는 의미
외비우스의 띠	(예상답안) 수학교사가 학생들에게 들려주는 굴뚝청소 이야기(겉이야기)와 앉은뱅이, 꼽추의 살인사건(속이야기)	(예상답안) 안과 밖이 구분되지 않는 곡면으로 흑백논리, 고정관념 등을 경계함
난쟁이가 쏘아올린 작은 공	(예상답안) 난쟁이 집 철거, 난쟁이 아버지의 죽음, 순결을 버리면서 입주권을 찾아오는 영희 이야기	(예상답안) 사회적으로 소외된 계층을 대변하는 난쟁이와 이들의 희망을 '작은 공' 이라는 상징적인 소재를 통해 표현함
내 그물로 오는 가시고기	(예상답안) 은강그룹 회장의 동생 피살, 영수의 사형선고, 회장 아들 경훈의 분노	(예상답안) '가시고기' 는 가난하고 불행한 노동자들을 표현하며, 이들이 그물로 온다는 것은 부정적 상황에 처함을 의미

3 (지도중점) 산업화로 인한 부정적 측면을 해결할 수 있는 방안에 대하여 항목별로 자유로운 의견을 발표하게 한다. 이는 토론과 논술과 연계성이 있는 것으로 마지막으로 전체적인 의견을 수렴한 후 학생 개인마다 창의적인 해결방안을 작성할 수 있도록 한다.
(예상답안) 환경파괴 – 환경관련 법률 제정, 환경시민단체의 노력, 자연친화적 에너지의 사용, 빈부의 격차 해결방안 – 빈곤층에 대한 경제적 지원 및 일자리 제공, 빈곤층에 대한 기부 및 자선 사업 활성화, 사회보장제도 등, 인간소외현상 – 인간성에 입각한 '건전한 사회' 의 실천 등

우리사회의 노동문제

1 (지도중점) 아르바이트와 관련된 학생들의 자유로운 체험 내용을 발표하게 하고 이를 통해 노동현실의 어려운 점과 문제점으로 자연스럽게 화제를 이동하게 한다.
(예상답안) 시간당 보수가 너무 적었다. 아르바이트 환경이 너무 열악했다. 등

2 (지도중점) 줄거리를 통해 나타나는 노동현실에 대하여 객관적인 입장에서 발표하도록 한다.
(예상답안) 하루 아홉 시간 이상의 고된 노동에 시달림, 시간외 근무 수당의 부적절한 지급, 섭씨 30도 이상 되는 방직 공장 내부에서 졸면서 일하는 영희, 조는 노동자에게 빨간 피가 배어나게 옷핀으로 찌르는 작업반장 등

3 (지도중점) 도표를 통해 우리나라 노동 여건이 지닌 문제점에 대해서 자유롭게 발표할 수 있도록 지도한다.
(예상답안) 근로자들은 근로시간을 자유롭게 조절하기 어렵고, 고용환경 역시 자유롭지 못한 편이다.

제3부 생각 나누기　　　　　본문 20~22쪽

경제성장과 사회보장, 어느 것이 우선해야 하는가?

1 (지도중점) 헬렌켈러, 스티븐 호킹 등 학생들이 쉽게 알고 있는 사례를 설명한 후 이와 같이 장애를 극복하고 유명해진 인물에 대해서 자유롭게 발표하게 한다.
(예상답안) 루즈벨트(소아마비 극복 후 미국 대통령 당선), 이희아(두 손가락 밖에 없지만 피아니스트로 성공), 스티비 원더(시각장애를 극복하고 흑인 팝음악의 신화가 된 가수), 베토벤(귀가 들리지 않은 가운데에도 교향곡 '운명' 등의 명곡을 작곡), 무하마드 알리(파킨슨병을 앓았던 전설의 복서), 버락 오바마(흑인 혼혈의 정체성 혼란과 청소년기 방황을 극복한 후 미국의 대통령으로 당선) 등

2 (지도중점) 난쟁이 가족을 바라보는 사회적인 관심 및 시선, 처우 등에 대하여 소설 부분을 인용하여 자유롭게 발표하도록 유도한다.
(예상답안) 소설 속에서 난쟁이는 부유한 '거인' 들 대조되는 왜소하고 나약하며 가난한 존재이다. 이러한 난쟁이 가족을 도와주는 사람은 거의 없고, 난쟁이 가족들은 아버지의 죽음으로 학업이나 가사일을 포기하면서 일터로 내몰릴 수밖에 없다. 난쟁이 아버지의 죽음과 성폭행을 당하는 영희 등의 사건을 통해 드러나는 난쟁이 가족에 대한 사회적인 시선은 차갑고 냉정하다.

3 (지도중점) 개인적 측면의 직업선택의 자유와 사회적 측면에서의 약자 보호라는 두 가치가 충돌할 경우, 어떤 가치를 옹호해야 하는지에 대한 찬반 입장을 묻고 있다. 학생들이 자신의 입장을 분명히 정하여 활발한 찬반 토론이 가능하도록 찬성과 반대로 모둠을 만들어 발표를 유도한다.
(예상답안) *찬성 : 저는 직업 선택의 자유가 우선이라고 생각합니다. 시각 장애인 뿐만 아니라 경제적으로 소외된 계층에 있는 많은 사람들이 경제활동으로 안마사 직업을 선호하고 있는데, 이를 법으로 제한 한다는 것은 매우 불합리한 일이라고 봅니다.
*반대 : 저는 사회적 약자 보호가 선행되어야 한다고 생각합니다. 제도적으로 시각장애인만 안마사가 될 수 있도록 법으로 규정해 주지 않는다면, 현재에도 취업이 어려운 시각장애인들에게 당장 생계가 위협받을 수 있는 일이기 때문입니다.

현대사회에서 투기는 정당화 될 수 있는가?

1 (지도중점) 소설 줄거리를 바탕으로 투기업자들이 이익을 창출하는 방법에 대해 자유롭게 발표하게 한다.
(예상답안) 막대한 자금력을 바탕으로 가난한 사람들의 입주권을 싸게 구입하여 큰 돈으로 받아 되파는 방식으로 이익을 남긴다.

2 (지도중점) 현대의 부동산투기 등의 사례를 소개해 주고 이러한 현상에 대한 학생들의 입장을 찬반 입장으로 나누어 본 후 이에 대해 자유발언형식으로 토론하게 한다.
(예상답안) *찬성 : 투기도 자신의 자본을 바탕으로 이익을 창출한다는 점에서 투자이다. 이러한 것을 규제하고 제한 한다면 자

본주의에 바탕을 둔 시장경제가 위축될 것이다.

*반대 : 투기는 단기투자의 형식으로 큰 이익을 창출하는 것으로, 빈부의 격차를 심화시키는 요인이다. 따라서 투기는 빈부의 격차가 심화되는 사회 현실에서 마땅히 규제되어야 하며, 정당활 될 수 없다.

3 (지도중점) 제시문은 투기에 대하여 옹호한 신문의 사설이다. 이에 대한 학생들의 입장을 찬성과 반대로 나누어 토론해 본다. 1-2번과 연관지어 토론의 내용이 심화될 수 있도록 지도한다.
(예상답안) *찬성 : 투기도 하나의 투자임. 이를 일방적 거부감으로 비난하는 것은 잘못

*반대 : 투기는 불로소득으로, 빈부의 격차를 심화시킨다. 또한 국민의 모범이 되어야 할 사회적 지도층이 이러한 투기를 통해 이익을 창출하는 것은 마땅히 비난받아야 한다.

제4부 생각 펼치기　　　　　　　　본문 23~30쪽

독서논술 논제

1 - 출제의도

우리는 1960년대부터 1980년대에 이르기까지를 눈부신 경제성장을 이룩한 산업화시기로 인식하고 있다. 실제로 이 시기에 우리나라 경제는 내외적으로 뚜렷한 도약과 발전을 이룩했으며 이는 '한강의 기적'으로 세계적인 주목을 받았다. 하지만, 그 화려한 성장의 이면에 가려진 다수의 하층민의 삶을 우리는 많이 잊고 살아왔다.

70년, 80년대의 GNP, GDP와 같은 경제성장률을 나타내는 숫치는 기억할지 몰라도 당시 열악하고 비참한 노동현장에서 노동복지를 외치다 숨진 전태일 열사의 나이를 우리는 기억하지 못한다. 그렇다면 이 소설에서 '난쟁이'로 대표되는 최하층민의 삶은 과연 어떠하며, 당시 사회는 이러한 난쟁이를 어떻게 바라보고 대응하였는가. 이 논술문제는 바로 이러한 사회구조적인 모순에 대해 관심을 갖고 이에 대한 독자의 시각을 정립하는데 목적이 있다.

- 접근방향

이 논술문제는 이 책에 나타난 사회적인 모순을 인식하고 분

석하는 것으로 접근해야 할 것이다. 우선 줄거리를 통해 난쟁이 일가가 생계를 유지하기 위해 노동현장에서 최선을 다해 일함에도 불구하고 결국 삶의 터전이 헐리고, 난쟁이 아버지의 죽음과 딸 영희의 성폭행이라는 비극적인 상황에 처해지고 만다. 이것은 개인의 의지라기보다는 당시 하층민의 삶에 대한 복지와 지원에 무관심했던 정치적, 사회적 지배계층의 이기적 자본주의와 연관지어 생각해 볼 수 있다. 이에 대한 해결방안은, 소외된 이웃에 대한 사회적 관심, 사회복지의 공감대 형성 및 제도적 장치 실시 등에 있을 것이다. 이 외에 다양한 해결방안에 대하여 창의적으로 접근하는 노력이 필요하다.

2 - 출제의도

요즘 현대인들의 손꼽는 삶의 목표는 경제적 부유함, 자신의 분야에서의 성공과 명예 등이 대부분이다. 이는 과거에서도 마찬가지였다. 더구나, 절대평가가 상대평가화 되고 있는 현대의 끊임없는 경쟁사회에서는 남을 생각하기 이전에 자신을 생각하기에 바쁘다. 자신만을 영리와 성공만을 위해 살아가는 사회, 이 사회에서는 과연 어떤 일이 벌어질까? 이 논술문제는 이러한 상황에서 나타나는 문제상황에 주목해 보고, 이를 어떻게 해결해 나갈 것인가에 대해 묻고 있다.

- 접근방향

논술문의 기본은 역시 논제를 정확하게 파악하는 것이다. 이번 논제는 먼저, 제시문에 나타난 현대사회의 문제상황을 분석하는 것이다. 따라서 제시문을 꼼꼼히 읽고 문제점을 도출하여 이를 자신의 논지로 분석하는 것이 선행되어야 한다. 그리고 이를 바탕으로 다양한 사례와 배경지식을 통해 창의적인 해결방안을 도출해 나가야 한다.

3 - 출제의도

이번 논제는 앞의 1, 2번에서 다루었던 문제상황 및 해결책을 묻는 문제에 대해 이를 4개의 제시문의 형태로 구체화한 것이다. 먼저 이 논제는 인물에 대한 평전과 그림을 통해 공통적인 문제상황을 도출해내는 능력을 평가하고자 의도하고 있다. 그리고 특정한 경제이론과 사상을 들어 문제상황에 대한 역사적 배경 살피고 이에 대한 한계를 분석하도록 요구하고 있다. 마지막으로 소설에 드러나는 부조리한 재판 상황에 대해 앞의 내용을 바탕으로 한 자신의 견해를 논술하도록 유도하고 있다.

– 접근방향

제시문이 3개 이상인 문제는 논제를 정확하게 파악한 후 제시문을 꼼꼼히 읽고 이들 사이의 관계를 파악해 내는데, 그 해결의 열쇠가 있다. 정리하면 〈가〉의 평전과 〈나〉의 그림은 공통적인 문제상황을 내포하고 있고 〈다〉는 경제적 이론으로 이 문제상황에 대한 판단의 기준이 될 수 있는 글이다. 〈라〉는 새로운 소설적 문제 상황으로 이번 논제가 궁극적으로 묻고자하는 토대가 된다. 정리하면 이 논제를 해결하기 위해서는 〈가〉와 〈나〉의 공통적 문제상황을 분석 도출하고, 〈다〉의 경제이론의 핵심내용을 정리하여 이론의 한계를 규명해 보고, 〈라〉라는 새로운 상황에 자신의 입장을 논술하는 것이다. 이 논제는 제시문이 4개에 걸쳐 있고 3단계의 해결과정을 거쳐 풀어가야 하기 때문에 필자의 주장과 논지가 시종 흐트러짐 없이 분명해야 하며, 〈라〉라는 새로운 문제상황에서도 앞에 논술한 내용과 연계성을 가지고 주장과 근거를 전개해 나가야 한다.

독서논술문 개요 짜기

제 목	경제 성장에 가려진 사회보장을 주목하며
주 제 문	경제성장도 주체인 인간의 존엄한 권리에 바탕을 둔 사회보장체제 이루어져야 한다.
서 론 (문제의 상황 설명 및 문제 제기)	1. 2009년 1월 '용산참사' 와 2009년판 '난쏘공' 1) 아직도 해결되지 못한 철거자(정부)와 철거민의 관계 2) 다시 한번 이 땅위에 떨어진 '난쏘공' 과 사회복지 정책의 강화 필요
본 론 (근거 들어 논증하기)	1. 경제적 사회보장과 더불어 빈곤층에 대한 배려와 상생의 인식 전환 필요 1) 경제적 약육강식의 원리가 지배하는 현대 사회 2) 경제적 사회보장만이 아닌 사회 전반적인 빈곤층에 대한 공생의 인식의 확산 필요 3) 사회적 눈높이를 낮춰 70년대 '난쟁이 가족' 이 이제는 사라지도록 해야 함 2. 사회보장은 경제성장의 튼튼한 토대 1) 장기적인 관점에서 과도한 시장·가족의존적인 구조에 대한 근본적인 개선 필요 2) 사회보장을 배제한 경제성장은 소득분배 양극화로 인한 사회갈등, 임금인상을 위한 노사분규의 격화, 출산력 저하로 인한 노동공급의 감소 유발 3) '난장이 가족' 들이 적극적으로 경제성장 활동에 참여할 수 있는 여건 마련 시급 3. 선진국의 사례 1) 노사정 3년마다 사회협약 체결… '원윈' 추구 2) 80년대 17%달하던 실업률 4.1%로 떨어져 3) 네덜란드·스웨덴도 대타협 통해 高성장 구가

결 론
(정리 및
주제 강조,
앞으로의
방향설정)
	1. 사회보장에 바탕을 둔 경제성장을 통해 사회적 화합과 상생의 사회, 문화 정착 시급
	 1) 여전히 70년대 '난쏘공' 의 비극이 재현되는 현실과 대책
	  가. 부동산 투기 등 부당한 방법을 통한 빈부의 격차 심화
	  나. 경제 생산에 참여하지 못하는 현대 '난장이 가족' 을 위한 일자리대책 마련 확대
	  다. 선진국의 모델 참고하여 우리나라 특유의 원인 정책에 대한 사회적 토론과 고민
	 2) 사회 모든 구성원이 하나 되어 새로운 '공' 을 쏘아올릴 수 있는 사회로 거듭나길

당신들의 천국

제1부 생각 열기   본문 42~44쪽

생각 품기

1 (지도중점) 학생들과 함께 시를 읽고 시적화자 및 시적상황을 알아보도록 하고, 이를 정리하여 편지의 대상을 구체화한 후 시적화자에게 간단한 위로의 편지를 쓸 수 있도록 지도한다.

(예상답안) 저는 당신을 잘 알지도 못하고 당신의 아픔을 쉽게 공감하기 어렵지만, 어떤 방식으로든 당신을 돕고 싶습니다. 숨막히는 더위 속에서 걸어가야 했던 고통과 시련의 그 길이 얼마나 힘들고 아팠을까요? 발가락이 떨어져 나가는 아픔 속에서 걸어가야 할 머나먼 길, 이제는 우리가 조금이라도 당신의 힘이 되어 드리고 싶습니다.

생각 깨기

1 (지도중점) 학생들이 책을 충실히 읽었는지 사건을 정리해보는 과정이다. 시간의 순서에 의거하여 주인공인 조백헌 원장이 천국 건설을 위해 행한 일을 정리하도록 지도한다.

(예상답안) 원생들의 불만과 요구사항을 듣는 건의함 설치, 섬 운영의 결정권을 행사할 환자들의 장로회 조직, 병에 감염되지 않은 환자의 자식들과 병원 직원 아이들의 공학 단행, 환자들만의 축구팀 구성과 각종 대회 출전, 농토를 확보하기 위한 간척공사

2 (지도중점) 소설의 중심 사건을 통해 갈등 관계를 파악하고 이에 대한 인물의 태도를 파악해 보는 과정이다. 학생들이 자연스럽게 중심사건과 갈등, 인물의 태도를 파악할 수 있도록 교사의 적절한 발문과 조언이 필요하다.

(예상답안) 소록도의 농토를 확보하기 위한 간척공사를 강력히 추진하던 조백헌 원장은 원생들의 불만과 불평, 육지 주민들의 방해, 행정 관청의 비협조 등의 난관에 부딪힌다. 또한 수많은

사상자가 발생하고 제방이 태풍에 휩쓸려 가는 등의 시련 속에서도 원생들을 독려하는 등 헌신적인 모습으로 간척사업을 계속한다.

3 (지도중점) 소설의 중심 사건을 통해 갈등 관계를 파악하고 이에 대한 인물의 태도를 파악해 보는 과정이다. 학생들이 자연스럽게 중심사건과 갈등, 인물의 태도를 파악할 수 있도록 교사의 적절한 발문과 조언이 필요하다.
(예상답안) 일제시대 때의 소록도의 병원장 주정수는 행복한 낙원의 건설을 장담한다. 그의 의지에 감동한 원생들도 그를 따라 섬을 발전시켜 나간다. 그러나 주원장과 원생들의 관계는 지배와 복종의 관계로 변질되고 원생들은 낙원의 건설을 위해 막노동판으로 노예처럼 끌려 나간다. 결국 권력에 아첨하는 자들에 의해 주원장의 동상이 세워지고 원생들은 매월 동상에 의무적으로 참배한다.

4 (지도중점) 작품의 결말이 지니는 의미에 대해 학생들이 자유롭게 발표하도록 한다.
(예상답안) 정상인 여교사 서미연과 나병 음성병력자 윤해원의 결혼은 화해의 가능성과 동시에 '우리들의 천국' 의 실현에 대한 희망을 암시한다.

생각 기르기

1 (지도중점) 조백헌 원장, 이상욱, 황장로 등 등장인물의 주장과 근거를 대화와 행동 등을 통해 파악해 보고 이를 비판적 관점에서 평가한 후 이를 자유롭게 발표할 수 있도록 지도한다. 이를 심화하여 간단한 역할극으로 표현해 볼 수도 있다.
(예상답안)
***이상욱의 입장** – 상욱에 따르면 환자들의 천국을 건설하려는 조 원장의 계획이 치명적으로 빠뜨리고 있는 것은 비판의 자유다. 원장의 의도가 아무리 미쁘고 그 결과물이 아무리 아름답다 해도 천국의 거주민 환자들이 비판할 수 있는 자유를 행사하지 못한다면 그것은 가짜 천국일 뿐이라는 것이다.
***황장로의 입장** – 황 장로는 상욱의 자유조차도 사랑이라는 좀 더 근본적인 덕목이 없이는 불완전한 것임을 역설한다. 자유가

천국 실현을 위한 제도적 장치라면 사랑은 그 종교적 근거를 이룬다. 자유와 사랑이라는 두가지 요건, 그리고 실제로 천국 건설을 추진할 실천적 힘이 결합돼야 한다는 것이 〈당신들의 천국〉에 나타난 유토피아관이라 할 수 있을 것이다.

2 (지도중점) 제시문을 읽고 정치와 스포츠의 관계에 대하여 발표하게 한 후 이를 통해 소설상황 속에서 축구 시합을 통해 주인공이 얻게 되는 점과 이를 비판하는 과정이 자연스럽게 이어질 수 있도록 발문을 구성하여 지도한다.
(예상답안) 간척사업이 여러 가지 난관에 봉착할 때, 조백헌 원장은 원생들에게 축구를 통해 할 수 있다는 신념을 부여하고, 간척사업을 계속할 수 있게 한다. 이는 간척사업이라는 목적 달성을 위해 축구경기로 원생들의 단합을 도모하는 것으로써, 건전하고 순수해야 할 스포츠가 개인의 정치적 목적으로 이용되는 것이므로 비판받아야 한다.

사회적 편견의 극복

1 (지도중점) 학생들이 직접 경험한 사례들을 발표해 보고, 질병과 사회적 편견으로 소외된 계층의 입장에서 느끼는 생각과 느낌에 대해서 공감해 볼 수 있도록 지도한다.
(예상답안) 감기가 심하게 걸려서 아픈데, 친구들은 내가 감기를 전염시킬까봐 나를 멀리한 기억이 있다. 지금도 생각하면 섭섭한 느낌이 크다. 혹은 감기에 걸렸을 때, 친한 친구가 하루 종일 나를 곁에서 정성껏 간호해 준 것이 너무도 고맙게 기억된다.

2 (지도중점) 학생들의 자유로운 발표를 정리해 가면서 질병과 사회적인 편견에 의해 이중으로 고통받는 사람들에 대해서 생각해 볼 수 있도록 지도한다.
(예상답안) 한센병(나병, 문둥병), 생활습관병(성인병), 간질(지랄병), 정신지체인(지적장애인), 발달장애인(자폐성장애인) 등 비정상적인 외모와 행동에 대한 거부감 때문에 편견을 가진다.

3 (지도중점) 사회의 다양한 면에서 발생하는 사회적 편견 문제에

197

대해 학생들이 자유롭게 발표하도록 지도한다.

(예상답안) 다문화 가정에 대한 편견, 장애인에 대한 편견, 탈북자에 대한 편견 등

구분	다문화가정	장애인	탈북자
문제점	• 미혼모의 혼혈아 문제 • 경제적인 어려움 • 학교에서 따돌림	• 장애인 취업 문제 • 장애인 시설 미흡 • 장애인 기피 문제	• 교육 및 취업문제 • 사회적 거리감
해결방안	• 혼혈아, 다문화 가정에 대한 사회적 인식 변화 • 정부의 교육적, 경제적 사회문화적 지원	• 장애인과의 접촉 프로그램 확대 • 정부차원에서의 장애인에 대한 다각적인 지원	• 전문적 교육 및 취업 기회 부여 • 사회적 인식의 변화

4 (지도중점) 학생들의 창의적인 발표 내용을 수렴하여 정리한 후 정책의 현실성에 대해서도 토론해 보도록 지도한다.

(예상답안) 한센병이 신체접촉 등으로 전염되지 않은 병임을 육지 사람들에게 적극 홍보함. 소록도를 관광단지로 만들어 나병환자들과 섬의 이미지를 제고함. 나병환자들이 가족과 친지와 자유롭게 교류할 수 있는 여건을 마련함. 등

소통과 유토피아

1 (지도중점) 학생들이 글을 읽고 핵심내용을 정리하게 한 뒤 주정수 원장의 행동을 비판하여 발표하고 이에 대한 해결책에 대한 학생의 의견을 수렴, 정리한다.

(예상답안) 주정수 원장은 소록도 낙원 개발을 경쟁적으로 실시하면서 원생들과의 소통을 배제해 버렸다. 따라서 소록도의 낙원 건설자가 아닌 지배자로 전락하였다. 주정수 원장이 이응노 선생처럼 병원생들의 인간적 존중과 실제 현실에 관심을 가지고 그들을 존중하고 소통하려 했다면 오히려 비극적 결말없이 진정한 의미의 낙원 건설이 가능했을 것이다.

제3부 생각 나누기   본문 48~49쪽

장애인 학생과 일반 학생의 통합교육은 실효성이 있는가?

1 (지도중점) 평소 우리가 사용하는 '장애인'이라는 말이 '장애자'라는 말과 어떤 차이가 있는지 학생들의 자유로운 생각을 들어보고, 교사가 정확한 차이를 설명해 준다.

(예상답안) '장애를 가진 사람들'이 장애자의 '자(者)'라는 글자는 '놈 자'라 하여 인격을 비하하는 어감을 줄 수 있으며 일본식 표기이다. 반면 장애인'은 '장애를 가진 사람'에 대한 공식적인 법적 용어이다.

2 (지도중점) 통합교육에 대하여 학생들에게 구체적으로 설명해주고, 이에 대한 실효성에 근거하여 학생들의 입장을 들어보고 이를 찬반 형태의 토론으로 심화시켜 진행한다.

(예상답안) *효과적이다 : 비장애인 학생들의 입장에서는 장애인 학생들의 생활과 실상을 이해하는 기회가 되어 이들에 대한 편견을 없앨 수 있다. 상대방을 이해하고 배려하는 인격수양에도 도움이 된다. 또한 장애인 학생 입장에서는 비장애인들과 같은 환경에서 같은 조건으로 공부하며 생활할 수 있어 사회적응에 대한 자신감과 희망을 가질 수 있다.

*효과적이지 않다 : 장애인 교육은 특수교육을 전공한 교사와 적절한 환경이 갖춰진 특수학교나 특수학급에서 이루어지는 것이 바람직하다. 왜냐하면 비장애인 학생들의 입장에서는 장애의 정도가 지나친 학생은 소리지르기, 심한 산만함 등이 학습에 장애가 될 수 있다. 또한 장애인 학생의 경우도 시설, 환경 면에서의 불편함, 학생들의 편견 등에 의해 학교생활의 적응이 어려울 수 있다. 등

3 (지도중점) 통합교육의 올바른 발전을 위해 각 계층 및 학생들이 해야할 노력에 대하여 학생들의 자유로운 의견을 듣고 정리한다.

(예상답안) *정부 : 일반학교에도 장애인 학생이 교육받고 생활할 수 있는 풍족한 여건이 마련될 수 있도록 충분한 지원을 시행한다. 통합학교의 바른 취지 및 목적에 대해서 다각적으로 홍보하고 노력한다.

*학교 : 장애인 학생과 비장애인 학생들이 상호 이해, 존중할 수 있도록 교육의 장을 마련한다.

*일반 학생 : 장애인 학생을 가족처럼 인격적으로 대하고 학업 및 학교생활에 잘 적응할 수 있도록 도와준다.

*장애인학생 : 비장애 학생들의 호의에 대해 거리감을 갖지 않고, 마음을 열고 생활한다. 등

직접민주주의를 통한 이상사회의 실현은 가능한가?

1 (지도중점) 천국의 다양한 명칭과 모습에 대해서 학생들이 자유롭게 발표하도록 유도한다.
(예상답안) 가나안, 천국, 극락, 엘도라도, 샹그리라, 엘리시움, 샴발라, 무릉도원 등

2 (지도중점) 이 소설의 제목인 당신들의 천국이 의미하는 바에 대하여 먼저 학생들의 의견을 듣고 조원장이 건설하려 했던 천국이 당신들의 천국에 그치고 만 이유에 대해서 학생들이 자유롭게 발표하도록 한다.
(예상답안) **당신들의 천국** : 원생들의 입장에서는 조백헌 원장이 만들고자 했던 천국이 자신들의 천국이 아닌 권력을 지닌 지배자들의 천국이라고 생각했기 때문에 당신들의 천국이라는 이름이 붙여졌다.
이유 : 천국 건설은 오로지 조백헌 원장이 주도적으로 진행한 사업이다. 이 사업의 구상 및 과정에 있어서 원생들의 의견이나 비판은 전혀 반영되지 않았다. 또한 조백헌 원장은 이들을 원생으로 인식할 뿐이지 진정한 사랑과 존엄의 대상으로 인식하고 다가가지 못했다. 결국 원생들과의 인간적 소통에 실패한 것이다. 따라서 조백헌 원장이 건설하려는 것은 결국 조백헌 당신과 당신의 추종자, 곧 당신들의 천국에 지나지 않았다.

3 (지도중점) 플라톤 시대와 현대의 시대를 대조하면서 학생들이 토론할 수 있도록 지도한다.
(예상답안) **반대** : 플라톤 시대의 대중과 현대사회의 대중은 여러 가지 면에서 큰 차이점이 있다. 먼저 현대는 정보화사회로 플라톤 시대의 대중이 소유했던 정보와 교육수준과 비교할 수 없을 정도로 변화 발전해 있다. 또한 특정 분야에 대한 전문가 집단이 형성되어, 당시의 대중들과는 달리 올바른 판단 능력이 뛰어나다. 따라서 이들 사이에 활발한 의사소통을 통해 여러 정책과 사안에 대해 비판, 토론을 통해 사안을 결정해 나간다면 우리는 이를 중우정치(衆愚政治)가 아닌 중현정치(衆賢政治)로 바꿔불러야 할 것이다.

4 (지도중점) 논제에 대해 찬성과 반대로 모둠을 나누어 활발한 토론이 이루어지도록 지도한다.

(예상답안) *찬성 : 인터넷을 통해 공간적, 수적 제약 극복이 가능(카페, 블로그, UCC 등의 여론형성, 인터넷 투표, 댓글 문화)해 직접 민주주의의 실현이 가능하다.
*반대 : 실명이 보장되지 않은 인터넷 사용, 상대방에 대한 악의적인 리플과 무조건적인 비방, 자극적인 여론 호도 등은 오히려 직접 민주주의 실현에 큰 저해요인이 될 수 있다.

제4부 생각 펼치기　　　　본문 50~56쪽

독서논술 논제

1 – 출제의도
소설 속에서 조백헌의 소록도의 나병환자들을 위한 병원장으로 부임하면서 원생들의 불만과 요구사항을 듣는 건의함 설치, 섬 운영의 결정권을 행사할 환자들의 장로회 조직, 병에 감염되지 않은 환자의 자식들과 병원 직원 아이들의 공학 단행, 환자들만의 축구팀 구성과 각종 대회 출전, 농토를 확보하기 위한 간척공사 등을 통해 소록도를 살기 좋은 천국으로 만들기 위해 노력한다. 하지만, 이러한 일련의 노력들은 나병환자들의 반대에 번번이 부딪히게 되고 이러한 갈등 속에서 '우리들의 천국'을 이루지 못한채 소록도를 떠나고 만다. 이와 같은 문제는 우리의 일상생활 속에서도 수없이 되풀이 되고 있다. 과연 이 소설이 문제 삼고 있는 인물과 현실은 무엇인가에 대한 성찰을 통해 이를 우리의 현실 사례 속에서 적용해 보고, 나아가 사회구성원으로서 자신의 역할에 대해서 묻고자 하는 논제이다.

– 접근방향
우선 이 논제에서 되풀이 되어 언급되고 있는 '우리들의 천국'이라는 개념부터 분명히 할 필요가 있다. '우리들의 천국'과 '당신들의 천국'의 차이는 '우리들'과 '당신들'이라는 대명사의 차이에 있다. 이러한 차이와 당시 시대적 배경에 대한 고찰을 통해 소설 제목이 지니는 '당신들의 천국'이라는 작품의 전체적인 알레고리를 이해할 수 있어야 한다. 또한 조백헌 원장의 중심으로 벌어지는 사건으로 대표되는 정치적 신념과 의지의 과정과 결과가 나병 환자들의 현실적인 삶에 어떻게 소통하고 있고, 그들의 진실로 요구하는 것은 반영하고 있는가를 파악하는 것도 이 논제의 핵심 포인트이다. 더불어 이와 같은 문제의

식을 담고 있는 현실 사례를 찾고 이에 대한 새로운 해결책을 제시해 나가는 순서로 접근해 나가야 한다. 단, 사례와 해결책은 논리적이며 구체적, 혹은 창의적인 것이어야 좋은 논술문이 될 수 있다.

2 - 출제의도

인류를 아주 오래전부터 인류의 천국인 유토피아를 꿈꾸어 왔다. 하지만, 기독교의 '천국', 불교의 '극락', 도교의 '무릉도원' 처럼 유토피아는 현실과는 먼 세계에만 존재해 왔고, 현실은 항상 이러한 유토피아를 위한 수많은 목적과 명분을 낳고, 다양한 수단과 과정을 통한 헛걸음질을 되풀이할 뿐이었다. 중세의 종교적 유토피아의 목적과 명분이 부른 십자군 원정은 수많은 전쟁과 죽음을 불러 왔고, 이는 현재의 이스라엘과 이슬람 세계와의 갈등에서도 지속되고 있다. 이 소설의 이야기도 유토피아를 향한 구성원의 노력과 갈등이라는 측면에서 그 맥을 같이한다. 우리는 이러한 현상의 본질을 유토피아를 향한 목적과 명분, 수단과 가치의 과정을 통해 이해되고 정립해 볼 필요성이 있다. 이 논제는 이러한 맥락에서 올바른 유토피아를 위한 구성원의 생각과 자세를 되돌아 볼 수 있도록 하기 위한 의도에서 출제되었다.

- 접근방향

앞의 1번 문제가 소설의 전반적인 주제의식과 현실사회와의 관련성, 그리고 독자의 태도까지 아우르는 광범위한 논제라면, 이 논제는 주제의식에 대한 보다 세밀하고 근원적인 이해를 바탕으로 풀어나갈 수 있다. 이 논제는 소설의 내용과 주제를 목적과 수단, 명분과 수단이라는 핵심개념들의 관계를 통해 풀어내고, 이를 유토피아의 실현이라는 관점에서 일반화 하는 방향으로 풀어가는 것이 좋다.

3 - 출제의도

〈당신들의 천국〉의 '조백헌 원장' 을 리더라는 측면에서 접근했을 때, 이 소설은 우리사회의 올바른 리더십이 무엇인지 생각하며 읽어 볼 수 있는 소설이 된다. 과연 이 소설의 '주정수 원장' 이나 '조백헌 원장' 은 어떤 리더십을 지니고 있으며, 어떻게 평가해 볼 수 있을지, 우리 시대의 새로운 리더의 자질과 덕성은 무엇인지 생각하고 소설과 더불어 리더십에 대한 자신의 뚜렷한 관점을 정리해 보는데 이 논제의 의미가 있다.

- 접근방향

논제의 핵심은 제시문 〈가〉와 〈나〉의 문제상황을 극복하는 '현대적 리더십' 에 있으므로 논제파악이나 논지와 개요작성 등이 모두 이를 중심으로 이루어져야 한다. 〈가〉는 '당신들의 천국' 에서 주정수 원장이 폭력과 억압으로 무리한 선착장 공사를 감행하는 상황이며, 〈나〉는 마키아벨리의 '군주론' 에서 군주가 자신의 권력을 유지하는데 있어 사랑보다는 상대방에 대한 두려움이 효과적이라고 언급하고 있다. 이는 리더의 일방적인 '정치적 신념' 의 목적, 그리고 '두려움' 과 '강압' 이라는 수단과 방법을 통한 이행이라는 공통분모를 갖는다. 이에 대한 현대적 리더십은 〈다〉와 같이 구성원의 기본권과 사회적 약자에 대한 배려를 바탕으로 〈라〉를 참고하여 이들을 포용하고 진정한 '선택' 과 '변화' 를 이룰 수 있는 방안에 대한 고민이 있어야 할 것이다. 더불어 이에 대한 창의적인 리더십의 구체적인 사례나 방안을 제시한다면 훌륭한 논술문으로 인정받을 수 있을 것이다.

독서논술문 개요 짜기

제 목	당신들이 아닌 우리들이 만들어 가는 천국의 풍경
주 제 문	우리들은 천국은 미래의 '변화' 와 '선택' 의 주체인 우리가 적극적으로 인간과 사회문제의 현실에 참여하고 리더와 구성원의 진정한 소통이 전제될 때 이루어질 수 있다.
서 론 (문제의 상황 설명 및 문제 제기)	1. 2009년 1월 '용산참사' 와 2009년판 '난쏘공' 　1) 아직도 해결되지 못한 철거자(정부)와 철거민의 관계 　2) 다시 한번 이 땅위에 떨어진 '난쏘공' 과 사회복지 정책의 강화 필요
본 론 (근거 들어 논증하기)	1. '당신들의 천국' 과 '우리들의 천국' 이 지니는 의미 　1) '우리들의 천국' 에서의 '우리들' 의 의미 　2) '당신들의 천국' 에서의 '당신들' 의 의미 　3) 당시 사회적 배경을 고려한 '당신들의 천국' 이라는 제목의 의미 2. 소설 속에서 발견하는 '당신들의 천국' 　1) '주정수 원장' 으로 대변되는 정치에 대한 불신 　2) 새로운 '조백헌' 원장의 '천국' 에 대한 정치적 신념과 원생들과의 소통 　3) 소설 속에 나타나는 정치적 신념의 문제와 해결방안 3. 현실 속에서 재현되는 '당신들의 천국' 　1) 자본주의 사회에서 지속되는 빈부격차의 심화와 점점 멀어지는 '우리들의 천국' 　2) 영화 '체인질링' 에 나타난 정치적 권력의 모습
결 론 (정리 및 주제 강조, 앞으로의 방향설정)	1. 우리들의 천국을 만들기 위한 우리들의 발걸음 　1) '선택' 과 '변화' 에 적극적이고 주체적으로 나설 수 있는 토론과 대화의 문화, 사회 형성 　2) 노블리스 오블리제, 소프트 리더십 등의 대안과 신뢰의 리더십 문화 정착

200

모리와 함께한 화요일

생각 품기

1 (지도중점) 예상 답안에 있는 것 외에 더 정리할 수 있는 것들을 더 생각하도록 한다.

(예상답안) ***가족개념**

① 단순한 사랑이 아닌 정신적 안정을 준다.

② 누군가가 지켜봐 주고 있다는 사실을 알려준다.

③ 각자 가족의 세계를 존중 해줘야 한다.

*나이가 드는 것

① 쇠락이 아니라 성장이다.

② 젊은이가 부럽지 않은 것은 다 그 시절을 거쳐 왔기 때문이다.

*죽음

① 사람은 죽는다는 것은 알아도 자기가 죽는다고는 아무도 생각하지 않는다.

② 죽음을 맞는다면 죽음을 미리 준비 할 필요가 있다.

③ 어떻게 죽어야 할지를 알면 어찌 살아야 할지도 안다.

*돈, 권력

① 돈, 권력은 다정함을 대신할 수 없다.

② 사랑, 용서 ,동료애를 대신 할 수 없다.

③ 인간은 원하는 것과 필요한 것에 혼란을 일으킨다.

④ 음식은 꼭 필요하나 아이스크림은 기호식품이다.

생각 깨기

1 (지도중점) 미국의 언어학자 Noah Webster는 영국의 식민지에서 해방된 뒤 "미국식 영어"의 기틀을 확립한 인물. 세계적 권위의 웹스터 영어 대사전의 편찬자로 유명하다. 그러나 오늘날 한글의 기틀을 세운 언어학자, 신학문 교육자. 세종대왕이 한글을 창제했다면, 주시경은 한글이 "국어"가 되게 한 장본인. 자신은 한글 보급과 교육을 위해 엄청난 고행을 감내하면서도, 가르치는 학생들에겐 자상하고 헌신적인 노력을 아끼지 않았다. 그런데 한글 연구에 몰두하다 38살 젊은 나이에 요절했다. 그러기에 너무나 그의 죽음은 안타까울 수밖에 없다. 동일 질병으로는 스티븐 호킹 박사가 있다.

(예상답안 1)

1894년 갑오경장과 함께 지명, 인명, 법률과 칙령들을 한글 중심으로 적게 됨. 그러나 당시 한글은 수백 년간 아무도 돌보지 않아 언어로서의 가치가 크게 추락해 있었음. 시간과 장소에 따라 발음과 어법이 달라지는 등 용법이 문란했으며 그에 따라 수효도 점차 줄어 언어로서 위기를 맞고 있던 한글. 이 상황을 타계한 사람이 주시경이었음. 그는 거의 독자적인 노력으로 한글을 체계적인 표기 문자로 거듭나게 했으며, 수많은 지식인과 후학들에게 영감을 제공, 한글이 조국의 독립과 근대화에 지대한 역할을 하도록 함.

1876년 가난한 선비의 아들로 출생. 본명은 상호. 어려서 한문을 배우던 중 한글의 필요성에 대한 자각을 함.

1892년 머리를 깎고 배재학당 입학. 이곳에서 산술, 지리, 역사 등 신학문을 배움. 배재학당의 은사였던 서재필과 함께 독립신문사에서 일함. 주시경은 독립협회 회장이었던 윤치호, 일본 유학파인 최남선 등 당대 이름 있는 지식인들과 친분이 깊었음.

본격적인 한글 연구에 매진. 밤에는 한글에 대한 연구를 계속하고 낮에는 서울 시내 거의 모든 학교를 돌아다니며 국어, 지리, 역사, 수학 등을 가르침.

1898년 최초의 한글 문법 연구서인 [국어 문법] 완성. (출판은 되지 않고 교육 자료로 사용됨.) 1906년 최초의 한글 교재인 [대한 국어 문법] 출간. 1907년 국어사전 편찬 시작. 그러나, 이때 제작된 국어사전은 주시경의 생전에 완성되지 못함. 그 외에도 한글 쓰기의 규칙을 마련한 한글맞춤법 통일안의 기본 이론을 구축함.

독립 운동가들을 음양으로 돕기 위한 노력에도 매진함. 독립 운동을 하던 이승만이 옥에 갇혔을 때 그에게 탈옥을 위한 권총을 전달한 것으로 유명.

주시경은 "한글"이라는 명칭을 처음 사용한 사람으로 알려져 있음. (1910년에 자신이 쓴 글 "한나라글"에서 "나라"를 빼고 만든 조어.) 한글이라는 명칭이 처음 쓰인 것은 1913년이고, 1927년 이후 사용이 보편화 됨.

(예상답안 2)

이 병에 걸린 유명인사로는 세계적인 이론물리학자 스티븐 호킹 박사가 있다. 그는 옥스퍼드 대학 재학 중 조정선수로 활동할 정도로 건강한 청년이었지만, 케임브리지대 대학원에서 물리학을 전공하고 있었던 1963년, 그의 나이 21살에 루게릭병을 진단받았다고 한다. 이후 그 병이 계속 악화되는 상황에서도 학문에 정진하여, 1973년 블랙홀에 대한 새로운 학설을 발표하기도 했다. 1980년 케임브리지대 석좌교수가 되었지만, 그는 1985년 폐렴으로 기관지를 절개하고 목소리마저도 잃었다. 그래도 그는 끈질긴 노력으로 휠체어에다 음성 합성기를 달고 그것을 통해 말을 하기도 했다.

그는 첫 부인과 헤어진 후에 어느 간호사와 재혼했지만 몸이 불구인 탓에 아내에게 상습폭행을 당하고 살다가, 결국 주변사람들의 도움을 받아 다시 이혼을 하기도 했다. 그럼에도 불구하고 그는 그 모진 투병 생활을 하며, 온갖 주변의 어려움 앞에서도 '삶이 있는 한 희망이 있다'고 말하면서 노구의 몸을 이끌고 긍정적인 삶을 살고 있다.

생각 기르기

1 (지도중점) 자신에게 시한부 인생이란 선고가 떨어진다면 대부분의 사람들은 죽음에 대한 공포와 죽지 않고 싶은 충동을 느낄 것이다. 죽음은 공포가 아니라 삶의 연속으로 생각하는 자제가 필요하다. 그래야 편안한 삶을 살 수 있게 될 것이다. 남은 사람들에게 어떻게 기억시키고 싶은가를 염두에 두고 죽음 계획서를 만들어 본다. 한비야님도 7년 동안 생사를 넘나드는 오지여행을 하였고, 전 세계 긴급 구호 현장을 돌면서 수없이 죽음의 위기를 넘겼다. 그녀가 작성한 죽음 세부 계획서도 참고할 만하다.
(예상답안) 나의 사망기 쓰기, 남은 사람들에게 어떻게 기억되고 싶은가?
① ○○○는 어제 ○○세를 일기로 세상을 떠났다.
② 그의 사망원인은 ○○○이었다.
③ 그의 남은 가족은 ○○, ○○○이며, 그는 ○○○의 구성원이었다.
④ 그는 사망한 그때에 ○○○를 하고 있었다.
⑤ 그를 아는 사람들은 그를 ○○한 사람이라고 기억할 것이다.

⑥ 그의 죽음을 가장 슬퍼할 사람은 ○○○일 것이다.
⑦ 그가 세상에 남긴 업적은 ○○○이다.
⑧ 그의 시신은 ○○○ 처리될 것이며, 장례식은 그의 유언에 따라 ○○식으로 진행될 것이다.

2 (지도중점) 우리나라 국민은 평균수명에 이르기까지 4명 중 1명꼴로 암에 걸린다. 또 암환자들의 의학적 치료기준으로 사용하는 '5년 생존율'(5년 이상 생존하는 비율)은 44.4%로 높아졌지만 2002년 암 발생건수는 1999년에 비해 15% 정도 늘어난 것으로 조사됐다. 갑상선암, 유방암 등은 5년 생존율이 높았다. 반면 췌장암 폐암 간암 등은 5년 생존율이 7~13%에 그쳐 한 번 걸리면 치명적이었다. 이러한 환자에게 위로의 편지를 쓴다면 어떻게 써야 할 지에 대한 근거를 들어 발표하도록 한다.
(예상답안) **외과의사가 한 암환자에게 드리는 편지**

B님께서 담낭 안에 자란 혹을 수술했던 것이 지난해 5월이었지요. 간의 일부와 담낭, 담도 및 췌십이지장 절제라는 큰 수술이었습니다. 수술 후 저는 땀에 흠뻑 젖었지만 깊은 흥분과 기쁨에 젖었습니다. 종양 조직을 포함하여 완벽하게 암종이 제거되었다고 생각했기 때문입니다. 회복된다면 오랫동안 살아가실 수 있으리란 믿음을 가졌습니다.

(중   략)

오늘 B님이 응급실을 통해 다시 입원했음을 알았습니다. B님은 제가 의사로서 무엇을 해야 하는지를 생각하게 해 주시는 분입니다. 〈모리와 함께한 화요일〉이란 책은 '근위축성 측색 경화증'이라고 하는 병에 걸린 사회학 교수의 이야기입니다. 거기엔 이런 구절이 있습니다.

'의미 없는 생활을 하느라 바삐 뛰어다니는 사람들이 너무도 많아. 그들이 엉뚱한 것을 좇고 있기 때문이지, 자기의 인생을 의미 있게 살려면 자기를 사랑해 주는 사람들을 위해 바쳐야 해. 자기가 속한 공동체에 헌신하고, 자신에게 의미와 목적을 주는 일을 창조하는 데 헌신해야 하네.'

제2부 생각 엮기   본문 71~72쪽

자살도 죽음을 준비한 것으로 볼 수 있나?

1 (지도중점) 죽음 준비라는 것은 단순히 죽음에 대해 준비하라는 것이 아니라, 자신의 삶을 돌아보면서 보다 가치있게 살라는 의미이다. 죽음은 공포가 아니라 삶의 연속으로 생각하는 자제가 필요하다. 그래야 편안한 삶을 살 수 있게 될 것이다. 그러한 점에서 자살에 대해서는 생각하는 관점이 차이가 있음을 판단하게 한다.

(예상답안 1)

　자살 사례를 살펴보면 경제적, 사회적인 원인에 기인하는 경우가 많다. 그러나 자살행위를 전적으로 사회에 그 책임을 돌릴 수는 없다. 자살로 인해 잃은 것은 결국 자신의 생명이기 때문이다. 만약 나의 친구가 자살충동을 느낀다고 말한다면 나는 우선 말보다 꼭 한 번 안아줄 것이다. '스스로 목숨을 버릴 정도로 힘든 일이 있니?' 물어보고 친구의 이야기를 끝까지 들어주겠다. 대부분의 자살을 생각하는 사람들이 그러하듯이, 친구도 자살을 초래하는 상황이나 죽음에 대한 아무런 생각이 없이 지금 상황으로부터 벗어나기 위해 충동적으로 자살을 생각해 자살하면 모든 일이 해결되고 자신은 편안해질 것이라고 막연히 생각했을 것이다.

　그러나 자살을 강행함으로써 불행한 삶과의 단절을 바라겠지만, 삶과 죽음은 단절이 아니라 연속이다. 자살하는 사람은 자신이 살아온 이력과 자살행위로부터 무관할 수 없다. 우리에게는 인간답게 살 권리, 인간답게 죽을 권리가 있다. 자살한다고 해서 더 나은 상태로 나아가거나 문제가 해결되는 것도 아니다. 친구가 심적으로 안정되고 정서적으로 편안한 상태를 유지할 수 있도록 하기 위해 '힘이 들 때는 언제나 내가 옆에 있음을 기억해' 라는 말도 덧붙여 줄 것이다. 무엇보다 가장 중요한 것은 스스로 삶에 의지와 희망을 가지는 것이다. 자기 자신은 존엄한 존재라는 것에 대해 긍지를 가지고 스스로를 사랑한다면 자기 자신을 버리는 일은 하지 않을 것이라고 생각한다.

　죽음 준비라는 것은 단순히 죽음에 대해 준비하라는 것이 아니라, 자신의 삶을 돌아보면서 보다 가치있게 살라는 의미이다. 가능하면 어렸을 때부터 죽음에 대해 생각해 보고 자신의 삶을 보다 의미있게 사는 것은 건강한 삶과 건강한 죽음을 맞이하기 위해 필수적이다. 사형수들의 마지막 증언을 통해 보면 우리는 죽음 준비가 얼마나 중요한지 알 수 있다.

(예상답안 2)

　전문가들은 사회적 유대감 약화와 고립감이 이들을 벼랑 끝으로 내몰고 있다고 지적합니다.

　"서로 돕고 도움을 받는 관계들이 많이 파괴가 됐다고 얘기할 수 있고요. 결국 개인들이 해결할 수 없는 문제들을 개인 스스로 혼자 감당해야하는 상황이 자꾸 벌어지다 보니까 자살이라는 극단적 선택을 하는 것이 아닌가 싶네요."

　문제는 양극화로 빈곤층이 늘고 고령화가 진행되면서 자살 위험 요인이 늘고 있다는 점입니다.

　2007년 한 해 동안 자살이라는 극단적 선택을 한 사람은 12,000여 명에 달합니다.

　하루 평균 33명이 스스로 목숨을 끊은 셈입니다.

　인구 10만명 당 자살률도 증가 추세에 있습니다.

(이명수, 서울시광역정신보건센터)

　"주변에 큰 어려움을 겪고 행동이나 감정이나 언어의 표현이 변화하는 분들을 보신다면 혹시나 자살 위험징후는 아닐까 관심을 갖는게 굉장히 중요하다고 말씀드릴 수 있습니다."

　자살을 기도하기 전에 주변에 경고신호를 보내는 경우가 많다는 것입니다.

　특히, 잠을 못 이루고 절망감을 호소하거나 다른 사람과의 접촉을 피할 때 등은 반드시 전문적인 상담이 필요하다고 조언합니다.

　상황이 심각해지자 정부도 뒤늦게 자살사이트를 차단하고 지하철 스크린 도어를 확대 하는 등 자살 예방 대책을 마련하고 있습니다. 노인이나 저소득층과 같은 취약계층에 대한 경제적 안정망 구축도 모색하고 있습니다.

　하지만, 전문가들은 무엇보다 주변 사람의 따뜻한 관심과 도움이 자살을 예방하는 가장 효과적인 방법이라고 강조하고 있습니다.

(강진원 서강대 사회학과 교수)

2 (지도중점) 우리나라는 죽음에 대해 터부시 하는 경향 때문에 전혀 교육을 시키지 않는다고 볼 수 있다. 다만 있다면 자살 예상 교육 정도이다. 자살하는 경우만 부각시키곤 한다. 그러다 보니 자신의 죽음을 대하는 태도 및 인식 전환이 이루어지지 못함을 알게 한다.

(예상답안) 죽음에 대한 오해를 불식시켜 삶을 바르게 영위하도록 함으로써 삶과 죽음의 질을 향상시키는 일보다 중요한 일은 없을 것이다. 죽음 준비 교육은 죽음을 바르게 이해하도록 함으

203

로써 삶을 보다 의미있게 살도록 하고 죽음을 한층 편안하게 맞이할 수 있도록 돕는 삶의 준비 교육이고, 자살 예방 교육이기도 하다.

다른 나라의 경우, 독일은 죽음 준비 교육의 전통을 풍부하게 지니고 있다. 일요일 교회의 설교를 통해 죽음 준비에 대해 배우는 일이 많다. 1980년대 이후 학교의 교과과정에 죽음 준비 교육 프로그램을 포함시켜 국공립학교의 경우 매주 두 시간씩 하는 종교수업 시간에 다루어지고 있다.

미국의 경우 1960년대부터 죽음 준비 교육이 시작되어 지금은 초등학교에서부터 대학에 이르기까지 교육과정에 포함되어 있고, 평생교육의 차원에서도 실시되고 있다. 일본도 2002년부터 학교교육에 포함시켜 교육하고 있고, 2005년에 4백만 달러 규모로 죽음 준비 교육과정 개발 예산을 책정했다.

따라서 우리나라도 죽음 준비 교육을 초등학교에서부터 대학, 또 성인과 노인에 이르기까지 연령대별로 학교교육과 평생교육의 형태로 눈높이에 맞게 다양한 방식으로 실시해야 할 것이다.

제3부 생각 나누기　　　　　　본문 73~74쪽

임종문화에 대한 개인의 생각

1 (지도중점) 우리나라는 너무나 죽음에 대해 순종적이면서도 두려움을 가진다. 되도록 피하려고 하는 의식이 남아 있다고 본다. 그것은 이승과 저승의 단절이라는 상여소리를 보면 알 수 있다. 죽음을 자연스럽게 받아들일 수 있는 마음가짐이 필요함을 인식시켜야 한다.

(예상답안) 우리나라에는 병원에서 죽음을 맞이하는 환자들이 인간으로서 품위를 지키며 눈을 감을 수 있는 임종실이 거의 없어 환자와 가족들은 엄청난 고통을 받고 있다. 임종실뿐만 아니라 다양한 방식으로 당사자와 가족을 보살펴주는 임종문화도 없고, 근본적으로 죽음과 죽음을 맞이하는 방식에 대한 철학적 성찰이 전혀 없는 상황이다.

"이젠 다 살았지, 뭐." "칠십이 넘었으니 덤으로 사는 거야." "이만큼 산 것도 고맙지." 아무리 이렇게 말씀해도 죽음은 피하고 싶은 금기의 영역이었다.

이처럼 암이나 자동차 사고에 대비해 보험을 들거나 노후를 대비해 연금을 매달 붓고 있기는 하지만, 정작 가장 중요한 죽음 준비는 마치 남의 일이기라도 한 듯 전혀 하지 않는다.

2 (지도중점) 우리나라는 죽는 사람보다 주위 사람들이 사자를 위한 준비를 해 준다. 삼베옷 등의 수의를 준비하고 관을 준비하면서 저승에서도 나름대로의 삶을 살아가기를 바라는 행태로 나타나고 있다. 이처럼 우리는 죽음을 스스로 준비하는 과정이 없다. 이제는 자신의 죽음을 자신이 준비한다고 할 때 어떻게 하는지를 생각해 보게 한다.

(예상답안) 죽음 준비는 삶과 죽음 각각에 관련해 말할 수 있다. 첫째, 죽음 준비는 삶과 관련해 삶의 시간이 제한되어 있음에 유념하면서 지금 자신이 살아가는 방식을 돌아보고서 시간을 낭비하지 말고 보다 의미 있는 삶을 영위하라는 뜻이다. 둘째, 죽음 준비는 죽음과 관련해 평소에 죽음을 미리 준비해 갑자기 죽음이 찾아오더라도 편안히 죽음을 맞이할 수 있도록 충분히 준비해 두라는 의미이다.

죽음 준비는 한 마디로 요약하면 갑자기 찾아올 수 있는 죽음에 대비해 삶을 보다 의미 있게 살라는 뜻이다. 죽음 준비는 삶을 이치에 맞게 살아보기 위해 임박해 있는 죽음을 생각해 보라는 뜻이다. 따라서 죽음 준비는 죽을 준비가 아니라 바로 삶의 준비를 의미한다. 이런 의미에서 죽음 준비를 하지 않고 삶을 영위한다는 것은 말도 되지 않는다. 죽음 준비 교육은 이 땅에서 제대로 살도록 하기 위한 삶의 교육이다.

죽음을 편안히 맞이하기 위해서는 어떻게 살아야 될지 심사숙고할 필요가 있다. 죽음을 편안히 맞이할 수 있도록 돕는 것은, 바로 지금 우리가 삶을 영위하는 방식이라고 달라이라마도 말했다. 삶을 이치에 맞게 살지 않고서 죽음을 편안히 맞이할 수 없기 때문이다. 올바르게 사는 법을 익혀야 죽음을 평온하게 맞을 수 있는 것이다.

웰빙(Well-Being)과 웰다잉(Well-Dying)! 어떻게 죽을 것인가?

1 (지도중점) 우리사회에서 유행하고 있는 '웰빙(Well-Being)'의 어원과 의미를 알아보고, 이것이 시사하는 한국 사회의 사회적, 경

제적, 문화적 배경에 대해 생각해 볼 수 있도록 한다.
(예상답안) 우리 사회에 웰빙(Well-Being)이란 말이 최근 유행되고 있다. 웰빙이란 한 마디로 '행복' 혹은 '잘 산다'는 의미일 것이다. 인간이라면 누구나 행복하게 잘 살기를 바란다. 그러나 과연 어떻게 사는 것이 잘 사는 것일까? 흔히 웰빙이 단지 잘 먹고 잘 산다는 뜻으로만 이해되기도 하는데 '잘 산다'라는 말에서 '잘'에 부여되는 의미는 여러 가지일 것이다. 어느 정도 경제적인 여유가 생기자 우리나라에서도 자신의 몸을 건강하게 하기 위해 웰빙을 하고 있다. 즉 건강하게 오래 살기 위해 열심히 운동을 하고 있다.

2 (지도중점) '웰다잉(Well-Dying)'은 어떤 의미로 붙여진 말인지 생각해 보고, 이 말이 개인과 사회적 삶 속에서 지니는 가치에 대해 생각해 볼 수 있도록 지도한다.
(예상답안) 웰빙과 관련해 사람들이 쉽게 간과하는 문제, 그러나 쉽게 간과해서는 안 되는 문제가 바로 죽음이다. 어떤 사람이 아무리 잘 살았다 한들 죽음을 편안히 맞이하지 못했다면, '잘' 살았다고 말할 수 없을 것이다.

우리는 웰빙을 웰다잉(Well-Dying)과 관련해 생각해 볼 필요가 있다. 행복한 삶, 건강한 삶만 생각하지만, 행복한 죽음, 건강한 죽음이란 말도 있다. 만일 어떤 사람의 마지막 모습이 결코 행복하지 못하다고 한다면, 그가 세속적으로 아무리 행복하게 살았을지라도, 그가 진정 행복한 삶을 살았다고 말할 수 없을 것이다. 참된 의미에서 행복이란 바로 죽음에 있는 것이 아닐까. 모리는 어떻게 죽어야 할지를 배우게 되면 어떻게 살아야 할지도 배울 수 있다고 했다.

3 (지도중점) 개인의 삶에서 죽음이 지니는 의미는 무엇이지 생각해 보고, 죽음의 과정과 방법을 생각해 봄으로 인하여 인생의 참된 모습과 의미에 대해 성찰할 수 있도록 지도한다.
(예상답안) 사람이라면 누구나 건강한 삶을 원하듯이, 마찬가지로 누구나 건강한 죽음을 원할 것이다. 그럼에도 불구하고 대다수 사람들은 마치 불행한 죽음을 바라기도 하는 것처럼 죽음 앞에서 크게 흔들린다. 우리는 지금까지 어떻게 사느냐 하는 문제만 생각했을 뿐, 어떻게 죽을 것인지 거의 생각해 본 일이 없다. 삶과 죽음은 서로 다르지 않으므로, 어떻게 사느냐 하는 물음은 이제 어떻게 죽을 것인가 하는 질문으로 바뀌어야 한다. 어떻게 살 것인가 하는 물음은 너무 세속적인 틀에만 얽매이게 하지만, 어떻게 죽을 것인가 하는 물음은 삶과 죽음에 대한 보다 포괄적이고도 심층적인 문제제기이기 때문이다.

더구나 죽음을 맞이하는 방식은 그의 삶을 비추어주는 거울이기도 하다. 죽어가는 방식을 통해, 우리는 그의 삶을 되새겨 볼 수 있다. 만일 어떤 사람이 건강하지 못한 방식으로 삶을 마감했을 경우, 그의 삶 역시 건강하지 못하다고 말할 수밖에 없을 것이다.

죽는 바로 그 순간 좋든 싫든 우리의 진정한 모습이 드러난다. 우리 삶에는 거짓이 통용되지만, 죽음의 순간 자신 존재의 값어치는 남김없이 드러나게 마련이다. 죽는 시간을 우리가 선택할 수는 없다. 그러나 죽음이 갑자기 찾아올 때 어떤 태도로 임하느냐, 어떤 식으로 죽을 것인가 하는 것은 자기 자신이 정할 수 있다. 죽음을 인생의 도전이자 자극으로 즐기면서 효과적으로 대처하는 것은 적절하게 노력하기만 하면 누구든지 할 수 있는 일이다.

제4부 생각 펼치기 본문 75~82쪽

독서논술 논제

1 - 출제의도

삶이란 자기 스스로가 꿈을 세우고 나름대로 노력하여 참다운 나를 행복한 마음으로 접목시켜야 참다운 삶을 이루었다고 할 수 있을 것이다. 그러기 위해서는 올바른 욕망으로서 가치 있는 중요한 것이 삶의 받침목이 되어야 할 것이다. 나 자신만을 위한 삶보다는 자아를 성숙시키며 타인과 더불어 사는 삶을 살아야 한다. 그래서 필요한 것이 결과보다는 이루기 위한 과정에 충실해야 한다. 즉 끝을 찾는 것보다는 참다운 삶과 행복을 추구해야 한다. 자신의 삶을 충실하며 가치있는 것을 지향하며 행복을 찾아야 한다. 매사에 감사하는 마음으로 긍정적으로 살면서 여유를 가져야 한다. 삶의 목표를 추구하면서 행복을 만들어가야 한다. 항상 기뻐하고 즐거워하며 보람을 지향하는 것은 물질적이고 사회적인 성공을 이룬 것보다 가치 있는 것이다. 그러기 때문에 사회적인 성공을 거둔 미치와 인생의 중요한 의미를 실천한 모리의 삶 중 누구의 삶이 더 행복한 삶인지 단정을 내릴 수 있다. 이때 유의할 것은 반론을 염두해 두고 논술을 해야 한다. 어느 정도 물질적이고 사회적인 성공도 행복한 삶의 척도가 될 수 있기 때문이다. 정신적인 삶을 추구하는 것만이 행복했다는 논리는 반론이 제기될 수 있다.

– 접근방향

미치가 사회적으로 성공한 이유와 모리 교수의 무소유의 상황을 비교 대조할 수 있어야 한다. 이때 지나치게 한 쪽만을 주장하는 것은 논리성을 획득하지 못하고 반론을 받을 수 있다. 그래서 서론에서는 사회적으로 성공한 사람 중에 비난을 받는 사례를 들어 문제 제기해야 한다. 또는 가난하지만 사회적으로 존경을 받는 사례를 들어도 좋다. 본론1에서는 사회적으로 성공한 사례들에서 긍정적인 면과 부정적인 면을 들고, 본론2에서는 마음의 행복을 추구하는 사례들에서 찾을 수 있는 특성과 부정적인 면을 언급할 수 있다. 마지막 결론에서는 어느 한쪽을 정해 자신의 견해를 제시해야 한다. 각 단락에서 그러한 예를 보여 줄 수 있는 사례들을 반드시 들어야 논제의 조건을 충족시킬 수 있다. 그래야 논리성과 창의적인 논거를 드러내게 된다.

2 – 출제의도

미치교수는 '사랑이 가장 중요하네. 위대한 시인 오든이 말했듯이 서로 사랑하지 않으면 멸망한다네.', '타인에 대해 완벽한 책임감을 경험하고 싶다면, 그리고 사랑하는 법과 가장 깊이 서로 엮이는 법을 배우고 싶다면 지식을 가져야 하네.' 등을 통해 가족의 의미를 설명하고 있다. 사랑의 지속하기 위한 방법도 설명하고 있다. 아울러 결혼에 대해서도 시험보는 것과 같고, 자기가 누구인지, 상대방은 누구인지, 둘이 어떻게 맞춰갈 것인지 탐색해가는 과정 '이라 한다. 그리고 상대방을 존중해졌을 때 결혼의 의미가 있다는 것이다. 이처럼 미치교수는 가족에게는 정신적 안정감을 얻고 누군가를 오랫동안 지켜봐 준다는 것을 통해 사랑을 이야기하고 있을 찾아야 한다.

– 접근방향

따라서 이 논술은 제시문에서 추출해 낼 수 있는 것이 세 가지이다. ① 단순한 사랑이 아닌 정신적 안정을 준다. ② 누군가가 지켜봐 주고 있다는 사실을 알려준다. ③ 각자 가족의 세계를 존중해줘야 한다. 이러한 논점을 찾아냈다면 실제 생활에서 우리가 그러지 못하는 것을 되새겨 볼 수 있다. 얽매인 구속 관계로만 보고 가족을 유지하고 있지는 않은지를 생각해 보아야

한다. 진정한 의미의 가족은 오랫동안 유지되는 동안에 형성되는 것이다. 거기에 사랑을 지속시키는 것이 중요하다고 할 수 있다. 그런데 우리는 그것을 망각하고 있을 수 있다. 진정한 의미의 가족은 지켜야 하고 사랑이 필요함을 역설해야 한다. '서로 사랑하지 않으면 멸망하리'라는 구절을 통해 현대 사회의 가족의 의미를 되돌아 보는 내용이 제시되어야 한다. 말로만 하는 사랑이 아닌 실제의 사랑이 중요하다.

3 – 출제의도

논술문 쓰기에서 가장 중요한 사항은 논제를 정확히 분석하여 출제자가 요구하는 사항과 함께 이에 대한 자신의 주장을 글 속에 담는 것이다. 이 논술에서 창의적인 사고력을 보여 줄 수 있는 것은 우리의 장례 문화를 정확히 인식하고 대안을 제시해야 한다. 그렇게 하려면 현재의 장례문화의 부정적 특성을 인지한 다음 죽음을 극복할 수 있는 창의적 사고력을 잘 보여줄 수 있어야 한다. 자신의 주장에 대한 설득력을 높이기 좋은 방법으로는 예시나 예증을 들 수 있다. 또한 여러 차원에서의 원인 분석이나 이에 대한 대안을 제시하는 것도 심도 있고 창의적인 사고력을 나타내는 좋은 방법이다.

논술문에서는 논제에 충실하게 제시하면서 구체적인 근거가 될 수 있는 것을 좋은 답안으로 평가한다. 따라서 논제가 요구하는 죽음에 대한 인식이 모리교수와 공자가 어떻게 다른지 파악해 내고, 우리 나라 장례문화의 현실을 비판하는 자신의 견해를 써야 하는 것이다. 또한 그에 대한 근거가 타당해야 하며 합리적으로 수용 가능해야 한다. 논리적 구성을 생각하여 자신의 생각을 명확하게 세운 다음 글을 써야 한다는 것이다.

– 접근방향

이번 논제가 요구하는 사항은 다음의 2가지로 표현할 수 있다. 1) 제시문 〈가〉와 〈나〉에 드러난 죽음관을 비교하여 제시하는 것과 2) 우리 나라 장례 문화에 대한 자신의 의견을 개진하라는 것이다. 특히 이번 논제 같은 경우의 논술문은 논제 자체에 논술문의 방향을 암시하는 표현이 들어있음에 주목할 필요가 있다. 두 제시문에 드러난 죽음관의 차이를 비교하여 제시하면서 공통적으로 생각할 수 있는 점을 잘 잡아내야 한다. 즉 바람직한 죽음관은 죽음을 탄생으로 인해 생긴 인간의 권리로 인식해야 한다는 것이다. 이런 생각을 가질 때 지금 이 순간 더 충실하게 삶을 살 수 있다는 것이다. 그런데 문제점은 죽음도 자

신의 권리로 생각해서 포기할 수 있다는 것이다. 죽음을 권리로 만 생각했을 때의 문제점에 대해서 언급을 해주고 대안을 제시 해주어야 보다 더 완벽한 글이 될 수 있다. 그리고 우리 나라 장 례 문화의 실상을 파악해 내어 제대로 창의적 대안인 문제 해결 력을 제시해야 한다. 고유 문화를 존중하면서 전승해 갈 수 있 는 대안을 설정해내야 한다.

독서논술문 개요 짜기

제 목	죽음관의 비교와 바람직한 우리나라 장례 문화 제시
주 제 문	고유의 장례 문화를 존중하면서 죽음을 긍정적으로 수용하자.
서 론 (문제의 상황 설명 및 문제 제기)	현대인들은 죽음에 대한 관심보다는 현재의 삶을 대비-보험 등
본 론 (근거 들어 논증하기)	1.제시문 가와 나에 드러난 죽음관을 비교하여 제시 (가) 모리교수는 죽음을 수용하며 긍정적으로 인식하고 남은 삶에 충실해야 한다고 봄 (나) 공자는 미래의 죽음에 집착하는 것을 부정적으로 인식하나 현실에 충실하는 삶을 바람직하다고 봄. 2. 우리 나라 장례 문화에 대한 자신의 의견을 개진 1) 현재 서양화된 화장 문화에 대한 기피 현상이 남아 있다. 2) 전통적인 장례문화를 유지하려는 경향이 많다. 3) 호스피스의 증가, 화장장의 필요 등을 통해 죽음을 두려움이 대상이 아닌 삶의 연장선으로 보는 의식이 필요함
결 론 (정리 및 주제 강조, 앞으로의 방향설정)	바람직한 죽음관은 죽음을 탄생으로 인해 생긴 인간의 권리로 인식해야 한다. 묘를 화려하고 거대하게 만들어야 후세에 복이 온다는 인식을 전환해야 한다. 현재 자신의 삶에 충실하고 죽음을 일상적으로 받아들이는 장례 문화로 바꾸어야 한다.

언어와 사회
한글

제1부 생각 열기　　　　　　　본문 92~102쪽

생각 품기

1-1) (지도중점) 우리나라 주변의 언어를 생각해 보고 세계의 음 성언어와 문자언어를 추정해 본다. 그리고 역사적으로 언어의 숫 자가 어떤 변화 과정을 거쳐 왔는지 살펴본다.
(예상답안) 유엔 1980년 7424개 언어, 2005년 6809개 언어로 점차 언어가 소멸되고 있으며, 이중 2500개 언어가 사용인구 1 천명 이하, 553개 언어는 사용자 50~60명 미만이다. 언어학자 들은 2,100년 까지는 3,400~6,120 개의 언어가 사라질 것으로 내다 보고 있다.

1-2) (지도중점) 인구와 언어의 관계를 고려하여 한국어 사용 인 구가 차지하는 비중이 얼마인지를 생각해 본다.
(예상답안) **언어 사용 인구**(단위 : 백만명) : 표준중국어 885, 스 페인어 332, 영어 322, 벵갈리 189, 일본어 125, 힌디 182, 포 르투갈어 170, 러시아어 170, 독일어 98, 중국어 吳語 77.1, 자 바어 75.5, 한국어 75, 프랑스어 72, 월남어 67.6, 텔레구어 66.3

2 (지도중점) 도서 〈한글〉에 언급한 자료와 교과 시간에 배운 내 용을 바탕으로 공통점과 차이점을 정리해 본다.
(예상답안) *한글
공통점 - 음운 문자(소리문자)
차이점 - 역사가 짧다.(500여년)
　　　　　가로쓰기가 가능하다.
　　　　　휴대폰 문자 입력이 용이하다.
　　　　　기획의 원리
　　　　　자질문자(가장 앞선 문자)
　　　　　모음이 많다.

*영어
공통점 - 음운 문자(소리문자)
차이점 - 역사가 길다.
　　　　　가로쓰기가 어렵다.
　　　　　모음이 적다.(a, e, i, o, u)

3 (지도중점) 세계의 위대한 지도자와 우리나라의 위대한 지도자 들을 대상으로 독재형 지도자, 방임형 지도자, 민주형 지도자 등으 로 나누어 보게 하고, 현대의 문제점을 해결할 수 있는 가장 훌륭

한 지도자의 모습에 유사한 인물을 찾아본다.
(예상답안) 미국의 링컨, 오바마 – 통합의 민주적 리더십

4 (지도중점) 역사적인 측면, 경제적인 측면, 언어적인 측면에서 국제어로서 영어와 한국어의 가능성에 대해 생각해 본다.
(예상답안) 영어가 하루 아침에 제1의 국제어가 된 것이 아니다. 역사적인 측면에서 보면 '해가 지지 않는 나라' 영국의 식민지 배가 영어를 세계 전역에 확산시키는 중요한 계기가 되었다. 경제적인 측면에서는 영국과 미국의 경제력 때문에 세계의 모든 나라들이 영어를 사용하게 되었으며 언어적인 측면에서는 음운 문자로서 영어가 앞서가는 문자였기 때문에 국제어가 되었다.

한국어가 국제어가 되려면 현재로서 우리가 해야 할 일은 경제력이다. 일본이 세계 제2의 경제 대국이 되면서 일본어의 위상이 올라갔듯이 한국어가 국제어로 우뚝 서려면 경제력이 뒷받침되어야 무역을 위해서나 문화를 교류하기 위해서 한국어 사용 인구가 늘어날 것이다. 언어적인 측면에서는 과학적인 문자로 그 가능성이 영어를 앞선다고 볼 수 있기 때문에 경제력을 바탕으로 하는 선진 문화를 만들어 갈 때 국제어가 가능해진다.

> *참고자료 : 1945년 10월 24일 발효된 "국제연합헌장 제111조"에 따라 UN 공식언어로 중국어(Chinese), 영어(English), 프랑스어(French), 러시아어(Russian), 스페인어(Spanish)가 규정되어 있으며, 그 후 아랍권의 위상이 높아지면서 1973년에는 아랍어(Arabic)가 공식언어로 추가되었다.

생각 깨기

1 (지도중점) 각종 세종의 전기나 드라마를 바탕으로 세종의 인물에 대해 다양한 측면에서 체계적으로 살펴본다.
(예상답안) 세종은 한국인이 가장 존경하는 1위의 인물이다. 실록의 기록만으로도 세종은 가장 많은 일을 한 임금이다. 그만큼 성실하게 왕의 임무를 수행하였다. 세종실록이 재위기간 32년간 실록 163권, 1년 평균 349쪽 분량으로 영조임금이 재위기간 52년에 실록 127권, 1년 평균 171쪽 분량의 기록과 비교해 볼 때 실로 엄청난 차이를 보인다. 또한 세종은 정치가, 언어학자, 과학자로서의 많은 업적을 남겼다.

2 (지도중점) 세종이 일생을 거쳐 고민한 결과로 나온 것이 훈민정음이라는 사실과 연계하여 생각을 정리한다.
(예상답안) 조선은 가정이 국가의 기반이라는 유교이념에 충실한 사회였기에 패륜행위는 용납되지 않았다. 이에 세종은 아름다운 사회의 건설은 백성들의 교화로 이루어질 수 있다고 판단하고 삼강오륜을 알게 하고자 고민한다. 모든 사람들이 교육을 통해 교화가 가능하다고 보고 쉽게 글을 읽어 교육을 받을 수 있도록 훈민정음을 만들기까지 한다. 살부사건은 인륜을 파괴하는 가장 큰 범죄라는 생각에 이를 해결하고자 한글을 창제하고 삼강행실도를 제작하여 배포한다.

3-1) (지도중점) 왕이 자신이 다스리고 있는 나라의 문자를 만들었다는 점을 생각해 본다.
(예상답안) 왕이 문자를 창제한 가장 중요한 의미는 문화 독립 선언이다. 이와 유사한 사례는 매우 많다. 몽골인은 그들이 강성하여 중국인을 지배할 때 몽골어를 표기하기 위하여 만든 글자가 파스파 문자를 만들었다. 거란도 강성할 때 문자를 만들었으며, 여진족들도 자신만의 문자를 만들었다. 일본은 국풍시대에 문자를 만들었다.

태국의 람감행 왕이 13C 말에 수코타이 문자를 만들었을 때, 앙코르 와트를 건설한 크메르 왕국이 인도차이나 지역의 최고 문화 국가로 군림하고 있었다. 그러나 수코타이가 크메르보다도 더 강력하고 선진의 문화 국가임을 과시하고 싶어서 문자를 만든다. 현재 태국의 문자는 수코타이 문자에서 변화된 것이다.

7C경 티벳의 송첸캄포 왕은 당나라와 전쟁을 벌여서 승리하고 당나라 문성공주를 아내로 맞이한다. 그리고 티벳 민족 문자를 창제하게 한다.

3-2) (지도중점) 세종이 왕으로서 정치를 해야 한다는 입장과 세종의 성품, 언어학에 대한 깊은 조예 등을 함께 고려한다.
(예상답안) 制(제)는 조선시대에 짐(朕), 조(詔) 등의 문자는 황제만이 쓸 수 있는 글자이다. 실록에 친제(親制)라는 말은 세종이 신하들에게 명하지 않고 직접 한글을 만들었음을 뜻한다. 신하들과 언어에 관한 문답에서도 세종은 훌륭한 언어학자란 점이 나타난다. 일반적으로 집현전 학자들이 만들었다는 말은 세종의 한글 창제 이후 연구와 보급을 했다는 정도의 뜻으로 수정하여야 한다.

3-3) (지도중점) 지도자의 철학이 끼치는 영향이 크다는 점과 당시의 철학을 생각하면서 지도한다.

(예상답안) 대학, 주자 철학으로 주자학의 기본 사상은 사단칠정론이다. 사단은 인의예지로 인간의 본성이며 이를 리(理)라고 하여 모든 인간이 보편적으로 지니고 있는 심성으로 파악하였다. 개인에 따라 차이가 발생하는 것은 기(氣)라 하는데 기란 희노리락애오욕의 칠정을 가리킨다. 리(理)를 갖고 태어나 이를 갈고 닦아야 하는 것이다.

4-1) (지도중점) 집현전의 최고 책임자이며 조선시대 청백리였던 최만리의 생각은 당시 사대부들의 보편적인 사고였음을 생각하면서 그들의 대변인으로서 생각이 무엇이었는가를 말한다.

(예상답안) 최만리를 사대의 문제를 가장 중요하게 여겼다. 어려운 한자를 쓰는 이가 줄어들어 조선은 문명 세계에서 야만 세계로 퇴보하리라는 우려를 하였다. 그러나 세종은 한국인의 마음을 가장 잘 표현할 수 있는 문자가 백성들의 교화에 도움, 풍속 아름다워진다고 생각하였다. "마음은 말로써 나타난다"는 언어관을 가지고 있었다.
최만리의 반대 상소는 지금 영어가 판치는 세상을 생각해 본다면 충분히 가능한 생각이다.

4-2) (지도중점) 집현전의 최고 책임자였다는 사실을 생각하면서 접근한다.

(예상답안) 집현전이 한글창조 과정에 있어서 아무런 일을 하지 않았다.

4-3) (지도중점) 정창손과 김문이 말을 바꾼 이유를 생각해 본다.

(예상답안) 정창손은 말을 바꾸고 세종의 근본 통치 이념을 건드렸기 때문이다. 삼강행실을 번역해야만 백성이 본받는 것은 아니고 잘잘못의 행동 여부는 사람의 자질 여하에 있기 때문이라는 정창손의 반발은 세종대왕이 생각하는 교육의 효용성을 부정하는 일이었다. 김문의 경우는 처음에는 찬성하다가 나중에 반대하는 서명을 함으로써 최만리보다 더 심하게 국문을 받는다.

5-1) (지도중점) 숭유억불 정책이 조선시대의 개인적 삶에 얼마나 반영되었는가를 생각해 본다.

(예상답안) '흘러'가 번역되지 않았다. 당시의 번역은 축자적(逐

字的)이었다. 이는 세종이 궁궐에 불당을 건립하는 것과 상통하는 일이다. 또한 세종대왕 때 왕실에서 간행한 석보상절, 월인천강지곡 등은 불교 관련 서적이다.

5-2) (지도중점) 책의 내용에서 근거를 찾아본다.

(예상답안) ㄱ ㄲ ㅋ ㅇ 을 표시하는 한자들을 순서대로 열거하면 군규쾌업(君吅快業)이 된다. 이는 임금과 왕자가 즐겁게 일을 이루었다는 뜻이다. 이른바 편자일화(編字逸話)는 중국의 전통적인 운서에서도 흔히 찾아볼 수 있는 수법이다. 상징성이나 과거의 전통을 중시했던 시절인 점을 고려해 보면 이 부분은 세종이 직접 한글을 창제했음을 보여주는 것이다. 성현의 용재총화에 "집현전 학자들이 임금을 도와서 한글을 창제했다"라는 구절이 있지만 성현은 당시 다섯 살배기 꼬마였다는 점에서 신뢰성이 떨어진다.

6-1) (지도중점) 태종이 정치가란 점을 고려하여 판단한다.

(예상답안) 국가 발전의 걸림돌에 해당한다고 판단하여 처형한다. 외척이 정치에 참여함으로써 왕의 권력이 외척에 의해 좌지우지된 경우가 허다하기 때문이다.

6-2) (지도중점) 폐서인이 된 왕비를 중심으로 추리해 본다.

(예상답안) 세종의 지극한 사랑이 있었기 때문에 폐서인이 되지 않는다. 또한 태자가 장성한 것도 이유가 된다.

6-3) (지도중점) 장인의 죽음과 소헌왕후의 다산이 어떤 관계인지 생각해 본다.

(예상답안) 소헌왕후가 폐서인이 되지 않은 점과, 월인천강지곡 2장의 표현 내용 "생각하소서"는 죽은 왕비를 사랑하는 마음의 표현이다.

7 (지도중점) 각종 도서와 인터넷 자료를 활용하여 정리해 본다.

(예상답안)

1) 미국 과학전문지 디스커버리 지 1994년 6월호 「쓰기 적합함」이란 기사에서, 학자 '레어드 다이어먼드' 씨는 '한국에서 쓰는 한글이 독창성이 있고 기호 배합 등 효율 면에서 특히 돋보므로 세계에서 가장 합리적인 문자'이며 '한글이 간결하고 우수하기 때문에 한국인의 문맹률이 세계에서 가장 낮

다' 고 말한다.

2) 소설 〈대지〉의 작가 '펄벅' 은 '한글이 전세계에서 가장 단순한 글자이며 가장 훌륭한 글자' 라고 하였으며 세종대왕을 한국의 레오나르도 다빈치로 극찬하였다. (조선일보 96.10.7)

3) 시카고 대학의 메콜리(J. D. McCawley) 교수는 미국사람이지만 우리 나라의 한글날인 10월9일이면 매해 빠짐없이 한국의 음식을 먹으며 지내고 있다고 한다. (KBS1, 96.10.9)

4) 프랑스에서 세계언어학자들 학술회의에서 한국어를 세계공통어로 쓰면 좋겠다는 토론이 있었다고 한다. (KBS1, 96.10.9)

5) 영국의 리스대학의 음성언어학과 제푸리 샘슨(Geoffrey Sampson) 교수는 한글이 발음기관을 상형한 점과 기본 글자에 획을 더하여 음성학적으로 동일계열의 글자를 파생해내는 방법('ㄱ-ㅋ-ㄲ')은 대단히 체계적이고 훌륭하다고 극찬하였으며 한글을 자질문자(feature system)로 분류하였다.

6) 1997년 10월1일, 유네스코에서 우리나라 훈민정음을 세계기록 유산으로 지정하였다.

7) 영국 옥스퍼드 대학의 언어학 대학에서 세계 모든 문자를 순위를 매겼는데 1위는 한글이다.

8) 한글을 예찬한 학자들의 견해

"한글은 세계 어떤 나라의 문자에서도 볼 수 없는 가장 과학적인 표기체계이다." (미국 하버드대 라이샤워 교수)

"한글은 인류의 가장 위대한 지적 성취 가운데 하나임은 이론의 여지가 없다." (영국 언어학자 샘슨 서섹스대 교수)

"한글이 그토록 중요한 것은 다른 모든 알파벳이 수백 년 동안 수많은 민족의 손을 거치면서 서서히 변형 개량되어 온 것인데 반해 한글은 발명된 글자이기 때문이다. 한글은 세계적인 발명품이다." (미국 메릴랜드대 램지 교수)

"한국인들이 1440년대에 이룬 업적은 참으로 놀라운 것이다. 그래서 한글날을 우리의 휴일로서 축하하기 위해 나의 아파트로 학생, 교수 등을 초대해 파티여는 일을 20년 이상 해오고 있다." (미국 미시간대 매콜리 교수)

"한글은 세계에서 가장 훌륭하고 가장 단순한 글자이다. 24개의 부호가 조합될 때 인간의 목청에서 나오는 어떠한 소리도 정확하게 표현할 수 있다. 세종은 천부적 재능의 깊이와 다양성에서 한국의 레오나르드 다빈치라 할 수 있다." (펄벅의 『The Living Reed』 서문)

생각 기르기

1 (지도중점) 최만리가 집현전의 실질적 수장이라는 점과 당시 사대주의적 언어 문자관을 고려하여 답을 한다.

(예상답안) 집현전이 한글 창제 과정에서 아무런 일을 하지 못했을 만큼 비밀리에 제작되었을 것이다. 그러기 때문에 한글 창제 후 2개월 20일 후에 상소를 하기에 이른다. 이런 이유로 최만리 등 신하들은 한글에 대해 잘 알지 못했고, 상소문에 대해 세종대왕이 논리적으로 논박함으로써 더 이상 상소를 할 수가 없었을 것이다. 그래서 상소가 한 번뿐이었다.

2 (지도중점) 세종이 다스리던 때가 조선시대 태평성대였던 점을 생각해 본다.

(예상답안) 세종 10년에 김화 살부사건이 일어난다. 이는 백성들이 미풍양속을 모르기 때문이라고 판단하고 꾸준히 그림을 통해서 교화를 하고자 하였고, 글자를 통해 교화하려고 쉬운 한글을 창제하게 된다. 이런 점으로 보아 교육을 통한 백성의 교화가 꾸준히 성과를 얻었음을 뜻한다. 세종이 다스리던 시기가 조선시대 가장 태평한 시기였다는 점을 보면 삼강행실도가 백성 교화에 큰 영향을 끼쳤음을 알 수 있다.

3 (지도중점) 휴대폰의 문자메시지 입력 등을 예로 들면서 정보화 사회의 미래에 대해 추론해 본다.

(예상답안) 정보화 사회가 되면서 한글은 휴대폰 입력이나 컴퓨터 자판에서 글자 입력이 다른 문자보다 매우 실용적임이 드러났다. 음성을 인식할 수 있는 기계를 연구하고 있는 상황에서 미래에는 한글이 가장 효율적인 글자로 인정을 받아 활용될 것이다. 영어에서 a는 상황에 따라 다양한 소리로 발음된다. 그러나 한글의 모음은 항상 같은 소리로 나기 때문에 음성의 기계화에 편리한 글이다.

4 (지도중점) 최만리의 상소문과 세종의 질문을 찾아서 정리해 본다.

(예상답안) 세종은 언어학으로 최만리의 견해를 반박한다. 그리고 백성들이 쉽게 읽고 쓸 수 있는 글을 만들고자 한다. 이러한 논리에 최만리의 견해는 사대사상과 한자 중심의 양반들을 옹호하는 논리였다. 세종의 견해가 현재로 보아 타당한 것이 판명

되고 있다.

5-1) (지도중점) ㄱㅅㄷ으로 축약해서 쓰는 방식은 영어의 ROK형식을 모방한 것이다. 한때 그러한 표기가 있었지만 현재 보편적이지 않다. 이런 점을 고려하여 축약 방식이 확산될 것인지, 아니면 다른 대안이 있는지 자신의 견해를 말해 보자. 참고로 과거 가로쓰기를 외솔 최현배 선생이 연구하였지만 이것도 보편적으로 사용하고 있지는 않고 일부에서 활용하고 있다.

(예상답안) 자신의 견해를 정리해 보자.

5-2) (지도중점) 축약은 편리하게 쓰고 읽기 위한 방법이란 점에 착안한다.

(예상답안) 현재의 'ㄱ'을 기역이라고 문헌에서 표기하기 시작한 것은 최세진의 훈몽자회이다. 'ㄱ'에서 'ㅇ'까지는 두 글자로 표기하고 그 이후의 글자에서는 '지, 키, 티, 히' 등으로 읽도록 하였다. 이런 점으로 보아 'ㄱ'을 그 이전에는 '기'라고 읽었을 가능성이 있다. 이는 훈민정음에서 'ㄱ'이라는 모음조화 표기에서도 확인할 수 있다. 이 때 'ㄱ'은 '가/ 기' 중에서 읽었을 것이다. 훈몽자회에서 한글의 명칭을 언급할 때 최세진은 이전의 발음을 반영하여 두 글자로 일부는 확대한 것으로 볼 수 있다. 그런 점에서 'ㄱㅅㄷ'을 '기시디'로 읽는다면 '기역 시옷 디귿'으로 읽는 것보다 간편하여 실용성이 있을 것이다.

6 (지도중점) 개인적인 삶과 국가의 정치지도자의 삶으로 나누어 말해보자.

(예상답안) 개인적으로는 어머니에 효도하고 아내의 내세를 밝히고자 하였으나 조선이라는 국가의 정치이념과는 달라 신하와 충돌한다. 그러나 부모에 대한 효심은 국가 통치에 도움이 되었을 것이다.

제2부 생각 엮기　　　　　　본문 103~105쪽

조선시대 한글과 지도력

1 (지도중점) 한자는 남성, 그리고 사대부들이 주로 썼으며 한글은 여성들이 주로 사용했다는 점을 고려하여 답한다.

(예상답안) 과거 시험을 한문으로 보았기 때문에 지배 계층은 주로 한문을 사용하고 그렇지 않은 계층은 쉬운 한글을 많이 사용했다. 또한 우리말의 리듬을 살리는 노래나 딸과 주고 받은 부모의 편지도 한글을 사용하였다. 말과 글이 일치하고 배우기 쉽기 때문에 한글은 대접을 받지 못하면서도 꾸준히 명맥을 유지할 수 있었다. 연산군 시절에 한글이 탄압을 받았으며 일제 강점기에도 한글은 탄압을 받았다.

2 (지도중점) 교과서에서 배운 조선시대 한글 작품을 중심으로 생각을 정리해 본다.

(예상답안) 정철의 가사 문학은 한글을 잘 활용한 작품이다. 지배계층의 시조 문학이나 허균의 소설 등 문학 작품에서 한글은 우리의 정서를 표현하기 적절하기 때문에 많이 사용하였다. 따라서 내가 한글을 쓴다면 우리민족의 고유 정서를 표현하는 문학이나 편지글에서 많이 활용했을 것이다.

3 (지도중점) 세종대왕에 대해 알아보고 그 중 현재에 가장 의미 있는 것을 생각해 본다.

(예상답안) 다양한 분야에서 탁월한 능력을 보여 주었지만 현재까지 그 영향이 남아 있는 것은 한글 창제와 영토확장이다. 우리 역사에서 세종과 견줄만한 인물이 없다. 세종 다음으로 한국민들이 존경하는 인물로는 이순신 장군이 있다. 다양한 지도력과 한문적 깊이가 있는 인물로는 세계의 역사에서도 세종대왕과 견줄 만한 인물을 찾기 어렵다.

4 (지도중점) 다른 나라의 경우 그 나라의 위대한 인물 이름이 붙어 있는 것들을 찾아 본다.

(예상답안) 세종로, 이지스 함 세종, 세종 문화상, 세종대왕 상, 세종시 등이 있다. 앞으로 세종 이름을 붙일 수 있는 것으로 공항 이름에 세종 공항이라고 명명할 수 있다. 인천 공항이 만들어져 이름을 붙일 때 여러 측면에서 거론이 된 바 있다. 미국의 케네디 공항, 프랑스의 드골 공항 등이 있다. 그 외에도 세종의 업적과 관련된 분야에는 다양하게 이름을 붙일 수 있다.

5 (지도중점) 영어의 알파벳, 중국의 한자, 일본의 문자, 한글 등에 일정한 기준을 정하여 점수를 부여해 본다.

(예상답안) 문자의 경제성, 체계성, 실용성, 과학성 등의 기준으

로 각자 점수를 부여하고 다른 사람들과 기준이나 점수를 비교해 본다.

'훈민정음'의 의미

1 (지도중점) 한자의 뜻을 풀이하고 세종의 철학과 연결하여 보자.
(예상답안) 백성을 가르치는 바른 소리로, 글자를 통해 백성을 교화하려는 세종의 정신, 민본주의 정신이 반영된 이름이다.

2 (지도중점) 훈민정음이나 한글의 의미를 살피고 이를 중심으로 정신을 살펴 본다.
(예상답안) 훈민정음은 백성을 가르치는 바른 소리란 뜻으로 민본주의에 바탕을 두어 애민정신, 자주정신, 실용정신을 담고 있다. 한글은 하나의 글, 큰 글, 한민족의 글로 우리의 자부심이 있는 글이다.

3 (지도중점) 훈민정음, 정음, 언문, 언서, 반절, 국문, 한글 등에 나타난 시각을 정리해 본다.
(예상답안) 훈민정음은 백성을 가르치는 바른 소리란 뜻으로 세종대왕의 애민정신이 반영된 이름이며, 정음은 이를 줄여 쓴 말이다. 언문은 글자 뜻대로 풀이하면 상놈의 글이란 뜻으로 우리 토박이 말을 적는 글자란 뜻으로 쓰였다. 한자는 진서(珍書)라 하고 언문을 언서(諺書)라고 하기도 하였다. 반절(半切)은 소리를 성모와 운모로 양분하는 방법으로 한 글자의 소리를 나타내는 방법이다. 암클은 부녀자들이나 쓰는 글이란 뜻으로 낮추어 부른 이름이다. 국문은 19세기 민족주의 정신이 대두되면서 나라의 글이란 뜻으로 쓰였으며, 일제시대에 일제가 국어란 말을 쓰지 못하게 하면서 한글을 쓰게 되었다. 한글은 하나의 글, 큰 글, 한국의 글자란 의미를 지닌다.

제3부 생각 나누기　　　　본문 106~107쪽

세종의 지도력과 한글 창제

1 (지도중점) 외교의 중심은 자국의 이익이다. 그런 점에서 어떠한 외교가 가장 자국의 이익을 크게 하는 것인지 판단하며 자신의 생각을 정리해 보자.
(예상답안) 자신의 의견을 말해 보자.
***참고** : 태종의 외교는 양녕의 세자를 박탈하고 충녕을 세운 뒤 두 달만에 왕위를 물려준다. 신하들은 중국 황제에게 알리지 않은 문제를 들어 극력 반대했으나 태종은 일축하고 황제가 외국의 일을 가지고 힐난하지 않을 것이라고 말한다. 이를 보아 조선의 왕위 계승 문제는 조선 왕가의 자주적인 권한에 속함을 보여준다. 또한 외교에서도 형식적인 예절 관계로 선물을 주고 받는 형식의 사대 관계를 통해 실리를 추구할 수 있었다. 이로써 막대한 국방비를 줄이는 효과를 얻는다.

2 (지도중점) 자주적 강경 노선, 사대 실리 노선, 기타 등에서 자신의 의견을 정리하며 말한다.
(예상답안) 각자 자신의 견해를 다양한 근거를 들어 정리해 본다.

3 (지도중점) 각각의 노선이 가져올 국가의 이익과 장단점을 살펴서 토론해 본다.
(예상답안) 독도의 분쟁과 관련하여서는 일본의 적극적 도발에 대한 한국의 조용한 외교 문제에 대해 장단점을 밝히며 자신의 의견을 제시한다. 두만강은 러시아와 분쟁이 일어날 수 있는 지역으로 홍수로 인한 강 물줄기의 변화로 인한 문제이다. 국제적으로 이와 유사한 사례를 탐구 조사하여 자신의 의견을 제시한다. 백두산, 북간도, 이어도 등은 중국의 현실적 힘의 우위에 대한 주장에 대해 역사적인 근거로 자신의 의견을 제시할 수 있어야 한다.

4 (지도중점) 법령 등 강제력을 통한 지도가 아니라 교화를 통한 근본적인 변화를 추구하는 지도력이 잘 사는 나라를 만든다는 점에 초점을 두어 말해본다.
(예상답안) 각자 자신의 견해를 다양한 근거를 들어 정리해 본다.

5 (지도중점) 다른 문자보다 모음이 많아 모든 소리를 표현할 수 있다는 점과 한국의 국제적 지위, 한글의 사용 인구들을 근거로 표준 발음 채택에 대해 자신의 견해를 말한다.
(예상답안) 각자 자신의 견해를 다양한 근거를 들어 정리해 본다.

6 (지도중점) 한글의 편리성과 한글 사용 인구가 12위인 점, 그리고 국가 경제력 12위 전후인 점을 들어 국제어의 가능성에 대해 토론해 본다.

(예상답안) 각자 자신의 견해를 다양한 근거를 들어 정리해 본다.

7 (지도중점) 한글 창제에 대한 기록이 매우 적다는 것이 무엇을 의미하는지와 최만리의 반대 상소의 내용을 종합하여 말해 본다.

(예상답안) 실제 한글 창제자는 세종과 그 가족이다. 최만리의 상소문에 나타난 당시 사대부들의 문자관은 세종과 달리 우리만의 문자를 만드는 것은 문명권에서 이탈하는 것이라고 생각한 점을 보면 알 수 있다. 또한 집현전의 실질적 수장인 최만리가 한글을 반포할 시기에 반대 상소를 올리는 것을 보아도 그렇다. 한글 창제 반대 상소는 한글 창제의 의도를 아는 순간 이루어졌을 것이기 때문에 한글은 신하들 몰래 비밀리에 창조된 것이다.

8 (지도중점) 정창손의 사회문제라는 시각이며 세종은 교육문제라는 시각이다. 이 점을 생각하면서 자신의 견해를 말해 보자. 특히 구체적인 사례를 들어가면서 답을 하고 예상 반론에 대해 반박하는 내용까지 제시하면 완벽한 토론문이 될 것이다.

(예상답안) 각각 근거를 들어 찬반으로 나누어 토론해 보자.

제4부 생각 펼치기　　　　　　　　본문 108~113쪽

독서논술 논제

1 – 출제 의도

세종대왕은 위대한 지도자이다. 절대 권력의 왕이지만 백성을 힘으로 이끌어 나가지 않고 교화와 논리로 지도력을 발휘한다. 현대에도 각 나라들이 지도자의 잘못으로 후진국으로 전락하는 사례를 흔히 않게 보게 된다. 가정에서부터 직장, 그리고 각 정치지도자들에 이르기까지 지도력이 사회를 효율적으로 이끌어가게 한다는 점에서 동서고금을 뛰어넘어 누구나 지도자의 자질을 갖출 수 있어야 한다.

– 논제 분석

세종대왕의 창조적 지도력은 삼강행실도나 한글 창제 등에서

보듯이 백성을 사랑하는 정신에 있으며 올바른 교육을 통해 해결해 보이고자 한다. 가족을 사랑하는 마음은 백성을 사랑하는 마음과 하나로 일치하며 이러한 지도자의 관심과 노력이 모두가 소망하는 사회를 만들어 가게 한다. 현대 각 나라의 지도자들이 시급히 해결해야 할 중요 문제 중 하나는 경제와 외교 문제이다. 이러한 문제를 세종의 창조적 지도력으로 해결하도록 접근하는 방법 등에 대해 논술하면 된다.

2 – 출제 의도

사람의 자질 문제인가 교화로 사람을 순화할 수 있을 것인가의 문제이다. 정창손은 교육의 문제가 아니라 사람의 자질 문제로 접근하고 있으며 세종은 교화로 사람을 올바르게 이끌 수 있다고 주장한다. 그런 면에서 모두가 쉽게 배울 수 있는 한글은 세종에게는 큰 의미가 있지만 정창손은 교육의 가치를 인정하지 않는다.

– 논제 분석

정창손의 주장과 세종대왕의 주장에 대해 충분한 근거를 제시하고 이에 따르는 예상되는 반론까지 고려하면서 자신의 견해를 논술하여야 한다. 세종은 특히 삼강행실도를 중심으로 백성을 교화하려는 노력을 꾸준히 하였으며 그 결과 조선시대에 가장 이상적인 사회를 만들었다. 정창손의 입장이라면 세종대왕 때의 이상사회의 모습은 한글을 통한 교화보다는 세종대왕의 훌륭한 정치력에 있다는 측면을 뒷받침하는 자료로 활용할 수 있다.

3 – 출제의도

「삼강행실도」는 이미 세종 때 편찬된 것이었다. 따라서 「동국신속삼강행실도」라는 것은 「삼강행실도」를 동국(우리나라) 신속(새롭게 이은) 삼강행실도를 말하는 것이라고 생각하면 된다. 본 논제는 「동국신속삼강행실도」만을 따로 떼어서 볼 수도 있겠으나, 그 이전에 나온 세종의 「삼강행실도」와 관련을 짓고, 세종의 「삼강행실도」와 한글창제를 연결하여 생각할 수 있도록 하였다.

– 논제 분석

〈가〉 세종은 백성을 교화하고 아름다운 풍속을 이루기 위해서 삼강행실도를 편찬한다. 세종은 백성들이 문자를 모르므로 백성들의 이해를 돕기 위하여 그림을 그려서 설명하도록 하였

다. 그러나 세종은 백성들이 문자를 모르면 옥사를 당하더라도 억울한 일을 줄일 수 있을 것이며 머릿속으로 잘 이해한다면 풍속이 아름다워지는 데 크게 보탬이 될 것이라고 생각하였다. 이러한 백성의 교화와 풍속의 아름다움을 위하여 세종은 한글을 발명한 것이다.

〈나〉 우리나라 말이 중국과 달라 한자와는 서로 통하지 않아서 이런 까닭에 어리석은 백성이 말하고자 하는 바가 있어도 마침내 제 뜻을 말하지 못하는 사람이 많다. 내가 이를 가엾게 여겨 새로 스물여덟 글자를 만드니, 모든 사람이 쉽게 익혀서 날마다 쓰는 데 편하게 하고자 할 따름이다. 세종의 백성을 사랑하는 마음을 충분히 엿볼 수 있다.

〈다〉 세종의 삼강행실도가 나오게 된 배경을 통해 광해군 또한 어지러운 사회의 풍속을 교화하기 위해 동국신속삼강행실도를 편찬하게 되었을 것이라는 내용을 생각해 본다.

독서논술문 개요 짜기

제 목	세종의 문자관
주 제 문	세종은 문자를 백성의 교화와 아름다운 풍속을 이루기 위한 필수적인 수단으로 보고 이를 위해 한글과 삼강행실도를 만들었다.
서 론 (문제의 상황 설명 및 문제 제기)	한글이나 세종대왕과 관련하여 흥미로운 이야기로 시작하여 문제 제기하기 -낮은 문맹률과 유네스코 세종대왕상
본 론 (근거 들어 논증하기)	1. 삼강행실도 편찬과 한글창제를 연관 짓기 -세종 "마음은 글로 나타난다" 2. 삼강행실도 제작 추론하기
결 론 (정리 및 주제 강조, 앞으로의 방향설정)	백성들을 가르치고 교화하기 위하여 그들이 자기들의 생각을 일상생활 속에서 담을 수 있는 자주적이고 창조적인 언어, 우리글인 한글을 만들고 삼강행실도를 제작하였다.

제1부 생각 열기   본문 122~125쪽

생각 품기

1 (지도중점) 일상생활 속에서 친근한 사물들이 무엇으로 만들어졌을지에 대해 학생들과 함께 생각해보고 자유롭고 확산적인 사고를 수렴하도록 지도한다.

(예상답안)

사진	떠오르는 생각
	• 밀가루 • 베이킹 파우더 • GMS • 돼지비계, 생선기름, 야자유 혼합물, 설탕, 콜타르 색소
	• 불소 • 물 • 초크 • 페인트
	• 생선 비늘 • 향수 • 색소 • 쇼트닝, 비누, 피마자유, 석유왁스, 방부제 등

2 (지도중점) 미생물의 정의에 대해서 학생들과 정확하게 확인하고, 한 두가지 미생물의 예를 들어준 후 학생들의 자유로운 발표에 따라 확산적으로 사고할 수 있도록 안내한다.
(예상답안) 작은 세균, 효모, 원생동물, 유산균, 곰팡이, 대장균, 박테리아 등

생각 깨기

1 (지도중점) 교사가 직접 개념을 설명해 주거나 책에 나타난 주요 개념에 대한 정리를 그대로 옮기지 말고 이를 내면화하여 학생 스스로 개념을 정의하고 이에 해당하는 일상생활의 사례를 생각해

볼 수 있도록 지도한다.

*도플러 효과

정의 : 파동을 발생시키는 물체와 이에 대한 관측자 중 하나가 움직이는 경우, 물체와 관측자 사이의 거리가 좁아지면 파동의 주파수가 더 높게, 거리가 멀어지면 파동의 주파수가 낮게 나타나는 현상

일상생활의 예 : 다가오는 경찰차의 사이렌 소리가 더욱 높아지는 경험, 멀어져가는 지하철 소리가 같은 거리의 다가오는 지하철 소리보다 더욱 부드럽고 조용하게 들려오는 경험 등.

*코리올리의 힘

정의 : 회전하는 물체 위에서 보이는 가상적인 힘으로 원심력

일상생활의 예 : 욕조에서 가득찬 물이 회오리를 그리며 배수구로 빠져나가는 경험, 북반구에서 낙하하는 물체가 오른쪽으로 쏠리는 현상, 미사일을 발사할 때 오른쪽으로 미사일이 휘어질 것을 감안한 오차를 적용하여 발사하는 사례 등.

2 (지도중점) 독서 경험을 통한 사실적 이해 능력을 O, X 퀴즈를 통해 학생들이 스스로 풀고 점검해 볼 수 있도록 지도한다.

1) (×)   2) (○)   3) (×)   4) (×)

5) (×)   6) (○)   7) (×)   8) (×)

9) (○)   10) (×)

생각 기르기

1 (지도중점) 케익의 주요 재료에 대하여 학생들과 함께 정리하여 보고, 이에 대한 문제점과 함께 대안을 학생들의 의견을 수렴하여 정리한다.

(예상답안) 케익은 돼지비계와 생선 기름과 같은 지방, 설탕, 값싼 밀가루 등 주로 동물성 지방과 탄수화물로 구성된 영양의 균형이 부족한 음식이며, 유화제는 첨가제로써 다량 섭취하면 건강에 해롭다. 따라서 케익을 만들 때는 건강과 영향을 고려한 식물성 기름 및 질 좋은 밀가루 등을 사용해야 할 것이다.

2 (지도중점) 학생들이 A씨와 B 회사의 설명서에 나타난 데오도란트의 원리에 대하여 차이점을 비교분석하여 인식할 수 있도록

지도하고, B회사의 입장에서 A에 나타난 문제점과 대안을 제시하도록 지도한다.

(예상답안) A씨는 데오도란트가 겨드랑이에 있는 해로운 세균은 물론 이로운 세균들까지 모두 제거한다고 생각한다. 이에 대해 제조회사인 B사에서는 데오도란트가 모든 세균을 제거하는 화학적 역할을 하는 것이 아니라 단지 땀구멍을 막아 냄새의 원인이 되는 박테리아의 증식을 억제하고, 좋은 향을 내어 냄새를 없애준다고 주장하고 있다.

제2부 생각 엮기　　　　　　　　본문 126~129쪽

생활 속의 과학 원리

1 (지도중점) 번개가 생성되는 원리와 현상에 대해 과학적으로 설명할 수 있도록 한다.

(예상답안) 번개는 하늘과 땅 사이를 불규칙하게 오고가는 전자비와 구름에 담긴 강한 전하에 의해 만들어지는 전기장에 의해 생성되는 방전현상이다. 우리가 흔히 인식하는 번개불은 주로 땅에서 하늘로 치는 번개이다.

2 (지도중점) 번개 치는 날 대처요령에 대하여 학생들의 경험과 생각을 자유롭게 발표하게 하고 과학의 원리를 고려할 때 올바른 대처요령에 대하여 학생들과 함께 정리한다.

(예상답안) 천둥 번개가 치는 날 나무 밑에 서 있는 것은 나무가 폭발하거나 젖은 뿌리에 의해 감전될 가능성이 있기 때문에 위험하다. 따라서 차안에 있거나, 가까운 건물과 집으로 피신해야 한다.

3 (지도중점) 먼저 〈가〉의 그림을 통해 도플러의 원리를 학생들에게 설명하고, 〈나〉의 상황을 통해 파원과 진행방향, 관찰자 위치에 따른 소리의 상관관계에 대해 학생들이 발표하고 이를 수렴하여 정리한다.

(예상답안) 도플러의 원리는 물체의 파원이 진행방향과 이에 따른 관찰자의 위치에 따라 좁아지거나 넓어지는 현상을 말한다. 〈나〉는 경찰차의 싸이렌을 중심으로 좌우 같은 거리에 있는 남녀가 인식하는 소리의 파동이 다름을 이야기하고 있다. 경찰차

가 진행하는 방향에 서 있는 남자가 인식하는 소리가 비교적 간격이 좁고 세게 들리는 반면, 같은 거리의 반대 방향에 있는 여자는 소리를 비교적 간격이 넓고 약하게 들을 것이다.

미생물과 인간의 삶

1 (지도중점) 주로 생활 속에서 인간이 미생물을 활용해 도움을 얻거나, 미생물이 환경적인 측면에서 하는 긍정적인 역할이 있음을 설명해주고, 미생물의 이로운 점에 대하여 학생들의 자유로운 생각을 수렴하여 정리한다.
(예상답안) 인간이 발효주, 치즈, 김치 등을 만드는데 있어서 효모 등의 미생물이 대상을 발효시키는 역할을 한다. 박테리아는 질소고정 능력이 있어서, 식물에 꼭 필요한 질소를 공급해준다.

2 (지도중점) 학생들의 생활하는 주거공간에도 미생물이 많이 서식함을 설명해 주고, 실제 구체적인 상황 속에 미생물 번식 장소를 찾아보게 한다.
(예상답안) 미생물이 서석하기 좋은 곳은 습기가 많고, 밀폐되어 있으며, 적절한 온도가 유지되는 공간이다. 따라서 윗집에서는 거실의 카펫과 식당에 음식물 쓰레기통, 주방의 싱크대, 화장실, 큰딸 방의 책상 위의 음식물, 젖은 수건 등에 많이 미생물이 서식하고 있을 것이다.

3 (지도중점) 미생물의 번식하기 쉬운 조건을 생각해보고 이를 차단, 예방할 수 있는 방법을 학생들이 생각해 볼 수 있도록 안내한다.
(예상답안) 냉장고 또는 밀폐 용기에 보관, 건조하여 보관함.

제3부 생각 나누기   본문 130~131쪽

과학은 인간과 사회문제를 해결할 수 있는가?

1 (지도중점) 일상생활 속에 내재된 과학의 원리를 학생들이 자유롭게 발표할 수 있도록 안내한다.
(예상답안) 내부 압력을 높여 밥이 빨리 익게 만드는 압력밥솥, 마이크로파를 이용해 음식물을 데우는 전자렌지, 진공의 열차

단을 이용한 보온병 등.

2 (지도중점) 현실을 분석하는 과학적 시각의 장단점에 대하여 이에 대한 학생들의 입장을 정리하고 이를 통해 간단한 문제해결식 토론을 이끌어 낸다.
(예상답안) *찬성 : 과학을 통해 세상의 모든 일을 분석하고, 이를 통해 보다 편리하고 안락한 삶을 영위할 수 있다.
*반대 : 과학은 현실을 보는 하나의 눈이지, 절대적인 것은 아니다. 현실은 철학과 인문학적 지식으로도 여러 가지 현실을 분석해 볼 수 있다.

3 (지도중점) 과학과 인간의 삶, 과학과 사회문제의 관계를 고려하여 '과학이 인간과 사회문제를 해결할 수 있는가?' 라는 질문에 해결가능과 해결불가능의 그룹으로 나누어 이에 대한 쟁점 토론을 진행해 본다.
(예상답안) *해결가능하다는 입장 : 과학은 합리적인 사고를 통해 대상을 객관적으로 분석하고 하여 현대사회의 여러 가지 문제를 경제적 합리적으로 해결하는데 도움을 준다.
*해결불가능하다는 입장 : 과학이 모든 문제를 해결할 수 있다는 입장을 과학만능주의라고도 한다. 하지만, 도덕적인 문제를 해결하는데 과학이 도움을 줄 수 있지만, 도덕적 문제에서는 도덕성, 종교적 신념, 사회적 윤리 등이 중요한 판단기준이기 때문에 이를 과학적 잣대에 의해 근원적으로 해결할 수는 없다.

인간은 인공의 생태계를 만들 수 있을까?

1 (지도중점) 인공 생태계 실험 과정 및 실패원인에 대해 제시문의 내용을 정리하면서 학생들과 생각해 보고, 인공 생태계 건설에 대한 학생들의 입장을 찬성과 반대로 나누어, 토론해 보도록 지도한다. 토론 시간 전에 찬성 입장은 인공 생태계 건설의 필요성과 효과를 중심으로 반대측을 인공 생태계 건설로 인해 나타나는 역기능 현상 및 문제점에 대해서 생각해보고 토론에 임할 수 있도록 한다.
(예상답안) '바이오스피어2' 의 가장 큰 실패원인은 내부의 산소 부족이다. 산소가 부족해진 원인은 ① 콘크리트 구조물이 내부의 산소를 흡수, ② 흙에 포함된 미생물들이 탄소를 이산화탄소

216

로 분해하면서 많은 산소 소모, ③ 흙 속의 박테리아의 왕성한 활동에 의한 이산화탄소 배출, ④ 바닷물의 이산화탄소 흡수능력 부족 등이었다.

인간이 인공의 생태계를 만들 수 있다는 주장에 찬성하는 입장은 환경오염으로 인한 인간의 대체 생활공간의 확보 필요성과 인간 과학 기술의 발전 등을 근거로, 반대하는 입장은 인공 생태계 건설로 인한 각종 신종 질병의 발생 가능성 등 역기능을 근거로 들 수 있다.

제4부 생각 펼치기　　　　　　本文 132~137쪽

독서논술 논제

1 - 출제의도

이 논제는 우리가 일상생활 속에서 발견할 수 있는 과학적인 현상에 대한 개념, 원리 등에 대하여 얼마나 정확하게 이해하고 있으며, 이를 논리적으로 서술할 수 있는가를 묻고 있다. 특히 일상생활 속에서 찾아볼 수 있는 '엔트로피'의 적절한 사례를 발견하고, 이를 앞에서 설명한 개념과 원리와 관련지어 창의적, 논리적으로 설명해 나가는 것이 이 논제의 핵심 의도로 볼 수 있다.

- 접근방향

특정 과학원리의 개념과 사례 등을 묻고 있으므로 특별히 어려운 논제는 아니다. 이미 그동안의 독서나 학교 과학시간을 통해 학습하여 익숙한 엔트로피 법칙에 대한 개념 정의 및 원리를 묻고 있으므로 대상에 대한 교과서적 지식과 사례보다는 정확하고 명료한 설명과 보다 적절하고 창의적인 사례제시가 있어야 좋은 답안이 될 수 있다. 따라서 개념 설명에 있어서는 대상에 대한 명확한 이해를 바탕으로 한 '복잡성', '무질서' 등의 적절한 용어 사용이 중요하다. 또한 이 논제의 핵심은 이러한 과학적 원리에 해당하는 적절한 사례를 일상생활 속에서 발견하여 설명하는 것이므로, '엔트로피'와 관련된 나 자신의 직접 체험, 독서경험, 매체 관련 지식 등을 통해 이를 창의적, 논리적으로 설명해 나갈 수 있어야 한다.

2 - 출제의도

일정한 연료로 자동차는 얼마나 먼 거리를 달릴 수 있는가? 얼마 전 언론을 통해 보도되었던 자동차 연비 실험이다. 동일한 연료로 에너지를 최대한 절약하면서 먼 곳에까지 이를 수 있는 방법은 여러 가지이다. 이 문제 역시 일정한 파동 에너지를 통해 효과를 어떻게 극대화할 수 있는지를 묻고 있다. 학생들이 일생생활과 관련된 문제에 얼마나 창의적인 대안을 제시할 수 있는지 여부를 묻고자 출제하였다.

- 접근방향

제한된 에너지로 최대한 멀리 말을 전달하려면 우선, 어떤 부분을 고려해야 하는지 생각해 보아야 한다. 효율적으로 파동을 전달할 수 있는 방법과 에너지가 전달되면서 받는 공기, 물체의 저항을 줄이는 방법 등으로 창의적인 해결책을 생각해 볼 수 있을 것이다. 핸드폰, 스피커 등의 음성기기를 이용한다는 답변도 가능하나 이것은 파동에너지의 전달과정을 고려하지 않은 창의적인 생각으로 볼 수 없다. 따라서 중계 장치에 의한 것이 아닌 직접 소리가 파동을 통해 전달하는 과정을 기준으로 여러 가지 해결책을 생각해 볼 수 있다.

3 - 출제의도

미생물은 그 존재적 가치만으로도 인류의 삶에 큰 기여를 하고 있다. 특히 잇따른 과학적 연구결과에 따라 미생물이 인간의 삶과 환경, 인류의 발전에서 가지는 중요성과 영향이 밝혀지고 있으며 미래의 삶에 있어서도 미생물의 분야의 발전가능성은 매우 무한하다. 따라서 제시된 자료들을 통해 이러한 미생물이 구체적으로 어떤 역할을 하고 인류는 이를 어떻게 활용할 수 있는가에 대한 논리적, 창의적 분석 및 해결책을 묻고 있는 문제이다.

- 접근방향

좋은 논술문을 쓰기 위한 첫번째 전략은 논제를 정확하게 분석, 이해하고 이에 따라 전략적으로 제시문을 분석하는 것이다. 특히 이 논제와 같은 상대적으로 복합적인 사고를 요하는 문제는 논제의 정확한 파악 여부가 올바른 사고의 방향을 잡고 효과적으로 표현해 나가는 중요한 갈림길이 된다. 이 논제는 미생물의 활동 상황을 분석한 후 이러한 미생물을 활용한 음식물 쓰레기의 자원화 과정에 대해 서술하고 이와 더불어 미생물의 과학적 활용방안을 제시할 것을 요구하고 있다. 따라서 〈가〉글을 읽을 때는 미생물을 활동 상황에 초점을 맞춰 글을 분석하

고, 그림 〈나〉에서는 음식물 쓰레기 처리과정에서 미생물이 어떤 단계에서 어떤 역할을 하는지 생각해 보아야 한다. 그림 〈다〉에서는 흙 속에 포함된 다양한 미생물의 종류를 분류하고 이를 제시문 〈라〉와 연관지어 미생물의 과학적 활용방안을 제시해야 한다. 다소 복합적인 단계를 통한 문제해결이 요구되는 문제이지만, 침착하게 논제를 파악한 후 제시문을 분석해 나간다면 좋은 논술문을 작성할 수 있을 것이다. 마지막으로 독서논술문은 다른 논술문과는 달리 독서한 내용과 제시문, 그림 등의 자료를 적절히 활용해 글을 써야 좋은 점수를 얻을 수 있으므로 이에 주의해야 한다.

독서논술문 개요 짜기

제 목	미생물, 새로운 발견과 기대
주 제 문	미생물에 대한 인식 전환 및 이에 대한 과학적 활용 연구와 방안이 필요하다.
서 론 (문제의 상황 설명 및 문제 제기)	1. 미생물에 대한 기존 인식의 전환 필요 　1) 미생물은 콜레라, 천연두, 에이즈 등 각종 바이러스와 세균처럼 질병의 원인 됨 　2) 또한 미국의 9 · 11테러에서의 탄저균까지 공포를 주는 전염병의 원인이 되기도 함 　3) 하지만, 미생물은 효과적으로 활용하면 과학적, 경제적으로 유용
본 론 (근거 들어 논증하기)	1. 김치 속의 유용한 미생물, 젖산균 　1) 김치를 맛있게 하고 항생물질을 생성하기도 함 2. 음식쓰레기를 활용한 미생물의 자원화 과정 　1) 미생물은 음식쓰레기를 분해하는 역할을 담당함. 　2) 산화과정에서 배출되는 바이오 가스는 전기발전, 음식쓰레기 부산물은 퇴비로 활용함 3. 흙을 구성하고 있는 미생물 　1) 효모, 균류, 바이러스, 세균, 원생동물, 단세포조류, 다세포조류 4. 미생물의 과학적 활용 방안 　1) 유기농법 - 미생물을 활용한 친환경적 농업기술 　2) 의약분야의 신약, 효소 등 상업적 가치가 높은 제품을 생산 　3) 전통발효식품, 건강보조식품 등의 개발과 상품화 　4) 쓰레기의 자원화를 통한 에너지의 재생산
결 론 (정리 및 주제 강조, 앞으로의 방향설정)	1. 미래 새로운 부가가치 산업으로서의 미생물의 유용성을 인식 제고 2. 친환경, 고부가가치 산업으로서의 미생물 관련 분야 투자개발 필요

건축 속 재미있는 과학이야기

제1부 생각 열기　　　　　　　　　　본문 146~148쪽

생각 품기

1 (지도중점) 일상생활 속에서 친근한 사물들이 무엇으로 만들어졌을지에 대해 학생들과 함께 생각해보고 자유롭고 확산적인 사고를 수렴하도록 지도한다.

사진	떠오르는 생각
	• 한옥(기와집) • 부드러운 곡선미 • 주거공간 • 자연친화(친환경적 건축)
	• 물결파 • 파동에너지 • 매질 • 고대 그리스 아테네의 원형 극장
	• 사막 • 모래 • 바람 • 뜨거운 태양, 피라미드, 사상누각

2 (지도중점) 건축물에 들어 있는 과학적 원리와 구조를 잘 연결시키면서 발표할 수 있도록 지도한다.
(예상답안) 굴뚝, 공연장의 내부, 철로, 돔형의 지붕, 문의 방향 등

생각 깨기

1 (지도중점) 식물원등 유리로 지어진 건물들의 공통적인 목적을 찾아보고 온실효과 개념에 대해서 살펴볼 수 있도록 한다. 온실효과는 인간을 살게 해주는 원리이며, 환경적 재앙을 가져올 수 있는 양면을 가지고 있다는 것을 지도한다.
(예상답안) 온실효과 이며 태양의 적외선 파장을 흡수하여 온도를 높이는 것이다. 식물원, 비닐하우스 등 태양에 의해서 다른 장치 없이 실외보다 높은 온도를 유지해주는 곳

2 (지도중점) 독서 경험을 통하여 얻게된 사실적 지식들을 잘 연결 할 수 있도록 지도한다.
1) 굴뚝효과
2) 빛의 반사와 굴절

3) 지내력

4) 사이펀의 원리

5) 중화반응

6) 열에 의한 팽창

7) 사이클로드

3 (지도중점) 우리 주변의 문들의 방향이 인간의 행동과학과 관련 있음을 상기시키고 학교나, 공공건물, 학생들의 집안의 문방향에 대해 설명하고 잘못된 곳이 있는지를 찾아 보게 하는 개별 혹은 조별활동으로 진행해 본다.

(예상답안) 방문 – 안쪽 – 외부인과의 충돌을 피하기 위해

현관문 – 바깥쪽 – 비상시에 탈출을 돕기 위하여

초등학교 교실의 문 – 미닫이 문 – 아이들의 사고를 막기 위하여

은행의 문 – 안쪽 – 도난에 대비 하기 위하여

생각 기르기

1 (지도중점) 사막에 집을 지었을 때 지각의 움직이 심한 곳에 집을 지었을 때 자연적인 환경에 견디어 낼 수 있으려면 어떠한 면을 고려해야 하는지 건물의 안전성에 초점을 맞추어 지도한다.

(예상답안) 건물이 지어지는 지역의 온도나 습도등을 고려하여 열과 수분에 의한 팽창과 수축이 적은 재료를 사용하고 팽창과 수축에 영향을 받지 않도록 적절한 장치를 사용. 건물의 지반이 약하지 않도록 단단하게 하는 작용에 힘을 써야 하며 지진이 빈번한 곳이라면 높은 건물보다는 낮은 건물을 짓고 옆으로 흔들림을 방지해야 한다.

2 (지도중점) 발코니 확장이 2005년부터 합법화 되었으며 베란다 확장은 아직 불법입니다. 그 전까지는 건물의 안전성 문제로 인하여 불법이었음을 설명하고 발코니 확장으로 인하여 집내부 구조의 변화 및 단열성 문제에 대해서 접근 할 수 있도록 지도한다.

발코니 : 집집마다 동일하게 튀어나온 공간

베란다 : 공동주택에서 위층이 아래층보다 면적이 작아 아래층 지붕 위에 생긴 공간을 지칭

(예상답안) 발코니 확장의 장점은 집안 내부의 면적을 넓게 해주고 거실의 시야를 넓혀주는 효과가 있다. 발코니 확장의 단점은

단열의 문제점이 있어 냉방과 난방의 효율을 떨어뜨리는 점이다. 또한 발코니에 무거운 하중을 가지는 물건을 두었을 때 아파트 안전성의 문제도 가져 올 수 있다.

제2부 생각 엮기　　　　　　　본문 149~150쪽

건축 속의 과학 원리

1 (지도중점) 빛은 매질을 달리할 때 속도가 달라진다. 공기에서 물속으로 진입하게 되면 속도가 느려져 꺾이는 현상이 발생하게 된다. 따라서 눈에 보이는 것보다 앞쪽 아래에 있다는 것을 감안 할 수 있도록 지도하며 물속에서 물체의 실제위치를 그려 볼 수 있게 한다.

(예상답안) 물속에서는 빛의 속도가 달라져서 실제보다 떠보이는 현상이 나타나게 된다. 그러므로 실제 보이는 것보다 앞쪽으로 막대칭을 던져야 한다.

2 (지도중점) 음악당의 가장 중요한 것은 음에 대한 장치이며 내부의 벽면이나 천장 그리고 좌석등을 신경써서 관찰 하도록 한다. 또한 학생들의 음악당에 가본 경험이나 극장에 가본 경험을 되살려 둘의 차이점과 공통점을 비교해 보는 것도 좋다.

(예상답안) 음악당설계의 주안점은 소리를 어느 좌석이든지 잘 전달할 수 있는 구조를 만드는 것이다. 음악당 내부의 벽면과 천장이 모두 매끈하게 되어 있지 않은 것은 소리를 잘 반사시켜 골고루 소리가 전달될 수 있도록 한 것이다. 벽면이 모두 매끈한 판으로 이루어졌다면 음이 한곳으로 반사되어 모여 특정좌석에만 소리가 잘 들리고 대부분의 좌석에서는 잘 들리지 않게 된다.

건축과 인간

1 (지도중점) 왼쪽 윗부분부터 카사밀라, 사그라다 파밀리아(성가족성당), 까사 바뜨요, 구엘공원의 윗부분, 구엘공원의 내부, 까사 바뜨요의 내부이다. 가우디는 스페인을 대표하는 건축가이며 대부분의 건축에 곡선을 사용하였으며 가구등 공원의 벤치등은 인체공

학적으로 설계하여 편안함을 주었다.

(예상답안) 건물의 외관에서 볼 수 있듯이 직선을 사용하지 않고 곡선을 사용하여 인간에게 편안함을 주었으며 공원의 내부에서 볼 수 있듯이 자연친화적으로 구성한 것이 가장 돋보인다.

2 (지도중점) 우리나라 주변에도 단층이 있으며 판의 경계와 멀리 않으므로 지진의 발생빈도가 많다는 것을 깨닫게 하며 지진의 빈도수가 점점 증가하고 있는 것을 지각의 구조와 관련하여 학생들이 모둠활동을 해 조별 발표할 수 있게 한다.

(예상답안) 우리나라는 유라시아 판과 필리핀판의 수렴경계부분과 가깝게 위치하고 있어 대부분 심발지진이 일어나며 지진의 강도는 일본에 비해서 크지 않으나 지진으로부터 안전지대는 아니므로 건물의 내진설계에 대해서 합법화 해야 하며 높은 건물을 짓는 것에 규제를 해야 한다.

제3부 생각 나누기 본문 151~152쪽

건축 속의 인간의 생활

1 (지도중점) 주방의 변화를 통해서 가족의 생활과 주방에서 많은 일을 하게 되는 주부의 역할의 변화에 대해서 생각해 보도록 한다.

(예상답안) 현대로 오면서 점점 주방이 가족의 중심적인 역할을 하게 된다. 주방이 노동의 장소가 아니라 다양한 가족의 문화를 만들어 갈 수 있는 곳으로서의 역할을 하게 되고 바쁜 식구들이 식사를 통해서 대화를 할 수 있는 공간이 되었다. 가전기기의 발달과 주방의 효율성을 증가시켜 일하는 주부들의 노동시간을 감소시켜주었다.

2 (지도중점) 과학과 건축의 발달이 조화롭게 진행된다는 것을 고려하여 미래의 건축물에 대한 설계도를 그려보게 한다. 건축물의 외적인 면과 내적인 면의 변화에 대해서 자유롭게 발표시킨다.

(예상답안) 건물의 높이의 수직상승 – 바람이나 지진의 영향에서 벗어날 수 있게 한다. 교통수단의 이용이나 주차변화 – 교통수단이 공중에서 이동한다면 주차시설이나 정거장이 건물의 아래층이 아니라 상부에 위치하게 된다. 친환경적인 내부구성 – 인간의 삶의 질을 높이기 위하여 자연친화적으로 구성하여

편안함을 느끼게 한다.

3 (지도중점) 예술적인 측과 실용적인 측으로 나누어 토론을 진행해 본다.

(예상답안) *예술적인 측면에 중점을 두어야 한다 : 외국의 유명한 건축물은 외관으로 그 이름을 기억하게 된다. 스페인의 가우디 같은 경우도 독특한 외관으로 가우디의 것이라는 것을 기억시키게 된다. 우리나라를 방문하는 외국인들을 위한 것이라면 우리나라의 건축모양을 활용하여 한국식의 외형을 구성하여야만 널리 알릴 수가 있다.

*실용적인 측면에 중점을 두어야 한다 : 우리나라를 방문하는 외국인을 위한 것이라면 외국인이 이용하기 쉽게 하는 것이 중요하다. 스페인의 가우디가 외형적인 면 뿐만 아니라 내부적으로 인체에 편안함을 주는 공간과 실용적인 가구들을 만들었기에 더 명성이 높은 것이다.

제4부 생각 펼치기 본문 153~158쪽

독서논술 논제

1 – 출제의도

건축이란 인간의 여러 가지 생활을 담기 위한 기술ㆍ구조 및 기능을 수단으로 하여 이루어지는 공간예술이다. 건축은 용도라는 목적성에 적합하여야 하며, 적절한 재료를 가장 합리적인 형식을 취하여 안전하게 이룩되어야 한다. 겉으로 보기에는 딱딱하게만 보이는 건축물이 실제로는 각종 환경의 변화와 기후특성에 맞게 변화되는 유연함을 가지고 있다. 이에 건축물의 유연함을 유지시키기 위하여 사용된 방법과 재료상의 특징을 알고 이를 인간의 삶에 적용하여 우리의 삶의 방식에서 어떠한 자세로 받아 들여야 할지를 생각해 보게 한다.

– 접근방향

이 문제는 이 책에 나타난 건축물이 모습을 오래 동안 유지하기 위하여 또는 인간이 필요로 하는 요구에 응하기 위한 어떠한 방법을 취하고 있는지를 살펴 보아야 한다. 건축물이 위치하고 있는 기후와 위치를 고려하여 어떠한 변경을 시도하였고 어떠한 구조를 취하였는가를 살펴본 후 우리가 살아가는데 있어서

외부의 변화에 대한 유연한 태도의 중요성에 대해서 연관지어 생각해 본다.

2 - 출제의도

피라미드는 모래위에 세워진 건축물이다. 사상누각이라는 옛말이 있듯이 모래위에는 건축물이 오래 버티지 못한다. 피라미드가 수 천년을 버텨온 이유가 무엇이며 피사의 탑이 계속 기울어지는 이유 및 판축이라는 판자와 판자사이에 흙을 다지는 방법의 공통점을 찾아 기초의 중요성을 알아내고 자신이 살아가는 방향에 주는 시사점을 창의성 있게 연관지어 생각해 보는데 목적이 있다.

- 접근방향

건축은 그 자신의 개체적인 건축성뿐만 아니라, 그 주변의 환경적 요소들과 조화되므로, 감흥적이어야 한다. 몇 백년 이상을 견뎌오며 명소로 각광받는 건축물들이 그러하기 위하여 어떠한 인간의 노력과 시간이 들었는지를 생각해 보고 자신의 삶의 태도, 생활에서 부딪히는 어려움을 어떠한 자세로 극복해 나가야 하는지, 주변사람들과의 관계, 가족들과의 생활등 다방면에 대해서 창의적으로 접근한다.

3 - 출제의도

그림 〈가〉는 두바이의 수중호텔이다. 불가능하게 여겨졌던 수중 건축물이 실제 지어지고 있다. 그림 〈나〉는 산업이 발전함에 따라 여러 건축물이 지어졌지만 최근의 경향은 자연 본연의 상태를 선호하는 건축자재의 예이다. 제시문 〈다〉는 인간이 선호하는 건축자재인 유리가 프라이버시를 침해하는 문제점을 가지고 있는 것을 반사와 굴절을 이용하여 문제점을 보완하여 사용하는 내용을 담았다. 그저 꿈으로만 여겨지던 건축물. 여러 화학제품을 많이 생산해 내었지만 건강과 자연친화가 새로운 테마로 대두되어 선택된 자재. 물질의 특성을 이용하여 인간에게 필요한 형태로 변화시키는 등의 노력이 인간의 삶의 공간인 건축물을 어떠한 형태로 변화시킬 것인지에 대해서 여러면에서 살펴 보게 한다.

- 접근방향

논술의 핵심은 제시문에 대한 정확한 이해이며 이를 창의적으로 연결하여야 한다. 수중에서 지어지는 호텔은 사람이 살 수 없을 것이라고 여겨졌던 곳에 지어진 것이다. 주택난이 심각화

된다고 하지만 과학의 발달에 따라 기대하지 않았던 곳에 건물이 지어지고 있는 것이다. 천연원목은 각종 자재에서 나오는 환경호르몬등을 염려하고, 자연과 가까운 곳에서 편안함을 느끼는 사람들의 요구에서 사용된 자재이다. 또한 유리는 사람들이 선호하는 자재이기는 하지만 개인의 프라이버시침해가 더 큰 문제였기에 사용되지 못하였지만 그것을 이용하고자 하는 인간의 노력으로 인하여 문제점을 극복한 유리를 사용할 수 있게 되었다. 요약하면 과학의 발달과 자연에서 편안함을 느끼는 인간 본연의 습성을 종합했을 때 미래의 인간이 살아가는 공간은 어떤 것인지를 상상해 본다.

독서논술문 개요 짜기

제 목	한옥의 재발견
주 제 문	우리 전통주택인 한옥의 장점을 살려 한옥을 보급화 할 수 있는 방안을 찾는다.
서 론 (문제의 상황 설명 및 문제 제기)	전통주택인 한옥의 장점을 찾아낸다. 1) 아름다우면서도 편안한 한국 전통의 멋이 있다. 2) 황토의 특성과 온돌구조는 인체에 가장 무해한 우리조상의 지혜이다. 3) 건축방향과 처마길이 창호배치를 적절히 하여 한여름과 겨울의 햇살을 적절히 조정하여서 사람을 푸근하게 하였음
본 론 (근거 들어 논증하기)	1. 자연친화적인 재료 　1) 각종 환경오염물질로부터 주거하는 사람들의 건강을 지켜줌 　2) 천연재료를 사용함으로씨 습도의 조질과 통풍이 원활하게 해주어 여름철에 시원하게 지낼수 있음 2. 한옥의 구조의 변화 　1) 창이 많아 겨울에 난방이 잘 되지 않았던 점을 이중창으로 보완하여 단열기능을 강화 시킴 　2) 화장실을 집안으로 들여 불편함을 해소함 　3) 주방기구의 발달로 인하여 한옥속의 부엌이 실용적인 공간으로 변화가능 3. 한옥이 보급화 될 수 있는 방안제시 　1) 흙과 나무였던 한옥의 재료의 단점을 보완한 재료를 보급 　2) 한옥을 지을 수 있는 기술자 양성 　3) 한옥의 멋을 이용한 다양한 주택을 선보임
결 론 (정리 및 주제 강조, 앞으로의 방향설정)	1. 한옥의 단점이 보완되어 기존의 주택과 비교하여 생활에 불편함이 없어졌음을 알리고 한옥의 멋을 느낄 수 있는 문화를 형성 2. 전통가옥인 한옥을 보급화 하기 위한 정책적인 지원

우리의 전통과 정신
한국의 정체성

제1부 생각 열기　　　　　　　　본문 168~171쪽

221

생각 품기

1 (지도중점) 학생들의 경험과 자유로운 생각을 바탕으로 사진에서 연상되는 생각들을 발표하고 이를 교사가 종합 정리하도록 한다.
(예상답안)

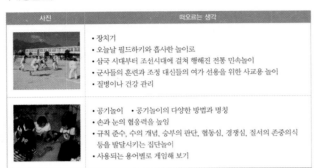

사진	떠오르는 생각
	• 장치기 • 오늘날 필드하키와 흡사한 놀이로 • 삼국 시대부터 조선시대에 걸쳐 행해진 전통 민속놀이 • 군사들의 훈련과 조정 대신들의 여가 선용을 위한 사교용 놀이 • 질병이나 건강 관리
	• 공기놀이 • 공기놀이의 다양한 방법과 명칭 • 손과 눈의 협응력을 높임 • 규칙 준수, 수의 개념, 승부의 판단, 협동심, 경쟁심, 질서의 존중의식 등을 발달시키는 집단놀이 • 사용되는 용어별로 게임해 보기

2 (지도중점) 우리 주변에 형성된 문화 중에서 자문화 중심주의적 시각이나 문화적 사대주의에서 행해지고 있는 사례를 살펴보면 상당히 많이 잔재하고 있다는 사실을 깨닫도록 한다.
(예상답안)

	자문화 중심주의	문화적 상대주의
특징	• 자기 문화의 관점에서 다른 문화를 평가하는 태도 • 서구 국가들이 식민지 문화를 열등하게 바라봄, 나치의 독일 민족 우월주의, 백인들의 인디언 종교 개종 강요, 중국의 중화주의	• 다른 문화를 동경, 숭상하여 자기 문화를 폄하하는 태도 • 서구 문화 숭상, 원시 미개 문화 동경
장점	• 사회 통합을 위한 중요한 수단	• 선진 사회로부터 문화 수용이 빠름
단점	• 국제적 고립, 국제 협력 저해	• 문화적 주체성 상실 우려

생각 깨기

1 (지도중점) 학생들의 독서경험을 통해 찾아내도록 한다.
(예상답안) *현재성 – 과거의 역사를 볼 때 과거라는 한 면만 보지 않고 현재와 관련하여 봄으로써 한국의 정체성에 대해 생각해 보자는 것
*대중성 – 집단 다수의 구성원들이 지지하고 선호하는 것
*주체성 – 집단의 태도가 아닌 개별자의 태도, 개인들의 성향과 의식을 통해 주체성을 보면서 집단의 정체성을 판단할 수 있음

2 (지도중점) 한국의 정체성을 확립하는 것은 쉽지 않다. 일상 생활 속에서 혼용되는 상황 속에서 제대로 정체성을 규명하는 일은 중요하기 때문에 정리할 필요성이 있음을 주지시킨다.
(예상답안)
① 정체성을 판단할 만한 방법이 모호하다. 즉 정체성을 규정하는 속성이 너무나 다양하다. (외양, 문화, 정신)
② '외양' 그리고 '정신'이라는 둘 중의 한 가지만으로 정체성을 논할 수 없다.
③ 외국의 정치, 문화적 공격에 맞서 한국의 정체성을 판단하는 일은 어려운 일이다.
④ 근본적으로 "정체성"이라는 문제가 형이상학의 난제이다. (〈테세우스의 배〉 이야기 참조)
⑤ 개인의 정체성 확보가 집단의 정체성 확보에는 별 도움을 주지 못한다. 역으로 집단의 정체성 확보가 개인의 정체성에는 적용이 될 수 없다. (합성, 분할의 오류 참조)

〈참고〉
합성의 오류 : 포지션별로 최고의 선수를 뽑으면 최강의 드림팀이 될 것이다.
분할의 오류 : 합성의 오류와 반대, 최강의 드림팀의 선수들은 각 포지션에서 최고의 선수이다.

3 (지도중점) 학생들의 독서경험을 통해 한국적인과 미국적인 것의 차이를 구별할 수 있도록 정리한다.
(예상답안) *첫째, 한국적인 것을 찾는 일과 *둘째, 미국적인 것을 찾는 일이다.
① 한국적인 것을 찾아내어 미국적인 것으로 만든다.
② 미국적인 것을 한국적인 것을 통해 표현한다.
③ 한국적인 것과 미국적인 것의 공통속성을 찾아내어 구현한다.

생각 기르기

1 (지도중점) 한국을 대표한 전통 문화 중에서 세삼 새롭게 세계적으로 인정받는 문화들이 있다. 그것들을 조사하여 무엇이 우수한지에 대하여 설명하여 보자.
(예상답안)

① 한글

세계의 언어학자들이 최고의 글자로 인정합니다.

유네스코에서는 세계 기록 문화유산으로 공인하였고, '세종대왕 문맹퇴치상'을 제정하였다.

발음기관을 본떠 만든 가장 과학적인 글자이다.

글자를 만든 목적, 만든 때와 만든 사람을 아는 세계 유일한 글자이다.

한글 총수는 1만 2천 7백 68자로, 세계에서 제일 많은 음을 가진 글자이다.

한글은 그 구성 원리가 간단하기 때문에 배우기가 대단히 쉽다.

② 한복

한복은 평면재단으로 만들어 몸을 감춰주고 여유롭게 하여 건강에 아주 좋은 옷이다.

키만 비슷하면 내옷 네가 입고, 네옷 내가 입는 더불어 사는 옷이다.

오방색을 중심으로 색깔과 디자인 면에서 아주 아름답고 품위가 있다.

③ 된장

단백질 함유량이 20%나 되어 단백질의 보고인 음식이다.

'아이소플라본', '트립신저해제', '사포닌', '피놀산', '피트산' 등의 다양한 항암제가 들어있다.

폐경기증상을 앓던 환자들은 콜레스테롤치가 낮아지고, 골밀도가 높아진다.

소화흡수율이 무려 85%나 되어 다양한 영양분을 효과적으로 이용한다.

④ 김치

김치에 들어가는 각종 양념들은 항암효과가 있다.

특히 고춧가루는 '캡사이신'이란 성분이 혈액암을 억제한다.

또 고춧가루는 젖산균의 성장을 도와 김치를 맛있게 발효시키며, 잡균을 억제하고, 오래 저장할 수 있도록 돕는다.

잘 익은 김치는 일반 유산균 음료보다 유산균이 100배나 더 들어 있다.

김치를 먹고 간에서 콜레스테롤과 중성지방이 38%까지 낮아졌다는 결과보고가 나와 있다.

⑤ 풍물굿

연주자와 청중이 따로 노는 것이 아니고 하나가 되어 즐기는 것으로 스트레스를 씻어준다.

연주자의 기량을 보는 연주가 아니라 한 사람의 잘못이 그냥 숨겨지는 예술이다.

연주와 연희가 어우러진 종합예술이다.

한 구성원들을 완전히 하나로 동화되게 하는 마력이 있다.

⑥ 판소리

유네스코에서 세계무형유산 걸작으로 선정되었다.

판소리 속에는 해학이 있고, 슬픔과 사랑이 있고, 교훈과 웅장함까지 들어 있다.

소리꾼이 전 성부를 혼자 소리하며, 5~6시간을 완창하는 대단한 성악이다.

소리를 곱게 다듬어서 내지 않고, 내지르는 자연적인 소리를 낸다.

소리꾼과 청중이 추임새를 통해 수시로 교감하는 더불어 음악이다.

⑦ 한지

1200년을 썩지 않고 보존된 세계에서 가장 오래된 종이이다.

예술작품을 표현하기에 가장 알맞은 종이이다.

⑧ 한의학

자연의 이치에 맞게 자연과 더불어 사는 철학인 음양오행을 바탕으로 한 의학이다.

증상만 치료하는 의학이 아니라 발병 원인을 생각하여 사람 몸속의 조화를 꾀하는 의학이다.

치료의학이기보다는 예방의학이다.

⑨ 옹기

옹기의 표면에 숨구멍 역할을 하는 원형조직이 공기 중에서 기공이나 좋은 바이러스를 끌어들여 음식의 발효와 저장이 원활하도록 하는 과학의 결정체이다.

옹기는 플라스틱, 스테인리스 등과 달리 깨지면 흙으로 돌아가는 '자연에 가까운 그릇'이다.

⑩ **택견**

다른 무예와 달리 부드럽고, 능청거리는듯 하면서도 순간적으로 엄청난 타격을 가한다.

공격과 방어 어느 한쪽에도 치우치지 않고, 단순한 자세로 멈추어 있지 않는다.

넘어진 상대를 배려하는 인간적인 몸짓이 숨어있다.

능청스럽게 굼실대는 독특한 몸짓에 우리 조상들의 운치와 여유로움과 슬기가 배어있다.

단순한 무예가 아니라 예술의 경지로 승화되었다 할만하다.

2 (지도중점) 단절을 우면서 현재성을 살릴 수 있는 대안으로 두 가지를 제시하였다. 그것을 설명하여 보고, 그러한 사례를 찾아 보도록 한다.

(예상답안)

1) 첫째, 원형을 그대로 오늘에 복원한다. 복원된 과거는 현재이다.

2) 둘째, 원형을 본으로 삼아 창의적으로 발전시키거나, 변형시킨 형태로 제시한다.

　가. 근본은 과거의 것이지만 현대 감각에 맞게 변형시키는 것을 말한다.

　나. 복원된 과거가 현재라면, 복원된 과거가 많으면 많을수록 현재의 우리 문화는 풍요로워진다.

3) 전통이 현재성을 상실한다면 '훈고학' 이 된다.

　〈사례〉 개량 한복, 한옥 보전지구, 사물놀이 등

3 (지도중점) 무조건 전통이라고 보존하기 위해 정부의 대책을 촉구하는 것이 지니는 문제점을 진단해 보고, 단절돼지 않게 하기 위한 방안을 강구해 본다.

(예상답안) 애써 어떤 것을 한국적인 것이라고 보존하는 것이 무의미할 수 있음을 함축한다. 즉 판소리의 맥이 끊어지면 한국고유의 정신이 사라지게 되므로 이것을 막기 위해서 국가가 지원하고 언론이 후원해야 한다는 생각은 잘못이라는 것이다.

1) 우리의 옛것을 발굴하여 소개하는 것은 지금의 문화를 풍요롭게 하므로 환영해야 하는 것이다. 더 많은 선택지를 갖는 것이 제한된 선택지를 갖는 것보다 낫기 때문이다.

2) 국가나 공공기관이 어느 정도의 후원을 하는 것은 경쟁의 공정함을 지키는 방편이 될 것이다.

3) 문제는 마치 이것이 없어지면, 즉 이것이 계승되지 않으면 한국 문화의 원형을 이루는 중요한 한 부분이 상실되는 것처럼 과장하는데 있다.

4) 잃어버린 우리의 옛것을 찾아 한국의 전통문화를 우리에게 소개하는 것까지는 아주 바람직한 일이다.

5) 공정한 경쟁이 이루어진 다음에는, 대중성을 확보하는 것이 지배적인 문화가 된다. 즉 우리 것이 된다고 보아야 할 것이다.

6) 판소리가 대중성을 확보하지 못해서, 한국음악에서 차지하는 비중이 줄어든다면, 판소리를 한국의 정체성 탐구의 주대상에서 제외해야 한다고 생각한다. 판소리가 계속 대중성을 확보하지 못한다면, 더 이상 판소리는 한국의 소리가 아닐 것이다. 그래도 아무 상관없지 않은가? 우리는 다른 것을 향유하고 있을 것이고, 그것을 한국의 것이라 할 수 있기 때문이다.

한국에 한국인이 없다

1 (지도중점) 우리가 세계적인 것을 추종하면 나타난 문제점으로 지적된 내용이다. 그렇다면 어떠한 면에서 그러한 지를 판단하여야 한다.

(예상답안)

1) 우리의 정체성이 훼손되었다는 자존심만이 난무하지, 바깥으로 당당하게 내세울 수 있는 자긍심이 없다.

2) 자긍심을 내세울 수 있는 '내용' 을 찾으려 시도한다.

2 (지도중점) 우리가 인식하지 못하고 있는 민족성에 대해 생각해 볼 수 있어야 한다.

(예상답안)

1) 우리는 다른 어느 민족보다 정을 고귀한 가치로 생각하는 민족이라고 생각한다.

2) 정이 감정적 측면뿐 아니라 이성적 내용을 갖고 있다.

3) 정은 근본적으로 이성적인 것이다.

4) 우리의 문화적 정체성만을 구성하는 것이 아니라, 동시에

바람직한 인간성에 관한 우리의 고유한 해석을 담고 있는 것이다.

5) '정이라는 이름 아래 묶여 있는 사람들이 다름 아닌 한국인인 것이다' 라고 결론지을 수 있다.

6) 즉 한국인의 정체성은 정으로 확보된다라 할 수 있다.

3-1) (지도중점) 정체성의 사례로 제시된 예를 요약을 통해 정리 발표할 수 있도록 지도한다.

(예상답안)

1) 만득이가 아프리카의 한 소국 방문가정.

2) 만득이가 벌레로 변했음을 알게 되어 놀람. 하지만 외모보다 변하기 전의 기억 보존에 중요성.

3) 만득이가 어두운 밤에 귀신을 만난 이야기.

3-2) (예상답안)
[1-은 집단의 정체성 문제, 2-는 개인의 동일성 문제, 3-은 정체성 확보의 문제]

3-3) (예시답안 생략)

외국인에 비친 한국, 한국인

1 (지도중점) 객관적인 시각에서의 한국의 술 문화와 그 정체성에 대해 다양한 생각을 비교 발표해 보고 정리할 수 있도록 지도한다.

(예상답안) 세계 4위의 양주 수입국으로 세계의 술 시장에 '봉'으로 떠오른 나라, 세계 1위의 1인당 술 소비량, 음주운전 적발과 그로 인한 사고가 가장 많은 나라, 1년에 소비되는 술값이 4조 6백억 원, 음주에 따른 사회적 손실이 9조 8천억 원(1998년 기준). 한달 술값이 1인당 13만 4백원(1999년 기준)인 나라. 폭탄주를 발명한 나라.

이것이 술과 관련한 오늘날의 우리의 모습이다. 그런데 술에 대한 이러한 애호는 갑자기 생긴 것은 아닌 듯하다. 삼국지 위지 동이전 기록에 이미 가무와 함께 음주의 풍속을 특별하게 기록하고 있는 것으로 보아 수 천 년 동안 이어져 온 것이 분명하다. 100년 전에 우리 나라를 찾은 서양인의 눈에도 이것이 유별나게 보였던 모양이다.

2 (지도중점) 객관적인 시각에서의 한국인의 과음습관이 외국인의 사례와 어떻게 다른지 비교해 보고, 이에 대한 학생들의 창의적이고 다양한 생각을 수렴한 후 이를 정리해 본다.

(예상답안) 그들에게는 한국인들이 술을 유난히 좋아하는 것도 이상했지만 중국인, 일본인과 달리 한국인들이 차를 즐기지 않는 것도 이상했다. 우리 나라의 경우 중국과 일본에 비해 차 문화가 발달하지 않은 것은 사실이다. 원래 차례(茶禮) 때 차를 올려야 한다고 [주자가례]에 규정되어 있음에도 조선시대에는 술을 올렸다. 우리나라에 차가 귀해 백성들이 제례에 차를 사용할 경우 막대한 양이 필요했으며 이를 충당하기 위해서는 수입에 의존할 수 밖에 없던 상황에서 생긴 일이다. 차가 많이 재배되지 않았고, 차 문화가 발달하지 않았기 때문이다.

비숍 여사는 한국의 경우 물이 아주 깨끗해서 끓이지 않고도 마실 수 있기 때문에 한국의 경우 차 문화나 음료 문화가 발달하지 않았다고 보았다. 그러다 보니 술을 많이 마시게 되었다고 설명한다.

제3부 생각 나누기 본문 176~177쪽

상반된 문화의 충돌 속에서 개인의 태도는?

1 (지도중점) 우리는 일본이라 하면 적개심부터 가지면서도 일본 문화에 대해서는 무한 동경을 보내고 있는 현실이 왜 그런가를 살펴야 한다. 일본 문화 개방이 우리의 정체성에 혼란을 준다고 하는데 여기에 대한 찬성과 반대를 결정하도록 한다.

(예상답안) 일제 잔재의 청산을 극구 주장하면서도 일본문화를 즐기는 것, 과거 중국문화로부터 우리가 문화를 수입한 것은 당연히 여기면서도 개화기 이후 일본이 우리에게 했던 문화유입에 대해선 인정하지 않는 이중논리를 비판하고 있다. 동시에 토착화와 고유성 문제에 얽힌 이중성을 밝히고 있다.

우리말이 없어지면 민족정신은 없어지는가?

1 (지도중점) 이 글은 탁석산의 한국의 민족주의를 말한다에서 발취한 것이다. 이 책은 TV 토론 프로그램 형식을 빌려 역사학자,

철학자, 일본인, 사회자 등을 패널로 내세워 한국 근대의 키워드인 '민족주의'의 실체를 규명하고 있다. 민족성에 대해 학생들의 토론이 이루어질 수 있도록 지도한다.

(예상답안) 소수민족이라 할 수 있는 우리나라가 세계에서 가장 과학적으로 우수한 글자를 가진 것이 우리의 민족의식을 대변하고 얼을 드러내고 있다. 한글은 만든 때와 만든 사람을 아는 유일한 글자이며, 발음기관을 본뜬 지극히 과학적인 글자이다. 음양오행의 철학과 통치자의 백성을 사랑하는 마음이 담긴 글자임은 물론 배우기 쉽고, 세상의 소리를 거의 표기할 수 있는 글자로 언어학자들이 세계 최고의 글자로 칭송하는 글자이다.

제4부 생각 펼치기   본문 178~183쪽

독서논술 논제

1 - 출제의도

이 논술은 한국의 정체성을 내세울 수 있는 예술 정신은 어떠한 것이 있는지 제시해 보아야 한다. 한국의 정체성을 논할 때에는 현재성, 대중성, 주체성 등 세 가지 기준을 가지고 판단해야 한다. 우리의 지금의 문제를 해결하기 위해서 필요할 경우에만 과거의 역사가 우리의 논의의 대상에 포함되는 것이 바람직하다. 즉 원형을 본으로 삼아 창의적으로 발전시키거나, 변형시킨 형태로 제시한다. 그러므로 복원된 과거가 현재라면, 복원된 과거가 많으면 많을수록 현재의 우리 문화는 풍요로워진다. 그리고 대중적이라는 것은 많은 사람이 공감한다는 뜻으로, 우리의 정체성을 파악하는데 큰 도움이 되기 때문이다. 어떤 문화나 제도를 수용하는 태도는 정체성 판단의 한 조건이다. 예를 들면 미국인이 되지 못해 안달하는 사람들을 대상으로, 한국의 정체성을 논하는 것은 시간낭비이다. 정체성을 판단할 때는 마음가짐이나 태도가 중요한 기준이 된다. 개별자 하나하나를 조사하여 그렇다는 것이고, 성향은 개별자에 잠재하는 속성이라 할 수 있다.

- 접근방향

이러한 속성에 근거하여 도서 내용을 충분히 활용할 것과 역사 속의 인물이나 주변 인물을 사례로 들고, 다양한 독서 체험을 가능한 한 활용하여 정체성을 논해야 한다. 새로운 시각에서

다양하게 접근하기를 원하는 내용이다. 가령, 우리의 옛것을 발굴하여 소개하는 것은 지금의 문화를 풍요롭게 하므로 환영해야 하는 것이다. 판소리, 사물놀이, 농요, 전통민속놀이 등을 제시해도 좋다. 또 이탈리아 노래를 부르는 사람이 이탈리아 가곡을 우리의 음악계에 접목할 수 있는 기회를 제공하여, 우리 음악계를 좀 더 풍요롭게 하고자 한다. 그는 궁극적으로 한국음악에 관심이 있고 주체성을 가지고 있는 것이다. 아울러 잃어버린 우리의 옛것을 찾아 한국의 전통문화를 우리에게 소개하는 것까지는 아주 바람직한 일이다. 공정한 경쟁 후에 대중성을 확보하는 것이 지배적인 문화가 된다. 즉 우리 것이 된다고 보아야 할 것이다.

2 - 출제의도

우리 문화 중에 한국적인 것이 세계적인 것이 될 수 있다면 구체적 사례를 통해 자신의 견해를 논술하라는 것이다. 우선 먼저 한국적인 것을 찾고 그것이 현재 우리 문화 풍토에서 숨쉬면서 세계적인 보편성을 획득한 사례들을 찾아야 한다. 가장 일반적으로 들 수 있는 것은 사물놀이, 서편제, 춘향전, 라면, 소주 등을 들 수 있다. 그렇다고 한국의 정체성을 극단적으로 설명할 수는 없을 것이다. 진짜 한국적인 것이 무엇인가? 과연 한국적인 것이 존재하는가? 있다면 어떻게 판단할 수 있을까? 이런 질문에 답하는 것이 이 논술의 출제 의도이다. 또한 현재 우리 사회를 휩쓸고 있는 '가장 한국적인 것이 가장 세계적인 것이다' 라는 표어가 과연 효과적으로 작동할 수 있는지를 검토해보는 것도 필요하다. 우리가 던지는 질문은 세계화 시대에 피할 수 없는 것이다. 남과의 만남을 통해 자신에 대해 알게 되는 것, 그것이 지금 우리가 하는 작업이고 해야 할 일이다. 그래서 한국적인 것 중에서 세계에 내 놓아도 공감을 받을 수 있는 것을 제시할 수 있어야 한다.

- 접근방향

청바지 입고 코카콜라 마시며 머라이어 캐리의 노래를 들으면서 한국의 정체성을 주장할 수 있다면 어떤 근거에서 가능할까? 일본 가요가 우리의 가요시장을 점령한다면 일본 가요가 우리 가요가 되는 것인가? 이런 질문들이 한국의 정체성에 관한 것들이다. 우리는 이런 질문들을 피할 수 없다. 이러한 혼재 속에서 내세울 수 있는 사례들을 참신하게 들어 제시해야 한다. 세계적으로 인정받기 위해서는 한국적인 것을 찾아내야 한다.

우리만의 특색을 드러낼 수 있는 것을 찾아 세계에 내놓을 때, 그것이 바로 세계적인 것이 되는 것이다. 예를 들면 우리 고유의 문화, 언어가 그럴 것이다. 우리의 민요, 우리의 판소리, 우리의 제례문화, 혼례문화, 장례문화, 비보이댄스, 한글, 한지, 한우, 닥종이 인형 등을 들 수 있다. 그래서 문화체육관광부도 최근 한[韓]문화라고 해서 우리 고유의 문화와 특산품들을 복원하여 세계시장에 내놓기 시작했다. 그 중에서 한국민족문화상징 100개를 발표했는데, 이것이 가장 한국적인 것이며, 세계에서 우리를 잘 나타낼 수 있는 가장 세계적인 것이 될 것이다. 최근 우리 것으로서 가장 세계적인 것으로 반도체, 조선, 휴대폰, 텔레비전 같은 공산품도 있다.

3 – 출제의도

이번 논술문의 경우, 논술문 작성자 스스로 개방화된 사회를 살 수밖에 없는 지금의 현실에서 외래문화와 전통문화의 관계를 어떻게 정립할 것이며, 이를 통해 우리의 정체성을 상실하지 않는 가운데 외래 문화와의 공존을 이끌어낼 수 있느냐에 대한 고민을 해 보라는 것으로 파악해 볼 수 있다. 이런 문제의 경우, 과연 정체성이란 무엇인지에 대한 진지한 고민으로부터 시작하여(겉모습이 다르다고 그 사람의 정체성이 사라진 것이라고 할 수 있는지의 문제, 혹은 외국에 살지만 우리의 정신과 사고를 갖고 있는 사람의 정체성은 무엇인지의 문제 등), 정체성 상실이 가져오는 여러 폐해와 이로 인한 가치의 혼란을 언급하고, 이를 해결하기 위한 다각도의 노력(개인적으로는 외래 문화에 대한 올바른 수용의 자세, 사회적으로는 전통문화를 보존 유지 발전시키기 위한 제도적 장치와 사회적 노력, 문화 개방에 맞서는 국가적 차원의 전략 등)을 제시해야 논리성을 갖춘 논술문으로 평가 받을 수 있다.

– 접근방향

이번 논제가 요구하는 사항은 다음의 2가지로 표현할 수 있다. 1) 제시문 〈가〉에서 만득이가 느낀 의문 – 아프라카 소국의 정체성은 어디에 있으며, 과연 존재하는 것인지에 대한 의문 –에 대한 답을 〈나〉와 〈다〉글을 참고하여 제시하는 것과 2) 한국의 정체성이 어디에 있는지에 대한 자신의 의견을 개진해야 한다.

이러한 논제 분석을 통해 전체 개요와 주제문을 작성하고 각 단락을 채워나갈 이야깃거리를 만들어 가는 과정이 바로 논술

문 쓰기의 핵심이라 할 수 있다. 특히 이번 논제 같은 경우의 논술문은 논제 자체에 논술문의 방향을 암시하는 표현이 들어있음에 주목할 필요가 있다. 다시 말해 논제를 정확히 분석해서 논제가 요구하는 항목에 대한 의견을 제시하지 않으면 좋은 평가를 받기 어렵다는 뜻이다. 따라서 작성된 논술문 속에는 나)글을 참고하여 '정체성의 개념과 의의'에 대한 언급과 다)글을 활용한 사례 제시 등이 포함되는 것이 좋다. 두 가지 요구 조건을 충족할 수 있게 전개해야 한다.

독서논술문 개요 짜기

제 목	올바른 정체성을 찾기 위한 노력과 방법
주 제 문	세계화 속에서 한국의 정체성은 존재하며 이러한 정체성은 외래문화의 주체적 수용과 전통문화의 유지 발전을 통한 두 문화의 공존 속에서 이루어진다.
서 론 (문제의 상황 설명 및 문제 제기)	정체성의 속성과 그 가치에 대한 언급(화제 제시) 세계화 및 나라간의 문화 교류로 인한 정체성 상실의 위험 도래 (문제 언급) 이런 현실에서 우리의 정체성은 어디에 있고 어떻게 지킬 것인가의 문제 (문제 제기)
본 론 (근거 들어 논증하기)	1. 제시문 가)속의 아프리카 소국의 사례와 그 원인 제시 　1) 정체성을 지키는 경우 - 보수적 　2) 정체성을 상실하는 경우 - 모방 2. 한국 고유의 정체성을 어디에서 찾을 수 있는가의 문제 　1) 정체성을 지키면서 외래문화와 공존하는 방안 　2) 정체성을 찾기 위한 다각도의 노력이 필요 　3) 개인적으로는 외래 문화에 대한 올바른 수용의 자세 　4) 사회적으로는 전통문화를 보존 유지 발전시키기 위한 제도적 장치 　5) 국가적으로는 문화 개방에 맞서는 전략적 차원의 대비 　　– 김치, 한복, 사물놀이, 전통극과 현대극의 접목 등
결 론 (정리 및 주제 강조, 앞으로의 방향설정)	외래문화를 주체적으로 수용하고 전통문화를 유지 발전시켜야 한다. 고유 문화 중에서 세계화 속에서 살아남을 수 있는 사례를 발굴해야 한다.